古代歷史文化 研究輯刊

八 編

王 明 蓀 主編

第 1 冊

《八 編》總 目

編 輯 部 編

甲骨文與商代禮制

譚 步 雲 著

國家圖書館出版品預行編目資料

甲骨文與商代禮制／譚步雲 著－初版－新北市：花木蘭文
化出版社，2012〔民101〕
目 2+176 面；19×26 公分
（古代歷史文化研究輯刊 八編；第 1 冊）
ISBN：978-986-254-962-9（精裝）
1. 甲骨 2. 禮俗 3. 商代
618   101014962

ISBN-978-986-254-962-9

9 789862 549629

古代歷史文化研究輯刊
八 編 第 一 冊   ISBN：978-986-254-962-9

甲骨文與商代禮制

作　　者　譚步雲
主　　編　王明蓀
總 編 輯　杜潔祥
出　　版　花木蘭文化出版社
發 行 所　花木蘭文化出版社
發 行 人　高小娟
聯絡地址　新北市永和區中正路五九五號七樓
　　　　　電話：02-2923-1455／傳眞：02-2923-1452
網　　址　http://www.huamulan.tw 信箱 sut81518@gmail.com
印　　刷　普羅文化出版廣告事業
初　　版　2012 年 9 月
定　　價　八編 22 冊（精裝）新台幣 35,000 元

《八編》總目

編輯部 編

《古代歷史文化研究輯刊》八編　書目

《古代歷史文化研究輯刊》八編
各書作者簡介‧提要‧目錄

第一冊　甲骨文與商代禮制

作者簡介

　　譚步雲，1953 年 9 月出生，廣東南海人，曾用筆名「淩虛」，1979 年 9 月考入廣州中山大學中文系，1983 年 7 月，獲文學學士學位，旋即任教於廣東民族學院中文系，先後擔任「寫作」、「外國文學」等本科課程的教學。1985 年 9 月考入廣州中山大學中文系攻讀古文字學碩士學位課程，導師為陳煒湛教授，1988 年 7 月憑《甲骨文時間狀語的斷代研究——兼論〈甲骨文合集〉第七冊的甲骨文的時代》一文獲碩士學位。1988 年 7 月任職于廣州中山大學古文獻研究所，從事古代典籍的整理研究工作。1995 年 9 月免試進入廣州中山大學中文系攻讀古文字學博士學位課程，導師為曾憲通教授，1998 年 7 月憑《先秦楚語詞匯研究》一文獲博士學位。1998 年初調至廣州中山大學中文系任教，擔任「古漢語」、「漢字之文化研究」、「先秦經典導讀」、「古文字學」、「甲骨文字研究」等本科生和碩士研究生課程的教學，並從事古漢語、古文字、文史、方言、地方文獻等研究工作。合撰、獨撰《清車王府藏曲本子弟書全集》、《車王府曲本菁華》（隋唐宋卷）、《嶺南文學史》、《實用廣州話分類詞典》、《老莊精萃》、《論語精萃》等著作十三部，學術論文三十餘篇。1991

年晉陞為講師，1997 年晉陞為副教授。

提　要

　　本書是自甲骨文發現一百一十年以來商代禮制研究的總結報告。商代禮制是殷商史的重要組成部分，而甲骨文的重見天日，還原商代禮制遂成為了可能。通過學者們孜孜不倦的研究，我們對宗法制度、官僚機構、婚姻儀典、祭祀、方術等禮法已有了初步的認識。不過，坦率地說，目前的研究，距離完整地揭示商代禮制還有一段不小的路程。因此，本書在分析目下研究的不足的同時提出了前瞻性的意見，希望能對商代禮制的研究有所裨益，尤其希望對有志于研究商代禮制的後進有所啟發。

目　次

第二冊　楚國卜筮祭禱簡研究

作者簡介

　　邴尚白，臺灣大學中文所博士，新竹教育大學中文系助理教授。主要研究方向為出土簡帛、文字學、聲韻學、楚辭。著有《葛陵楚簡研究》、《楚國卜筮祭禱簡研究》及學術論文十餘篇。

提　要

本論文以楚國卜筮祭禱簡為研究對象，各章內容如下：

第一章是「導論」。首先簡介楚簡及卜筮祭禱簡；其次為前人研究評述；再次則介紹卜筮祭禱簡的形制、探討楚國簡冊制度、解說卜筮祭禱簡內容和格式；最後說明本文的研究重點、研究方法及篇末附錄。

第二章是「楚簡中的卜筮問題綜論」。首先分別卜、筮材料，探討其與貞人的關係，並考釋部分材料。接著探討卜筮常制與用語，包括貞問時限與類型、卜筮與祭禱的關聯、筮占的卦畫等問題。

第三章是「三種禱祠的差異與祭禱問題瑣議」。本章先檢討前人論述，再分析簡文所反映三種禱祠的差異，最後討論齋戒、祭禱人員的職司、娛神儀式等問題。

第四章是「祭禱與『攻解』的對象」。本章考釋簡文中的鬼神、靈怪，討論享祭制度，並歸納出楚簡中祭禱諸神排列的原則。

第五章是「楚國社會中的卜筮祭禱活動考略」。本章探討貞人與求貞者的社會階層、卜筮祭禱與擇日的關係、從事相關活動者的觀念與心態等問題。

第六章為「結論」。本章綜述本文主要論證，並對相關研究未來的展望，提出個人建議。

附錄一是「本文所考釋或析論之楚簡文字索引」。附錄二的「楚曆問題綜論」，則探討了楚曆建正、歲首的沿革及紀年法、紀月法等相關問題。

目　次

第三、四冊　三國政區地理研究

作者簡介

孔祥軍，江蘇揚州人，副教授，碩士生導師。1997 年考入揚州師範學院，相繼獲漢語言文學學士、文藝學碩士學位。後負笈南雍，從胡阿祥先生遊，2007 年獲歷史學博士學位。現任教於揚州大學社會發展學院。先後在《歷史地理》、《中國歷史地理論叢》、《清史研究》、《中國經學》、《域外漢籍研究集刊》、《古典文獻研究》、加拿大《文化中國》發表學術論文四十多篇。出版專著兩種《晉書地理志校注》、《漢唐地理志考校》（新世界出版社，2012）。

提　要

本書的研究對象是三國時期曹魏、蜀漢、孫吳行政區劃的變遷過程。

三國政區與兩漢舊制最大的不同點在於，州制的確立和定型。三級政區之中州、縣變化均較穩定，而郡級政區變動最大，本書對州、郡、縣三級政區沿革均作細密考證。

本書旨在盡最大可能復原三國政區的動態沿革過程，其最核心的工作便是對三國州郡諸縣的精密考證。這不是對前賢已有成果的補充修葺，而是一次全面重新的整理考證工作。考證的具體方法，以排比文獻直接記載材料為主，所依據文獻及相關版本，詳文末所附參考文獻；以借助考古出土材料為輔；以運用間接記載材料進行推斷為補充，即通過確定某些文獻的著寫年代或著者年代，來使用這些文獻進行考證；以詳察地望以證歸屬為幫助。這不但是中國歷代行政區劃通史研究的一部分，同時也可以為魏晉文史研究界提供一個較為可信實用的三國地理沿革志，這也是本書最重要的研究意義所在。與此同時，對傳世文獻的勘誤校正、對前賢成果的糾正釐定，也可視為本書的副成果。

目　次

第五、六冊　文化融合與政治升進──北魏政權中的漢族士人研究

作者簡介

　　楊龍，湖南省安鄉縣人。二〇〇四年至二〇一〇年入吉林大學古籍研究所，師從張鶴泉先生，先後獲得歷史學碩士、博士學位。現為吉林大學古籍研究所講師，目前主要從事秦漢魏晉南北朝史的教學和研究工作。

提　要

　　拓跋鮮卑進入中原地區並建立北魏政權之後，在其統一中國北方地區並鞏固和維護其統治的過程當中，漢族士人成了其不得不極力利用的社會群體之一。漢族士人與北魏政權的合作的逐步深入不僅使胡漢關係由衝突走向融合，同時也對北魏政權的漢化起到了重要的推進作用，因而，研究北魏政權中的漢族士人的政治地位及其政治活動的變化發展就是一項頗具意義的課題。漢族士人以其文化、社會以及政治方面的優勢而為北魏胡族統治者所重用，他們充斥于北魏各級行政機構當中，並積極參與各項政治活動。當然，無論是在北魏的中央政權當中，還是各級地方行政機構當中，漢族士人的政治活動都是一個逐步深入的過程。由此，漢族士人的政治權勢的增強、政治地位的提升也呈現為一個逐步發展的過程。儘管漢族士人的政治發展還或多或少受著胡族政治傳統的影響而有所限制，但他們與北魏政權的較為充分的融合卻是一個不爭的事實。漢族士人與北魏政權的合作更多的表現為政治上和文化上的合作，這種合作也有利於北魏政治文化的漢化。

目 次

第七冊　魏晉南北朝交通研究

作者簡介

　　馬曉峰，1971 年 6 月出生，1993 年於西北師範大學獲歷史學學士學位；1997 年於首都師範大學獲歷史學碩士學位；2004 年於北京師範大學獲得歷史學博士學位。現為北京化工大學文法學院公共管理系副教授；另兼中國民主促進會北京市朝陽區青年委員會主任委員等職。

提　要

　　交通與人類生存和社會發展密切相關，各種交通類型的出現和發展以及交通工具的逐漸完善和高效，直接促進了人和物在空間上的移動。以往認為魏晉南北朝時期的交通建設處於萎縮狀態，但事實恰恰相反，由於軍事鬥爭的需要該時期的交通建設卻處於蓬勃發展的勢頭。

　　陸路交通方面，魏晉南北朝時期為了適應軍事形勢的需要，在秦漢時期開通的固有道路的基礎上，進行了更大規模的道路建設。另外，作為皇權標

誌的馳道在魏晉南北朝時期無論在規模上還是在形制均不如秦漢時期恢宏壯麗，但就作為皇權象徵而言卻絲毫沒有淡化，甚至影響到了少數民族政權。

以內河航運為主的漕運方面，在魏晉南北朝時期非但沒有萎縮，反而有更大規模的發展態勢，主要表現在區域內的漕運事業發展很快。

郵驛作為資訊傳遞的主要形式，由於魏晉南北朝時期軍事鬥爭的需要使得其重要性更加突出。秦漢時期的亭、郵、置、驛、傳，甚至逆旅等形式，在魏晉南北朝時期整合為單一的驛，構成了快捷、高效的郵驛體系。

關津一般設置於陸路、水路險要之處。魏晉南北朝時期的關津設置較秦漢而言在數量上、範圍上均大大增加。值得注意的是在北朝時期關津開始由護軍府進行管理，這反映了中央對地方的控制開始加強。

以上魏晉南北朝時期的漕運、陸路、郵驛、關津在建設和管理上表現出濃厚的軍事性，這與當時的時代特點有密切的聯繫。地方割據勢力在魏晉南北朝時期的強化促進了區域交通建設的展開。大規模的陸路交通建設、漕渠開鑿、以及優化資訊的傳遞方式，加強關津建設都為以後大一統局面的出現創造了條件。

目　次

第八冊　劉宋中書省研究

作者簡介

　　吳明訓，台灣省台南市人，1956 年生。畢業於輔仁大學歷史系（1979年畢業）、東海大學歷史研究所（1983 年畢業）。曾任教私立道明中學老師（高雄市，1985～1987）、私立南榮工專講師（台南縣，1987～1989），現任私立永達技術學院講師（屏東縣，1989 迄今）。並曾兼任國立空中大學、國立屏東科技大學、高雄市立空中大學講師。歷年教授課程，包括：中國通史、中國近代史、中國現代史、中國文化史、台灣史、台灣文化史、台灣傳統戲曲等。

　　歷年參與之研究計劃，包括：《大鵬灣風景特定區之人文資料調查研究》（1999）、《屏東縣九如鄉三山國王廟調查研究規劃》（2002）、《屏東縣里港鄉藍家古厝調查研究規劃》（2002）、《高屏山麓：魯凱人文采風調查計畫》（2003）、《茂林國家風景區：排灣人文采風調查計畫》（2004）、《茂林鄉誌》（2007）、《鳥松鄉誌》（2008）、《琉球鄉文化資源調查研究計畫》（2008）等，曾撰有〈琉球鄉民的寺廟信仰類型探討〉一文（2009）及出版《高雄發展史三十六講》一書（2003）。

提　要

　　劉宋中書省上承魏晉中書制度發展之遺緒，下開中書舍人於南朝專權用事及盛唐時的六押判事之先河。中書舍人的專權用事，肇始於劉宋中葉，至南齊永明年間的「四戶」而成熟，為南朝職官制度史上創新的特色。

　　劉宋的中書、尚書兩省高階層長官，大抵多為京口集團所獨佔，乃承東晉權臣用事之發展而來，到了宋文帝即位後，便與以下門省職官為主的門閥世族合作，壓制功臣元老的權勢，建立了皇室的絕對權威。孝武帝以後更加厲行君主獨裁，引用出身寒門的中書通事舍人，託以腹心之任，由近侍私臣

的身分而掌握機要之職，然因政變仍頻而導致制度紊亂，劉宋王朝也因之而亡。南齊代宋，雖改其弊政，大抵仍沿襲其制度，中書舍人至此職權漸趨完備，雖仍為近侍之官，然其客觀地位已成，因此成為南朝制度上所獨創的特色，並影響了盛唐的三省制度。

　　劉宋 60 年間，三省間之權力地位有很大的變化，中葉以後雖中書監令、侍郎漸成為優崇之職，但中書通事舍人已由侍從的側近私臣而掌握機要之任，更進而侵蝕了尚書省的政事權。本論文研究重點，即在探討劉宋中書省的原貌，期做為研究南朝官制之素材。

目　次

第九冊　南朝僧尼與佛教中國化

作者簡介

　　夏德美，1979 年出生於山東省青州市，2007 年畢業於北京師範大學歷史系，獲博士學位。2007 年至今在九三學社中央研究室工作，2011 年起在中國社會科學院世界宗教研究所做佛教史方面博士後，主要從事魏晉南北朝史、佛教史、近代史方面研究，先後在《中國歷史文物》、《煙臺大學學報》、《管子學刊》等刊物發表文章數篇。

提　要

　　佛教中國化是佛教研究的重要問題，南朝時期是佛教中國化的關鍵時期。在佛教中國化的進程中作為佛教文化承載者和傳播者的僧尼起著重要的作用。佛教中國化是在不同層面上進行的，既有理論層面上對印度佛教理論的選擇和發展，也有行為層面上僧尼在中國傳統文化影響下具體行為方式的變化。本文基本上以後者為重點來展現佛教中國化的進程。僧尼的行為方式多種多樣，本文主要選取其中與中國傳統文化最容易發生衝突的方面來展現南朝僧尼協調佛教與傳統文化的努力。

　　本文總體上分為三篇：上篇主要探討南朝僧尼與地方社會的關係。對血緣和地緣的關注是中國傳統地方社會的基本特色，因此，本文選取了孝親問題和鄉邑問題來展現南朝僧尼調和佛教倫理與傳統倫理的努力。在孝親問題上，雖然從根本上說，南朝僧尼在理論上並沒有超過印度佛教，但他們卻通過自己的行動與傳統倫理取得了妥協。在鄉邑問題上，由於各種現實的原因，南朝僧尼與鄉邑的關係也越來越密切。

　　中篇主要探討南朝僧尼與南朝政權的關係。既利用佛教中可以為其提供神學論證和現實服務的部分，又嚴格地將佛教控制在一定範圍內，這是統治者對佛教的一貫原則。南朝以前這些方面體現的還不是很明顯，南朝以後，隨著佛教的發展，統治者對佛教的態度也越來越明顯。佛教傳入中國後也不斷調整對統治者的態度，一方面，僧尼利用統治者來弘揚佛法，另一方面也要注意保持佛教的獨立姿態。這是僧尼整體對待政權的基本態度。但由於僧團內部的不統一，也有一些僧尼利用統治者謀取個人權勢或參與到統治者內部鬥爭中去。僧尼對統治者的態度在南朝時期日益複雜和明確，這時一方面是僧尼在政治上取得更多的權力，越來越多的僧尼與政權發生聯繫；另一方

面也有不少僧尼有意表現對政治的疏離和清高。

　　下篇主要探討南朝僧尼與文化信仰方面的關係。首先探討了佛教宗教方面的問題。主要分析僧尼與宗法性宗教、民間宗教和道教的關係，來展現佛教與中國本土宗教的衝突和融合。接著本文以僧尼素食和捨身這兩個具體問題來展現宗教規範或神異性的行為所包含的文化資訊。隨著佛教對中國社會的不斷滲入，中國傳統的一些觀念和禮制與佛教也發生了衝突和融合。本文選取蔬食這一問題來展現這種衝突與融合。僧尼捨身是佛教宗教神秘性的一種體現，但在這個問題上，我們卻可以看到傳統社會宗教與政權的一種較量。

目　次

第十冊　唐代地方武官研究

作者簡介

　　馮金忠，男，1973 年生，河北城人，史學博士，河北省社會科學院歷史研究所副研究員。1998 年於陝西師範大學歷史系獲學士學位，2001 年於河北師範大學歷史系獲碩士學位，2006 年於北京師範大學歷史系獲博士學位，師從於黎虎先生。研究方向為隋唐史和河北區域史。在《中國史研究》、《文史》、《中國農史》、《中國邊疆史地研究》、《文獻》等刊物發表論文三十餘篇，著有《燕趙佛教》（中國社會科學出版社，2009 年）等。

提　要

　　唐代上承魏晉南北朝之餘緒，下開有宋一代之新局，具有鮮明的時代特色。這在地方武官制度方面同樣有所體現。唐前後期地方武官制度變化劇烈，前期地方武官主要集中在都督府和都護府下的軍、守捉、城、鎮、戍等機構。唐玄宗時期節度使制度確立後，特別是安史之亂後，湧現了大量的軍事使職，以節度使為代表的地方武官成為當時武官制度的主體，唐代社會的面貌也為之一變。本書以問題為綱，選取了幾個學界研究比較薄弱的問題加以探討。共分七章，分別是：唐代武官及文武之變；唐代州郡地方武官；唐代藩鎮儲帥制度；唐後期藩鎮武職僚佐的遷轉流動；唐代行營體制下的地方武官；唐代地方武官的世襲問題；唐代地方武官與唐宋歷史變革。

　　本書在傳統文獻的基礎上，充分利用碑刻墓誌資料，力圖將唐代至宋初進行長時段考察，揭示唐後期在舊制度被打破，新制度尚未定型時期各種錯綜複雜的現象。除了常態的制度外，那些非常態的制度（確切一點來說應稱之為規則、故事）也在本人考察範圍之內，例如藩鎮儲帥制度、戰時體制下行營武官等。另外，本書試圖將地方武官作為鮮活個體給予社會學層面的關注，探討他們在地方、中央間的遷轉流動。努力將研究動態化、立體化，而不止於簡單的制度復原。

目　次

第十一冊 唐代中晚期教育發展（763～907）：社會與文化之視野

作者簡介

　　黃俊文，中正大學歷史學系博士，曾任高中歷史教師，編著歷史教科書及輔助教材，曾任教於台南應用科技大學，長榮大學等，現任職於高雄應用科技大學通識中心兼任助理教授，主要研習領域專長在中國中古史、教育史、文化史、文化人類學、社會學等發表相關論文數十篇，教職之餘，從事田野調查，以台灣民俗及文化為研究對象，主要著作：《唐代劍南邊防之研究》（碩士論文）、《中國通史》（台南：南一書局 2004 年）、《中外教育史》（筆名黃雋）（高雄：復文 2005）、《文化人類學》（筆名黃雋）（台南：志光 2011 年）等。

提　要

　　中國傳統官學，大體可分中央、地方官學。唐代在官學體系發展十分完備，在教育發展上被視為「承先啟後」、「規模擴展」、「全面發展」的時代。唐初建立完善的官學體系，但在「安史之亂」（755～763）後，官學則有趨向衰沒之勢。在唐初，由於官學發達，私學教育稍衰。但到中晚期後，官學漸衰，伴隨科舉而行的私學發展成為教育的主體。唐代可以說是私學發展的另次高峰，家庭教育、私人講學、「書院」、「私社」（民間結社教育）等對後世私學教育提供重要基礎。

　　唐代中晚期，官學教育趨向衰沒，教育學、歷史學者對於此項課題，經常稀寥數句論述而未詳加探究，殊為可惜；在私學教育，部分學者深切研究，成果十分可觀，但並未與社會、文化等層面緊密結合，加以論述造就更豐碩的成果。本文鑑於此，欲以此主題深入探討官方（公立）、私學教育發展，作一全面性、完整性的論述。

　　唐代教育，無論官方、私學教育，皆以儒家思想為核心，培育士民效忠王朝的政治思想與維持社會秩序的依據，此文化精神的強大力量，使得王朝統治得以延續。唐代藉科舉取士，一方面深化儒家意識型態於士人階層；也藉此籠絡社會菁英，使得政權建立有更深厚的社會基礎。教育所扮演的重要角色與功用，向來為學者所忽視。本文撰寫的動機之一，即在探討唐代中晚期教育發展及其政治、社會、文化等所產生的影響，有個較全面性的認識。

　　本文是以教育為主題的研究，與一般傳統教育研究範圍類同，以官學、私學為主軸，而與教育相關主題如教材、教學方法、教育與科舉等問題一併列入探討，增加教育發展之內容。本論文研究方法，擬先將史料做初步的研讀，摘錄與主題史料、分類整理、歸納別類，看出史料所呈現的特徵；另作比較分析法，將不同類型的教育進行分析，呈現各種教育內容與特色。此外，文中也以量化統計或列表歸納整理方式，強化論述與說明。最後，再嘗試以歷史解釋法，將史料進行詮釋，呈現唐代中晚期教育發展的真實風貌與時代意義。

　　本文研究立意在幾項方面。其一，在探討唐代中晚期教育發展，彌補教育史、歷史學在這方面研究的不足；並以社會、文化的觀點來論述與說明，突破以往教育史著重教育行政，學校制度上的限制。其二，針對唐代在「安史之亂」後延續百餘年國祚的眾多因素中，提出教育、文化上的解釋。其三，以教育為主體，論述與教育發展相關的政治（包括科舉）、社會、文化等方面，作為一個整體，用統合觀點加以審視。四，提出「唐代遺產」觀念，說明唐代對北宋的影響與啟示。

目　次

第十二冊　宋代的精怪世界——從傳說表述到信仰生活的探討

作者簡介

　　徐尚豪，淡江大學歷史學系研究所碩士，主修中國近古史。大學時期除修習歷史學系課程外，並取得中國文學系輔系，對中國思想史及文學方面均有涉獵。研究所時期，蒙黃師繁光先生指導，以宋代精怪信仰為研究主軸，開展其論文研究。

　　曾參與教育部歷史文化學習網內容製作團隊，為宗教與社會篇內容設計教師之一。此外，亦加入編纂《新修霧峰鄉志》團隊，於該地方志經濟篇部分，協助田野調查工作。

提　要

　　宋代精怪種類以動物體系的精怪佔大多數，土石及人造器物類型者次

之，植物類型者又次之。另外，宋人筆記中還有許多不知名的「怪物」或「怪獸」。宋代怪物沒有固定的原形，種類各異且神出鬼沒。至於怪獸，在本文專指蛟跟龍兩類，牠們有自己的原始形貌，也多具有固定的活動區域。

從筆記資料來看，宋人在面對精怪時，往往視其為一種「自然存在」，這種從實際層面看待精怪存在的體認模式，與佛教講求眾生平等的思想相結合後，呈現出「物我平等」的意念。此外，宋人認為人與精怪同樣受到因果律的支配，不管是作祟的精怪為人所殺，或者人類殺害無辜的精怪而造孽，這些作為都必然產生相稱的因果報應。

宋代的精怪信仰內容相當豐富，凡顯靈驗的精怪祠廟，不只百姓十分熱衷，甚至官府也相當重視。而宋代官方對精怪信仰的態度，主要依據三項原則來評判：一、有無靈驗事蹟。二、有無妨礙官方統治。三、是否危害善良風俗。和前代嚴格查禁的政策相比，宋代官府對民間信仰的政策顯然寬鬆許多。

除了信仰方面之外，宋代精怪傳說的其他功能，主要表現在社會及生態方面。在社會功能上，精怪傳說呈現了「戒色」和「戒殺」的社會價值觀。生態功能方面主要表現在動植物的保育作用上。

目 次

第十三冊　明人的讀書生活

作者簡介

　　呂允在，福建省金門縣烈嶼鄉人，中國文化大學史學研究所博士，現為國立臺灣藝術大學通識教育中心助理教授、國立臺灣藝術大學圖書館組長。

研究專業領域為圖書文物、生活文化史、地方志(史)，目前著重在生活文化史及地方志研究。撰有《從臺灣地區專門圖書館歷史發展探討「主題式導向圖書館」經營之可行性》、《明人的讀書生活──知識階層生涯規劃的一個歷史側面》；著有《追本溯源──盡攬東坑風華》、《東坑呂氏家廟祖譜、六姓宗祠祖譜、清雲祖師廟源流考全記錄》、《典藏東坑──烈嶼歲月憶往》、《細說烽火話烈嶼──從東坑談起》、《金門縣烈嶼鄉東坑社區導覽簡介》、《精彩烈嶼》、編著《世界金門日活動成果專輯》；總編纂《增修烈嶼鄉志》、總編輯《境由心生──廖啟恆繪畫創作集》、《烈嶼會刊》、編輯《躬耕履痕──楊榮煥回憶錄》等書及發表〈書齋與文人風尚〉、〈閱讀藏書票〉、〈盡攬烈嶼容顏〉等數拾篇文章。

提　要

　　明代文人的讀書生活豐富而多采，藉由書齋的外部環境與內在格局，蘊釀讀書情境，同時與諸友抒情清言，或是相與論學，藉由文會過從的流程，諸師友之間同聚一室，或論學、或詩文、或感懷，從中也能達到與文人集團之間的相互交流，建立彼此間的情誼。無論是閒居讀書、山中習靜、旅遊論學，都在在顯示出明代文人生活文化的多元活潑面向。

　　本書架構共分為七章：

　　第一章　緒論：說明研究動機與目的、研究範圍與界定、相關研究的成果、史料參考與運用和架構的論述。

　　第二章　讀書生活的主室──書齋的佈置與格局：本章探討書齋署名的緣由，以及書齋的外部環境與內在格局，主要是藉以說明書齋命名的背後所隱含明代文人內心性格與理想抱負；其次再分別探究書齋的內外整體規劃與設計，透過書籍、圖畫、文玩、家具等等的排列，襯托出文人內在的思緒與情感。

　　第三章　讀書生活的規劃：本章主要論述讀書志趣的樹立、讀書課程的訂定、讀書生活的開展。讀書生活涵蓋：修身養性、閒適自娛、增廣知識等型態，並討論讀書課程的進度排定、書籍種類的選擇。同時，讀書生活旁及詩文書畫與鑑賞文物的藝文活動，而結社群體生活的互動，更是造就文人讀書生活多樣、變化的要件。

　　第四章　讀書生活與圖書：圖書與文人讀書生活息息相關，本章著重於

文人對圖書的蒐羅、保存與傳播的作用。由於城市與經濟的發展，以及藏書風氣的盛行，刺激圖書的流通與消費，於是大量藏書、購書、訪書的文化活動，助長文人對於鈔書、刻書文化事業的熱衷，使得不少散失亡佚、殘編的典籍得以重現復原，而書籍的取得與轉借，更可作為保存文獻、傳播知識的雙重作用，對於古籍整理與文化保存，具有相當的貢獻與意義。

第五章　讀書到編著立言：本章重在討論明代文人如何將讀書生活延展到著述、纂輯、講學等生活型態。除了著述表達個人思想之外，文人會以鈔錄、札記等形式，匯集前人智慧結晶，專心著述，成一家言，隨手札記，彙集成卷等文化活動。

第六章　讀書典範與樂趣：本章主要陳述明代文人在讀書中的樂趣，藉由讀書典範的樹立、讀書生活的體驗，以及結社生活的開展等多樣形式，邀集志同道合的文友，組成詩社、文社、讀書社，一同對文章思想進行討論與批評，透過這種論道講學與文會過從的互動方式，使文友之間的思想與感情更為緊密，更增添讀書之外精神層次的趣味。

第七章　結論：對於明人的讀書生活作──簡明扼要的綜述。

目　次

第十四冊　明代的生活異端

作者簡介

　　謝忠志，臺灣嘉義人，中國文化大學史學研究所博士，現為國立高雄大學、國立高雄應用科技大學通識教育中心兼任助理教授，研究興趣為明代軍事史、社會文化史等，著有《明代兵備道制度：以文馭武的國策與文人知兵的實練》一書，曾發表〈明代的西北經略：以陝西兵備道為考察中心〉、〈明代居室風尚的流變〉、〈崇儉黜奢：明代君臣的治國典範〉等期刊論文。

提　要

　　明代中後期的社會生活發生極大變化，為滿足利欲需求，奢靡、僭越浪潮的逐漸風行，舉凡社會生活、宗教信仰、教育學術及文化思想皆有重大變革。這樣的變動在歷朝各代以來可謂絕無僅有，遂有「生活異端」的出現。「生活異端」指的是在生活上過度奢華、踰禮犯分與行為異常等不合時宜的人物，它也代表悖離禮教與違反傳統的行為與態度。生活異端盛行的年代，它不單是有別於正統的反義詞，也是當時多數階層的生活方式與流行時尚的表徵。在崇儉禁奢的社會背景，士宦成為維護禮教的衛道人士，也是「生活異端」的主要群體，兩股力量相抗衡，形成特有的晚明時代文化。本文有別於一般探究明中葉的社會流風，多視以「浮華」、「奢侈」、「僭越」為時代特徵，而企圖從儒家禮教重視的「儉樸」、「安分」的角度，除來看待明人在飲食、服

節、居室與行具等風尚流行的實際狀況，亦探研當食妖、服妖與木妖等「生活異端」橫行於世，明代官僚士大夫如何力挽狂瀾，從天命、祖訓與諫言等多方面規範皇室，企圖重回明初質樸情懷。

目　次

第十五冊　明代的山林生態——北邊防區護林與伐木衝突的歷史考察

作者簡介

　　蔡嘉麟，臺灣花蓮人，一九七三年出生，中國文化大學史學研究所博士。目前為輔仁大學全人教育中心、長庚科技大學通識教育中心、德霖技術學院通識教育中心兼任助理教授。研究領域以明代環境史為主，曾出版《明代的衛學教育》，發表〈明代的南贛參將——兼論南贛地區的軍事防禦體制〉，涉及教育史、軍事史範疇。

提　要

　　近三十年來，全球自然環境變遷劇烈，環境史研究隨之蓬勃發展。本書為環境史領域著作，以森林保護及樹木砍伐為探討角度，選擇兩者產生衝突與矛盾，並成為明代重要課題的北方沿邊林木為研究主題，考察檢討明代的護林理念措施，以及北邊防區護林與伐木的實際情況。

　　本書首先由樹木崇敬與風水護林觀念、山澤觀念、林木利用思想、環境問題與山林保護四個層面，分析探討明人有關山林保護的觀念思想；接續考察明代以工部為主的山林川澤（自然資源）管理機構和制度，以及護林法令、政策和相關措施的推動情形。

　　中心議題為北邊防區護林與伐木的衝突。自明代北邊國防形勢演變的概述開始，再由國防戰略角度，探討明代的北邊防禦歷史中，基於戰略目的而對境外和沿邊林木採取的不同政策與措施，如燒荒、出邊樵採禁令、邊林培護等等。復依據明代邊鎮的設置，劃分區域，考察各邊鎮採伐與保護林木的實際活動及演變，推論各沿邊地帶的山林狀態變化，以期呈現明代北邊防區護林與伐木衝突的整體面貌，並對明代山林生態歷史的建構作出貢獻。

目 次

第十六冊　財之時者：戶部尚書畢自嚴與晚明財稅（1628～1633）

作者簡介

　　李華彥，新竹人，成功大學歷史系及碩士班畢業，目前是清華大學歷史所博士候選人。

　　興趣及多年研究重心均在明清經濟史，又因明朝財政、稅收與邊疆用度

關係緊密,因此也兼重鑽研明清長城邊防、江南社會等領域,2010 年以後因兼課機緣,也接觸許多台灣史議題;在清華大學歷史所期間,則參加或修習多項與近代中西文化交流、基督教傳華、醫學史等領域的研討會和課程,將來希望往近代精神醫學傳華及清代北方滿蒙漢商貿關係深入研究。

提　要

　　明朝歷經萬曆後半及天啟時期的長期政治鬥爭,國家財經日趨困窘,極待重整。崇禎帝在一片危疑氣氛中登基,啟用任職長城邊鎮十餘年、精擅財稅軍餉的畢自嚴出任戶部尚書,著手整頓明朝賦稅。

　　畢自嚴出身農業家族,八代世居山東淄川,父、祖均為地方聞人,樂善公益,家風純樸。畢自嚴是淄川畢氏第一位進士,早年南北遊宦,轉歷多處,逐步升遷;中年以後,多在西北、北方邊境地區作官,經手處置各項邊鎮糧餉事務,鍛鍊成一位幹練的財經官員。天啟末,明朝政治、財政相繼惡化,勢須整頓,因此,崇禎元年新帝就位即著手治理,畢自嚴因治績突出,受舉薦為戶部尚書,在任共計四年八個月,匯集任內題本奏疏成《度支奏議》119 卷,其中堂稿 20 卷呈現這段期間內戶部整體施政的全貌,本論文以此作為研究主軸,得出畢自嚴和崇禎帝公私互動堪稱良好,政事商議往來頻繁,君臣為了再興明朝財政,投入無數心力。然而,戶部其他官員和皇帝的互動就不如長官那般順暢,讓畢自嚴夾在中間,十分為難。

　　邊鎮軍餉一直是崇禎初年明朝政府關注的財政要項,畢自嚴著重在政府固有稅目中籌錢,用來填補邊餉,因此,隨時針對不同情況研議各種財經政策,應付現實問題;同時,他也主導會議國家財經,邀集眾官員為財賦集思廣益,擬出一套具體建興方案,本論文稱為《邊餉總綱》,作為明廷財政上的救時政策綱領。

　　正當畢自嚴將實行《邊餉總綱》之際,崇禎二年十月至三年三月發生己巳之變,滿清入關劫掠北直隸,戶部施政被迫中斷,必須全力以赴籌畫戰爭糧餉。歷經半年兵災,明朝國庫為之一空,《邊餉總綱》原有基礎不再,只得放棄大部分原訂計畫,改以戰後有限人力物力,悉數投入戰區重建、京師復原、中央行政重回常軌等事。在此情形下,屯政與州縣稅賦催解成為頭等要務。因此,畢自嚴又擬定屯政十款,伴隨屯田復墾,進行戰後建設,並用考成法監督地方官確實執行屯政和州縣賦役催解兩項工作,所有明朝州縣官均涉入這項政策,停

職催徵。

戰後復原工作，初期有聲有色，但崇禎帝屢屢插手嚴厲督管，引發官員恐慌及銓敘混亂，畢自嚴也因此過度勞神，體衰身病，多次上疏求去，終於在崇禎六年春獲准辭官回鄉。畢自嚴在戶部尚書任上盡心盡力，確實辦理業務，因時制宜，振衰起弊，使晚明財政順暢了數年；臨去，他還留下《賦役全書》編纂工作的起頭，為始於明代中期的財稅改革事業，開啟了總結成果的先聲，也奠定清代的財政基礎。

目　次

第十七冊　清朝前期俄國駐華宗教傳道團研究

作者簡介

張雪峰，籍貫內蒙古，農曆 1962 年 12 月生人。1988 年畢業於內蒙古師範大學外語系，獲文學學士學位。1990 年畢業於天津師範大學馬列所，獲法學碩士學位。2003 年畢業於南開大學歷史學院，獲歷史學博士學位。現為天津師範大學經濟學院教師，副教授職稱。科研方向為中俄關係史和區域經濟學。聯繫方式：cepke@163.com。通訊位址：天津市西青區賓水道延長線天津師範大學經濟學院，郵編：300387。

提　要

清朝前期是中俄兩國關係在《尼布楚條約》簽訂後所處的一個相對和平的時期，俄國駐華宗教傳道團是在這一背景下於 1716 年開始駐留中國。俄國駐華宗教傳道團來華之初，主要的職能是為俄羅斯佐領和來京的俄國商隊提供宗教服務，同時也兼顧在中國人中間傳播東正教。整個十八世紀俄國駐華宗教傳道團在華的傳教效果都不理想，僅在俄羅斯佐領中勉強維持著東正教信仰活動。這種局面直到第九屆俄國駐華宗教傳道團修士大司祭比丘林放棄傳教而專注於對中國的語言文化學習和研究而暫告一個段落。俄國駐華宗教傳道團從事中國語言（滿、漢、蒙、藏）及其文化學習和研究的活動分為兩個階段，即駐華宗教傳道團在十八世紀對中國文化的自發性研究和在十九世紀上半葉對中國文化的自覺性研究。俄國駐華宗教傳道團的這種轉型使得從中走出了第一批俄羅斯的中國學家，奠定了俄羅斯的中國學在世界中國學中

的地位。正是在這個意義上講，清朝前期的俄國駐華宗教傳道團的學習和研究活動促進了中俄文化之間的交流。

目　次

第十八冊　近代西北經濟地理格局的變遷（1850～1950）

作者簡介

　　樊如森，山東鄆城人，出生於陝西黃龍，歷史學博士。現任復旦大學中國歷史地理研究所副教授，復旦大學長三角港口發展研究中心研究員。曾任日本學習院大學文學部客員研究員，關西大學文化交涉學教育研究中心訪問研究員。主要從事中國歷史經濟地理、長三角與環渤海經濟比較、中外經濟交流等研究。已經出版的學術著作，包括《天津與北方經濟現代化（1860～1937）》（個人專著，2007 年），《港口——腹地與北方的經濟變遷（1840～1949）》（第二作者，2011 年），《近代華北與蒙古高原經濟地理》（個人專著，2012 年），學術論文 40 餘篇。

提　要

　　本書作者選取 1850～1950 年這一促使中國發生「亙古未有之大變局」的歷史時期，關注於包括蒙古高原、天山南北和陝甘高原在內的遼闊地域，通過自己多年的潛心研究和實證分析，以歷史地理學的獨特時空間視角，多維度，多層面地綜合考察了近代百餘年間，西北地區在政策環境、市場格局、交通網絡、生態環境、區際聯繫等方面的經濟地理格局變遷問題。該書資料

翔實，圖表規範，數據完備，論證嚴密，是深入學習和研究近代西北經濟發
展進程的有益參考。

目　次

第十九冊　漢代歷史理論研究

作者簡介

　　靳寶，男，1977 年 7 月生，內蒙古化德縣人。北京市大葆台西漢墓博物

館副研究員，北京市社會科學院歷史所博士後。2004 年與 2007 年，先後獲得北京師範大學歷史學碩士與博士學位。研究領域主要涉及中國史學史與史學理論、秦漢史、北京歷史文化，已出版《大葆台西漢墓研究》專著一部，在《文史知識》、《中原文物》、《史學集刊》等學術期刊發表論文近 20 篇。

提　要

　　漢代無論在史學上，還是在歷史上，都是一個很重要的時期。秦漢社會劇變，帶給人們更多的歷史思考。在歷史理論方面，可以說有了一定的體系。

　　究天人之際仍是漢代歷史理論的根本問題。兩漢學人對天人關係進行了廣泛而深入的理論思考，既有系統的天人感應理論的構建，又有歷史意義上的究天人之際和元氣物質化的天人關係之探討。無論在理論形態上，還是在歷史事實考察上，都較以往有了很大的發展。在爭辨的天人關係思想下，更突出人在歷史變動中的主體位置與重要作用，充分體現出天地人參合的理論特色。既積極尋求人事、人謀在社會歷史變動中的位置與作用，又努力思考客觀歷史趨勢或歷史條件對社會歷史變動的影響。

　　通古今之變是漢代歷史理論的又一重要內容。既有整體上的根本變動，又有歷史各層面的變化認識；既有感性意義上的變動觀，又有哲理性的歷史變化論。他們不僅對歷史演變的進程及趨向作了積極探索，表現為循環的歷史演化模式與發展的歷史變動觀；而且還對歷史作了階段性劃分與認識。

　　無論是對社會歷史變動原因的思考，還是對歷史演變過程及其趨向的探討，其主旨之一就是要總結變理，為社會提供有益借鑒，至少主觀目的大都是這樣的。既有關於歷史變化法則的根本性變理探討，又有關於治亂盛衰之理的總結。這些都是帶有根本性的治國安邦方略，是漢代學人在歷史認識過程中所尋求到的現實啟示。

　　漢代學人還對當時社會的一些重大問題作了努力探討。如大一統理論與民族思想，君主論與國家觀。漢代「大一統」，既有「一統尊君」的「大一統」，又有「應天統民」的「大一統」；既有空間意義上的「大一統」，又有時間意義上的「大一統」。王者「布政施教」而「統民應天」是漢代公羊學「大一統」理論的精神實質。漢代史學家關於民族的記載與認識，反映了多民族史撰述的自覺意識與同源共祖觀念。在民族關係方面，有夷夏之辨，更有民族一體的共同意識；既有具體的治邊方略，又有一定理論性的民族政策理念。

　　兩漢學人對君主本身、君民臣關係及其對國家治亂盛衰的作用，作了很深的理論思考，體現出天人合一的理論特點。在以君主為核心的國家體制下，如何使得君、臣、民三者協調、和諧地發展，是漢代君主論的主旨和實質。兩漢學人還對國家體制及國家職能進行思考，形成較為豐富的理論認識。

目　次

第二十冊　《史記》之「改」、「作」與歷史撰述

作者簡介

　　邱詩雯，國立成功大學中國文學系學士、中國文學碩士、中國文學博士候選人，並輔修歷史學系。師事張高評教授，致力耕耘史傳文學、古典散文、文獻學、宋代文學等領域。陸續在國內外期刊和研討會上發表：〈誠齋體與創

意造語——以楊萬里詠飲食詩為例〉、〈陸游在台研究述評〉、〈采詩與新詮——夏元鼎三教歸一之丹道論述〉、〈《史記》史韻詩心的構成——從〈離騷〉到無韻之《離騷》〉、〈臺灣近五年宋代非韻文研究述評〉、〈《史記》讀本的現代轉化〉、〈桐城詩法與史家筆法——以方東樹《昭昧詹言》為例〉、〈林紓翻譯小說與史傳文學關係探析〉、〈張齎小識〉、〈義法與書法——方苞《春秋直解》之解經方法及其《左》學傾向〉、〈張齎簡譜〉等單篇文章。

提　要

　　司馬遷私淑孔子，典範《春秋》，蒐集天下百種遺文，運之以史筆書法，潤之以文筆詩心，使《史記》史家筆法、《春秋》書法、文章義法遂燦然大備。自鎔裁史料至完成史書，為史家苦心孤詣、撰述歷史的過程，而史料之運用，或借襲引用、或改訂更易、或想像撰作，其改作之目的，皆為呈現史觀而來。則《史記》所以究天人之際，通古今之變，成一家之言者，有改易、撰作之事實存在。

　　本文採用《史記》廿五史點校本為文本，以《史記會注考證》之研究成果為切入點，參考諸家補輯，確立《史記》可資比對之取材範圍，嘗試重建司馬遷運用史料的情形。透過比對考據資料，梳理《史記》之「改」、「作」與歷史撰述的義法。得司馬遷以史觀選材，運用比興安排，詳略去取、改易撰作史料來行文，而呈顯出史蘊詩心之風格，成為影響後來文、史發展不易之核心價值。

　　《史記》之「改」、「作」，涵蓋考據、義理、詞章三個層面。考《史記》之「改」、「作」與歷史撰述，為考據《史記》取材與義理之聯繫，除提供《史記》研究的新角度之外，可對史家別裁、史識、取捨、歷史編纂等，增加史學方法內涵。並且對後來史學的流變，如廿五史的改作；以及文學的新變，如史傳文學的改作、古典文學的轉化、劇本之寫作等，提供基礎。則可以此角度，繼續探索《史記》「改」、「作」與詞章風格之表現，開啟跨史籍、跨文史、跨古今的多元研究。

目　次

第二一冊　蕭子顯與《南齊書》研究

作者簡介

王淑嫻，1970 年生，畢業於東吳大學中國文學系，之後進入國立中正大學歷史研究所，攻讀碩士及博士學位，主修中國中古史、史學史。

在研究所就讀時，曾擔任雷家驥教授國科會計畫「五胡軍事制度研究」之研究助理，並於各國立、私立大學及科技大學教授歷史相關課程，教學經驗至今已十餘年。教學期間，亦曾參與某出版公司之中國經典系列智慧書之導讀與增修工作。現為蘭臺出版社《中國中古史研究》之編輯委員，及國立嘉義大學、國立勤益科技大學通識教育中心兼任助理教授。

提　要

《南齊書》作者蕭子顯為南齊皇族，祖父為齊高帝蕭道成，父為高帝次子豫章文獻王蕭嶷。在政治混亂，帝王勇於殺戮宗室子弟的南朝，蕭子顯及其父兄雖屢踐危機，卻仍倖存於危政之餘，實為南朝不多見之例。

史學自始即有強烈的政教色彩，經世致用性更為該學術與生俱來的特質。魏晉以降，屢見時君因重視史學而干預史學之事例，使史學遭逢更大的限制，史家亦面臨更大的挑戰。成書於南朝梁的《南齊書》，便是在此種政治與學術環境下寫成。而作者蕭子顯在其為前朝宗室而又欲為前朝撰史之情況下，其身份的高度敏感性，為其撰史帶來更大的限制與危機。然因有史不可

亡與史文絕續在己的意識，故蕭子顯不顧其前朝宗室的敏感身分，勇於撰述《南齊書》。

蕭子顯雖勇於撰史，然因其所撰之齊史不僅事涉其親（祖父齊高帝蕭道成篡宋），亦事涉時君（梁武帝蕭衍篡齊），遂使蕭子顯撰述《南齊書》時，不得不面對名教、實錄與性命衝突的進退維谷之局，於是乃取法《春秋》婉而成章之書法，以不傷實錄之婉筆撰史。但有時因筆法過於謹慎委婉，而致史實隱諱不明，若非後世《南史》出，則真相幾致湮沒，此不可不謂為《南齊書》之失。

蕭子顯為史書事，受時代影響牽絆至鉅，然其仍能因應時代環境，另尋保存歷史真相之法，故蕭子顯的史學是頗富時、變精神的。也正因如此，其思想的彈性與包容性也是較大的。

目　次

第二二冊　南越王墓玉器特色研究

作者簡介

　　尤家瑋，淡江大學歷史系畢業，淡江大學歷史學系碩士，目前就讀於中國文化大學博士班。研究興趣為神仙思想、戰漢玉器、中國歷史文物。

提　要

　　1983 年於廣州象崗發現的南越二代文王墓，係以鑿山為藏的石室墓，為迄今所知嶺南地區僅有的一座特殊墓葬。墓中出土各類文物千餘件，其中玉器數量約有兩百餘件，可謂大宗，且其品類繁多，工藝精美，並保留原始組合關係，為研究西漢玉器的珍貴資料。南越文王卒於西元前 122 年，處於漢代玉器典型之轉捩點，其玉件形制與用玉思想，引人入勝，為其特色之一。然而，南越國所處之特殊地理位置及其文化背景，亦為墓中玉器特色之二。

　　墓中隨葬玉器，依功能區別有二，一為死後葬玉，二為生前用玉。藉由墓中出土葬玉的分類與比對，不僅發現南越王受斯時盛行的神仙思想所牽引，更從中體現死後昇仙的具體進程與強烈意圖。另外，生前用玉因著重裝飾功能，多較精巧華美，其所透露的時代工藝、文化特色與人文意義，則為本文研究的另一重點。比對玉件的過程中，發現其不僅具楚、越、域外文化等特色外，更逐漸形成獨有的南越特色玉器，同時藉由生前用玉結合文獻，理解南越王墓玉器也具有財富、僭越與升仙三種特殊人文意義。

　　本文透過文獻與考古資料的彙整，發現南越國具有特殊的政治地位、經貿與民族關係，以及喪葬觀念等特點。這些特點亦反映於墓中大量隨葬玉器，呈現出與西漢中原諸侯王墓諸多截然不同的風貌，即為本文研究之旨趣所在。

目　次

甲骨文與商代禮制

譚步雲 著

作者簡介

譚步雲，1953 年 9 月出生，廣東南海人，曾用筆名「淩虛」，1979 年 9 月考入廣州中山大學中文系，1983 年 7 月，獲文學學士學位，旋即任教於廣東民族學院中文系，先後擔任「寫作」、「外國文學」等本科課程的教學。1985 年 9 月考入廣州中山大學中文系攻讀古文字學碩士學位課程，導師為陳煒湛教授，1988 年 7 月憑《甲骨文時間狀語的斷代研究——兼論〈甲骨文合集〉第七冊的甲骨文的時代》一文獲碩士學位。1988 年 7 月任職于廣州中山大學古文獻研究所，從事古代典籍的整理研究工作。1995 年 9 月免試進入廣州中山大學中文系攻讀古文字學博士學位課程，導師為曾憲通教授，1998 年 7 月憑《先秦楚語詞匯研究》一文獲博士學位。1998 年初調至廣州中山大學中文系任教，擔任「古漢語」、「漢字之文化研究」、「先秦經典導讀」、「古文字學」、「甲骨文字研究」等本科生和碩士研究生課程的教學，並從事古漢語、古文字、文史、方言、地方文獻等研究工作。合撰、獨撰《清車王府藏曲本子弟書全集》、《車王府曲本菁華》（隋唐宋卷）、《嶺南文學史》、《實用廣州話分類詞典》、《老莊精萃》、《論語精萃》等著作十三部，學術論文三十餘篇。1991 年晉陞為講師，1997 年晉陞為副教授。

提　　要

　　本書是自甲骨文發現一百一十年以來商代禮制研究的總結報告。商代禮制是殷商史的重要組成部分，而甲骨文的重見天日，還原商代禮制遂成為了可能。通過學者們孜孜不倦的研究，我們對宗法制度、官僚機構、婚姻儀典、祭祀、方術等禮法已有了初步的認識。不過，坦率地說，目前的研究，距離完整地揭示商代禮制還有一段不小的路程。因此，本書在分析目下研究的不足的同時提出了前瞻性的意見，希望能對商代禮制的研究有所裨益，尤其希望對有志于研究商代禮制的後進有所啟發。

紀念張永山先生

目

次

引　子　欲隱還現的商代禮制

　　在二千五百多年前，有一位偉大的思想家痛感時世的禮崩樂壞，於是企圖還夏、商、周三代禮制的本來面目。然而，當他著手整理前朝的文獻時，卻徹底失望了。他，就是儒家祖師孔仲尼。為什麼？他說：「夏禮，吾能言之，杞不足徵也；殷禮，吾能言之，宋不足徵也。文獻不足故也。足，則吾能徵之矣。」〔註１〕孔夫子這話的意思是：「夏代的禮制，我能說出來，它的後代杞國不足以作證；殷代的禮制，我能說出來，它的後代宋國不足以作證。因為歷史文件和賢人都不足夠。如果有足夠的歷史文件和賢人，我就可以援引來作證了。」孔夫子以後，依然有學者希望能重構殷禮，例如司馬遷。《史記》中有《禮書》、《封禪書》，便可看得出太史公的良苦用心。可細細讀去，作者總在三代禮制方面含混其詞。這也怪不得他。本來就少得可憐的典籍經秦火之後更是「零落成泥輾作塵」了，太史公所能使用的商代史料，也祇是「以頌次契事，成湯以來，採於詩書」而已。試問：典之不存，禮將焉考？

　　據典籍的記載，自商湯滅夏，建立了商朝後，商王國存在了約五百年。一個王國能夠維繫這麼長的一段時間，其禮制一定十分完善。然而，揭開其秘密卻一直是個美麗、而不能實現的夢想。於是，商代禮制長期籠罩在一片迷霧之中，隱而不現。

　　幸好在一百一十多年前，深埋在地下長達三千年的商代檔案材料——甲骨文破土而出了，頓時猶如萬縷陽光，穿透了籠罩在商代禮制之上的迷霧。這時候的商代禮制研究，真正應了陸放翁的一句詩：「山重水複疑無路，柳暗花明又一村。」

〔註１〕見《論語・八佾》。

　　儘管可以說重構殷禮燃起了希望之火，然而，學術界並非不存絲毫疑慮。有些人首先想到：這甲骨文可靠嗎？甲骨文真的是商代的遺物嗎？如果我們今天提出這樣的問題，肯定被目爲幼稚。事實上，甲骨文出土之初，國內國外均有學者——很有學問的學者——質疑甲骨文的眞實性。上世紀五十年代，日本的甲骨學家島邦男先生回憶說：三十多年前他的老師宇野哲人先生告訴他，甲骨文是僞作的。而那時，甲骨文出土已有十幾年了。當然，島邦男先生並沒有因此而放棄甲骨文的研究，相反，這成了促使他研究甲骨文的契機（見島邦男《殷墟卜辭綜類‧後記》）。當時在國內，國學大師章太炎先生也曾懷疑甲骨文是假的。這大概緣於那陣子確實出現了很多爲賣錢而仿刻的贗品。隨著中央研究院在殷墟展開科學發掘，並得到了成千上萬的甲骨，甲骨文的可靠性才逐漸爲人們所完全認識。眞則眞矣，可是，透過它的內容能瞭解商代禮制乃至重構商史嗎？有些人又提出了第二個疑問。他們說：甲骨文不就是卜辭嗎？它不是商的斷代史，這些設問、推測之辭能給我們提供多少商代社會的信息呢？恐怕直到現在還有不少人持這種觀點。這個問題，我們不必回答。因爲許許多多的甲骨學者和商史研究者在甲骨文這個園地裏默默地耕耘著，他們的研究成果就是最好的答案。

　　迄今爲止，殷墟出土了總數量幾近十萬片的甲骨文〔註2〕，以一片十字計，其總字數超過一百萬。涉及商代禮制的文字自然不在少數，更爲可貴的是，這些原始文字沒有經過篡改，沒有經過修訂，沒有經過潤色，因而沒有訛誤，沒有贅餘，沒有雜糅，便越加眞實地反映了那個時代的禮制狀況。事隔一百年，我們現在還能想見試圖還原殷禮的前輩學者的那份雀躍欣喜的心情。

　　不過在當時，通過甲骨文還原商代禮制的工作實際上比想像中要困難得多。首先是釋字。那時候學者的識字水平祇處於釋讀小篆、銅器銘文上。乍見甲骨文，單字沒認幾個，更甭說通讀整片刻辭了。經過了孫詒讓、羅振玉、王國維、董作賓、郭沫若、葉玉森、唐蘭、商承祚等前輩學者的努力，甲骨文終於能通讀了。學者們進而根據甲骨文的內容分類，以便爲下一步的研究鋪路。例如王襄的《簠室殷契類纂》（1920年）就是這樣的著作。可以說，這個階段甲骨文商代禮制的研究僅僅集中在材料的釋讀和整理上。進入甲骨文

〔註 2〕關於殷墟出土的甲骨數量，予師陳煒湛先生有專論，認爲「目前可資閱讀研究的甲骨文爲六萬餘片，加上花園莊新出土以及史語所的碎片，總數在六萬二千片左右」。充其量「八萬三千片左右」參氏著《甲骨文論集‧關於殷墟甲骨文的兩個基本數字》，上海古籍出版社，2003年12月。

商代禮制研究的第二個階段，以王國維先生的《殷卜辭中所見先公先王考》（1917 年）、《殷卜辭中所見先公先王續考》（1917 年）、《殷周制度論》（1917 年）和《古史新證》（1925 年），郭沫若先生的《卜辭中之古代社會》（1928 年）和《甲骨文字研究》（1930 年），董作賓先生的《大龜四版考釋》（1931 年）和《甲骨文斷代研究例》（1933 年）為標誌 。這個階段，甲骨文不僅基本解決了釋讀上的困難，而且還粗知其時代背景，藉以約略瞭解晚商時期的社會狀況。雖然這個階段的商代禮制研究仍較粗略，卻為日後的研究奠定了堅實的基礎。第三個階段，是甲骨文商代禮制研究全面展開的時期，以董作賓先生《殷曆譜》（1945 年）和胡厚宣先生《甲骨學商史論叢》初集（1944 年）、二集（1945 年）的出版為標誌 。商代社會的宗法、婚姻、占卜、祭祀等禮制狀況終於露出了冰山一角。此後是商代禮制研究進入攻堅戰的第四個階段。甲骨學家們不滿足於「寫意」的商代禮制，而著力於勾勒「工筆重彩」的商代禮制。於是，數以百計的論著如雨後春筍般出現，內容深入到商代禮制的各個方面。至今，所欠缺的衹是一部「商代禮制」而已。

商代禮制是商史的一個組成部分，其研究衹是商史研究的一個方面。因此，商代禮制研究是隨著商史研究的發展而發展的。就這個意義而言，商史工作者，尤其是甲骨學者，是商代禮制研究方面的主力軍。然而，商代禮制的研究又有其特殊性，除了徵諸甲骨文、前代典籍以及考古發現以外，很大程度上還得利用民俗學、民族學、社會學、人類學，甚至語言文學等各個學科的研究成果。那麼，商代禮制的重構實在有賴於上述各學科的學者共同參與。

因此，此書的任務，就是向上述各個學科中有志於研究商代禮制的學人介紹這個課題的過去、現狀和未來，期待更多的俊賢參加到這個領域的研究陣營中來，以繁榮商代禮制的研究。

第一章　尋覓傳世文獻中的商代禮制

　　我們在談禮制。那麼，到底什麼是「禮」？什麼是「禮制」？中國古代的所謂「禮」，就是指社會的道德行爲規範、法則和儀式；所謂「禮制」，就是社會道德行爲規範、法則和儀式的典章制度。

　　甲骨文中已經有「禮」字了，寫作䘚，即「豊」，原來的意義大概是：把玉器盛放在器皿裏，獻給神祇。可見，早先的「禮」跟宗教活動的關係最爲密切，所以後人又在「豊」字上加了個「示」的形旁作「禮」。東漢的許愼在他的《說文解字》中說：「禮，……所以事神致福也。」（卷一示部）大致是不錯的。事神致福，當然不能亂了分寸。推而廣之，則凡是具有一定的規範、程式的道德行爲都被納入了「禮」的範疇。

　　在甲骨文出土以前，人們要探討商代的典章制度，祇能借助語焉不詳的、零星的傳世文獻。材料之少，論述之簡略，甚至連去商未算太遠而想做一番商代禮制整理和研究工作的學者也祇能發出了「文獻不足」的慨嘆。

　　話雖如此，商代禮制還是在傳世文獻中留下了蛛絲馬蹟。

　　那麼，現在我們所能看到的傳世文獻中，有哪些保存了商代的禮制資料呢？太史公司馬遷是一位工作嚴謹的學者，在他的《史記‧殷本紀》中，商王室的世系情況基本上被保存下來了。沒有他的記述，後來的殷墟甲骨文中的相關記錄就無法整理和研究。事實上，屈原的《天問》以及先秦的諸子著作中也有商世系的片言隻語的記錄。但都不如《史記》完整而詳細。以後，關於商世系，祇有成書時間早於《史記》、而傳世較晚的《竹書紀年》和晚於《史記》的《世本》才能與之相頡頏。下面我們列出三張經過整理的商王世系圖表作爲比較，以證明《史記》等書所載的可信性。

一、《史記・殷本紀》的商王世系：

帝嚳[1] → 契[2] → 昭明[3] → 相土[4] → 昌若[5] → 曹圉[6] → 冥[7] → 振[8] → 微[9] → 報丁[10] ┐

└→ 報乙[11] → 報丙[12] → 主壬[13] → 主癸[14] → 天乙[15] → 太丁[16] → 太甲[19] → 沃丁[20]
　　　　　　　　　　　　　　　　　　　　　├→ 外丙[17]　　　　└→ 太庚[21] → 小甲[22]
　　　　　　　　　　　　　　　　　　　　　└→ 中壬[18]　　　　　　　　　　 ├→ 雍己[23]
　　　　　　　　　　　　　　　　　　　　　　　　　　　　　　　　　　　　　　└→ 太戊[24]

└→ 中丁[25]
├→ 外壬[26]
└→ 河亶甲[27] → 祖乙[28] → 祖辛[29] → 祖丁[31] → 陽甲[33]
　　　　　　　　　 └→ 沃甲[30] └→ 南庚[32] ├→ 盤庚[34]
　　　　　　　　　　　　　　　　　　　　　　 ├→ 小辛[35]
　　　　　　　　　　　　　　　　　　　　　　 └→ 小乙[36] → 武丁[37] → 祖庚[38]
　　　　　　　　　　　　　　　　　　　　　　　　　　　　　 └→ 祖甲[39] → 廩辛[40]
　　　　　　　　　　　　　　　　　　　　　　　　　　　　　　　　　　　　 └→ 庚丁[41]

└→ 武乙[42] → 太丁[43] → 帝乙[44] → 帝辛[45]

二、《古本竹書紀年・殷紀》的商王世系：

湯[15] → 外丙[16] → 太甲[18] → 沃丁[19] → 小庚[20] → 小甲[21]
　　　 └→ 仲壬[17]　　　　　　　　　　　　 ├→ 雍己[22]
　　　　　　　　　　　　　　　　　　　　　 └→ 大戊[23] → 仲丁[24]
　　　　　　　　　　　　　　　　　　　　　　　　　　　　├→ 外壬[25]
　　　　　　　　　　　　　　　　　　　　　　　　　　　　└→ 河亶甲[26] → 祖乙[27]

└→ 祖辛[28] → 祖丁[30] → 陽甲[32]
├→ 開甲[29] └→ 南庚[31] ├→ 盤庚[33]
　　　　　　　　　　　　　 ├→ 小辛[34]
　　　　　　　　　　　　　 └→ 小乙[35] → 武丁[36] → 祖庚[37]
　　　　　　　　　　　　　　　　　　　　 └→ 祖甲[38] → 馮辛[39]
　　　　　　　　　　　　　　　　　　　　　　　　　　　 └→ 庚丁[40] → 武乙[41] → 太丁[42]

└→ 帝乙[43] → 帝辛[44]

三、殷墟甲骨文的商王世系：

夒¹→禼²→王夨³→土⁴→止若⁵→枏⁶→季⁷→王亥⁸→上甲¹⁰→匚乙¹¹→匚丙¹²
　　　　　　　　　　　　　　　　└→王亘⁹

└→匚丁¹³→示壬¹⁴→示癸¹⁵→大乙（唐）¹⁶→大丁¹⁷──→大甲¹⁸→虎祖丁[21]→小甲²³
　　　　　　　　　　　　　　　　├→卜丙¹⁹　　　└→大庚²²　　　　├→中己²⁴
　　　　　　　　　　　　　　　　└→南壬[20]　　　　　　　　　　└→大戊²⁵

└→中丁²⁶
├→卜壬²⁷
└→戔甲²⁸→祖乙²⁹→祖辛³⁰→祖丁³²→羌甲³⁴
　　　　　　└→羌甲³¹└→南庚³³├→盤庚³⁵
　　　　　　　　　　　　　　　├→小辛³⁶
　　　　　　　　　　　　　　　└→小乙³⁷→武丁³⁸→兄庚³⁹
　　　　　　　　　　　　　　　　　　　　　　└→祖甲⁴⁰→兄辛⁴¹
　　　　　　　　　　　　　　　　　　　　　　　　　　└→康祖丁⁴²

└→武乙⁴³→文武丁⁴⁴→〔帝乙〕⁴⁵→〔帝辛〕⁴⁶

　　　王名的右上角數字代表王即位的次序，帶「〔　〕」符號者可能並未即位爲干或其內的王名未見於甲骨文；「→」表示前後兩王之間爲直系，並列者則是旁系。

　　　通過比較可以發現，除了個別的世次相悖、名稱互異以及有所闕如外（這個問題我們將在第三章第二節繼續討論），《史記》等書和甲骨文所載的商王世系大體一致。這非常重要，因爲不僅讓我們對典籍的可信度大爲放心，而且通過這份世系圖可以推斷出商代帝王繼承王位的禮制，雖然這個問題迄今仍沒有取得一致的意見（參閱第三章第一節）。除此以外，《史記·殷本紀》還提供了一些商代禮制的其他內容。如官稱：計有「司徒」、「冢宰」、「相」、「三公」等；如婚姻：帝嚳有次妃，乃一夫多妻制的明證，商紂納鬼侯女，乃族外婚姻的明證；如祭祀：分別記錄了武丁祀成湯，祖己祀武丁的祭祀活動；如貞卜：透露出商代把龜用於貞卜的信息。《古本竹書紀年·殷紀》也有一些商代禮制的材料，如官稱：計有「卿士」、「牧師」等；如賓禮：記錄了周伯朝殷，武乙封賜，以及諸侯肆意征伐的史蹟。

　　　然而，遺憾的是，《史記》等著作中的商代禮制的敘述俱是輕描淡寫。幸好商代的典籍中還有個別篇章倖存下來了。那就是《尚書》中〈商書〉的某些篇章以及《詩經》中〈商頌〉的某些篇章。此外還有先秦文獻中所引用的《湯說》、《湯刑》、《湯之宮刑》、《尹吉》、《大戊》等殘篇斷簡。當然，在那

些追述前朝事蹟的先秦文獻裏也多少保留了一些商代的典章制度，例如《左傳》、《國語》以及先秦諸子等等。甚至是經過秦火後的某些著作，涉及商代典章制度的也不無可信者，例如：劉向的《說苑》、淮南王劉安諸門客所著的《淮南子》等。一方面固然是這些作者去秦未遠，於前朝的事蹟必有所聞；另一方面則因爲有些先秦的著作徼倖流傳下來了，像所謂的「壁中書」即其一，某些學者還從事過這些古籍的整理工作，例如劉向。

那麼，孑遺在傳世文獻中的商代禮制到底有哪些呢？通過那些零星的記載，我們還是多少可睹商代禮制之一斑的。

首先是「祭祀」。《尙書》的《高宗肜日》和《盤庚》兩篇就記載了商人的祭祀禮。《高宗肜日》篇描述了商代人的一次祭祖活動。主持祭祀的是時王祖庚，受祭者是他的父親武丁。祭祀的儀式則是「肜」祭（《史記・殷本紀》也有這段記述，內容則有參差）。我們驚訝地發現，雖然具體的情節已不甚了了，但證諸甲骨文，我們卻不得不承認典籍的可靠。以前的學者固然也知道「肜」是祭名，但甲骨文的出土卻使我們進一步瞭解到它原來是「周祭」的禮儀之一。《盤庚》篇則記述了商人確實是禮拜上帝的。此外，《尙書・商書》中還保留了可證諸甲骨文的祭名，如「寅」、「賓」、「出」、「日」等。這些資料先前都被曲解過，可見甲骨文的出土對我們理解商代的文獻有多麼大的幫助。《詩・商頌・烈祖》則是一首祭祖詩，詩中反映的祭禮有「既載清酤」（準備好清酒），這在甲骨文中被稱之爲「酎」；有「亦有和羹」（也有調好的羹湯），「顧予烝嘗」（看看我爲您準備的食品），這在甲骨文中被稱爲「登嘗」。可見商代的祭祖禮至少要備下美酒和肉食等祭品。《詩・商頌・那》也是一首祭祖的詩歌。「奏鼓簡簡，衎我烈祖。」（隆隆地奏起鼓樂，娛悅我偉大的先祖）可以想見祭祖禮上音樂齊鳴的場景。除了《尙書・商書》、《詩・商頌》外，先秦的許多文獻也多多少少保存了商代祭祀的某些材料。例如見於《呂氏春秋・順民》、《尙書大傳》、《淮南子》、《尸子》、《說苑》等書的「商湯禱雨」的故事，非常生動地描述了商人的「禘禮（禘樂）」。商湯執政的期間，適逢嚴重的乾旱，於是湯祭禱於桑林之社，作桑林之舞。這就是所謂的「禘禮（禘樂）」。據研究，「禘禮（禘樂）」是商人祭祀主宰人類生殖的神祇（包括祖先、上帝、圖騰）的宗教活動，儀式可能包括傳說中上帝和祖先們的性行爲的模擬[註1]，以及給神焚燒人牲（通常是「巫

〔註1〕 參鄭慧生〈商代的御祭〉，載王宇信、宋鎮豪主編《紀念殷墟甲骨文發現一百周年國際學術研討會論文集》496～505頁，社會科學文獻出版社，2003年3月。

尪」之類的人物)。在記載了商人祭祀的文獻中,我們還瞭解到商代所奉祀的諸神,除了上面提到的「上帝」、祖先神和「社」以外,還有「四方神」和「四方風神」、日神羲和(均見於《山海經》),等等。而某些個商王並不那麼敬神事鬼,在文獻中也有所反映。例如《史記·殷本紀》載:「帝武乙無道,爲偶人,謂之天神,與之博,令人爲行,天神不勝,乃僇辱之,爲革囊盛血,仰而射之,命曰射天。」武乙這些蔑視神鬼的舉動,在甲骨文中也可以得到驗證。首先,武乙、文武丁時期的卜辭數量相當少;其次,有名可考的貞人祇有「歷」一人。說明武乙甚至其兒子文武丁(典籍作「太丁」)是不怎麼相信占卜這一套的。

其次是「貞卜」。《尚書》〈盤庚〉篇裏多次使用了「卜」字:「卜稽,曰其如台?」「非敢違卜,用宏茲賁。」儘管這裏「卜」的內容遠不如後世所發現的甲骨文詳盡,卻也讓我們體會到商人對於貞卜的迷信心理。有學者認爲,商代還流行「鳥占之術」。《尚書·高宗肜日》提到,在對武丁致以肜祭時,有隻野雞飛到了鼎耳上鳴叫,於是便引發了孰吉孰凶的占卜。先秦的其他文獻也提及商代存在「貞卜」之術的事實。例如《呂氏春秋·制樂》上說道:成湯之世的某一天傍晚,王庭中忽然萌生出穀子,到了天亮時分,穀子長大了,粗大得雙手才能合抱。於是「其吏請卜其故」(《史記·殷本紀》也有記載。但說是太戊時發生的事情)。雖然甲骨文的出土證明了商代使用龜甲占卜,可目前還缺乏典籍方面的證據。不過,某些傳說似乎透露出這方面的信息。例如宋·王應麟《玉海》云:「有神龜在江南嘉林中,巢於芳蓮之上,左脅書文曰:『甲子重光。』」「堯沈璧於洛,元龜負書,赤文朱字;沈璧於河,黑龜出赤文。周公攝政七年,成王觀於洛,沈璧,禮畢,有元龜青純蒼光,背甲刻書,上躋於壇,赤文成字,周公寫之。」(卷一百九十九)又如明·陶宗儀《書史會要》卷一〈帝王〉篇記錄了三則「龜書」的故事:第一則是說堯得到了外國送來的一個背闊三尺有餘的巨龜,龜甲上有用蝌蚪文寫下的史實,於是堯下令製作「龜曆」。另一則是說黃帝出遊厄水,遇上一隻背負畫圖的靈龜,於是黃帝下令作「龜書」。第三則是說大禹參透洛水上靈龜背負的畫圖,原來是「九疇之文」。雖然這祇是先商的傳說,結合上述《史記·殷本紀》用龜的記載,卻給我們留下了值得思考的啓迪:一,龜有來自域外的貢品;二,龜殼上可以刻(寫)辭;三,這些龜殼上的文字與史有關。

再次是「封爵和官制」。《尚書》的〈酒誥〉篇所述最詳。〈酒誥〉雖然是周初的文獻,但卻追述了前朝的事蹟。讀這篇文章,我們可以瞭解到商代

的官制原來分爲「內服」和「外服」兩大類。「內服」即內官，指在中央政府任職的諸官員；「外服」即外官，指在地方就任的官員（包括諸侯）。「內服」官吏有百僚、庶尹、亞、服、宗工、百姓、里居等官員。唐嘉弘等先生認爲，百僚是朝中百官的泛稱；庶尹是部門或族中的首長；亞和服是地位稍低於百僚和庶尹的官員；宗工是主管百工的官員；百姓指諸貴族；「里居」，據王國維、郭沫若的考證當作「里君」，里君是某一地域的百姓之長〔註2〕。顧頡剛先生所論稍有不同，他認爲，「僚」和「友」是官員的泛稱；內官中地位最高的是「疇（壽）」，相當於後世的「三公」；其次是「尹」和「正」，即各部門的主管官員和史官們；再次是「亞」，即「少正」，副職官員；然後是「服」（分別爲「休」和「采」），即王的隨從；然後是「宗工」，管理氏族者（相當於後世的族長），疑即「百姓」和「庶伯」；「里君」則是區域的長官；最後是「百工」，即「庶士」，是公務人員的通稱。「外服」官吏有侯、甸、男、衛、邦、伯等〔註3〕。從字形、字義以及其具體的語境考察，部分的外服官吏當起源於社會的分工。侯和衛掌管征伐衛戍；甸（田）和男（任）掌管耕籍生產；邦和伯當指臣服於商王朝的異邦小國。後來，外服官吏逐漸蛻變爲諸侯方國，但依然得承擔對商王朝原有的義務。《論語·微子》也有部分文字談及商代的官制：「大師摯適齊，亞飯干適楚，三飯繚適蔡，四飯缺適秦，鼓方叔入於河，播鼗武入於漢，少師陽、擊磬襄入於海。」這段話一共出現了八個官稱。這些官稱雖然大都缺乏文獻方面的具體例證，但其實際的職掌還是可以根據字面上的意思推敲出來的。亞飯、三飯、四飯大概是食官之屬；鼓者、播鼗者、擊磬者大概是樂官之屬；大師和少師的官名見於金文，「師」則見於甲骨文，估計屬同一類職官。如果推測不誤，這些當是「內服」的官員。

最後是「宴享」和「婚姻」。《詩·商頌·那》是一首宴享詩：「我有嘉賓，亦不夷懌？」（我有極好的賓客，難道不平和暢快？）詩歌形象地描繪了宴享的場面。主人賓客在享用之前須行祭祖禮，以示與祖先同享同樂，儀式進行間，鼓樂、管樂、磬樂齊鳴，音樂聲中族人載歌載舞，且喫且飲。詩歌還說得很明白，宴享禮自古有之，「溫恭朝夕，執事有恪。」（早晚都溫文爾雅，謙恭有禮，行事有序而謹慎。）絲毫不能亂了分寸！《易》六五記載：「帝乙

〔註2〕 唐嘉弘等《先秦簡史》72～76頁，福建人民出版社，1995年5月。
〔註3〕 顧頡剛〈《酒誥》校釋譯論〉，載《文史》第33輯1～10頁，中華書局，1990年10月。

歸妹，以祉元吉。」顧頡剛先生和高亨先生均據此認為殷人曾與周人有姻親關係〔註4〕，指周方伯（即文王）娶商王帝乙之妹的故事。倘若此說正確，那麼這正是商代推行族外婚以及政治婚姻的明證。

如果朝代的更替絲毫不影響典章制度的繼承，那麼，研究商代禮制倒是可以利用商以後的典籍，例如「三禮」。然而遺憾的是，儘管我們毫不懷疑史學研究中「逆推法」的有效，但一朝畢竟有一朝的制度，所謂的「殷革夏命」，除了有政權上的易手的含義外，恐怕還包括政治制度的改革的含義。

說實在的，即便是真實地記錄了商人禮制的這些典籍，也都非常地簡略。我們祇能透過浮光掠影般的文字去揣度那時的禮制，自然，得出的印象是那麼的模糊不清，以致難以描繪出一個完整的輪廓。

於是，有的學者意識到光憑傳世典籍研究商代典章制度不免多受掣肘，祇有別辟蹊徑才有出路。在甲骨文出土以前，他們把目光投向了銅器銘文。

銅器銘文的發現與研究之歷史可上溯至漢代。確實，銅器銘文載有不少史蹟，完全可補文獻之不足。遺憾的是，真正可以辨別為商代銅器的時代還沒到來。自宋到清，可以確認為商器者不過寥寥之數，而且不完全正確。不過，輯錄商代銅器銘文以致據以考證商代禮制的那份精神確實讓人肅然起敬！當然，所謂周因商禮，研究商代典章制度並不應局限於商器的研究。事實證明也有學者正是這樣做的。例如顧頡剛先生即採周《令方彝銘》以證〈酒誥〉篇所載殷代的「內服」和「外服」諸官，雖然顧先生作此文時甲骨文已面世日久。

事實上，今天單純地利用傳世典籍以研究商代禮制的學者絕無僅有，儘管還有學者視《尚書》、《詩經》等為商史研究的重要材料，但他們卻已把甲骨文的材料放在首位。無疑，欲求商禮，須研甲骨。就目前商代禮制的研究成就而言，學者們更多地是仰仗甲骨的資料而非典籍的資料。

充分利用傳世典籍以研究商史，用力最勤、而成果最豐的當數顧頡剛、劉起釪等先生 。這裏向有興趣繼續研究的讀者誠意推薦以下著述：

1、顧頡剛《中國上古史研究講義》，中華書局，1988 年 11 月；又〈《酒
　　誥》校釋譯論〉，《文史》33 輯 1～10 頁，中華書局，1990 年 10 月；
　　又〈牧誓八國〉，《史學雜識》，中華書局，1963 年。

〔註 4〕 顧頡剛〈《周易》卦爻辭中的故事〉，載《燕京學報》6 期，1929 年 12 月，後
　　　　 收入《顧頡剛選集》一書，天津人民出版社，1988 年 5 月；高亨《周易古經
　　　　 今注》（重訂本），中華書局，1984 年 3 月。

2、屈萬里〈甲骨文資料對於書本文獻之糾正與補闕〉,《大陸雜志》第 28 卷 11 期 347～350 頁,1964 年 6 月。

3、田倩君〈釋商書高宗肜日「越有雊雉」〉,《大陸雜志》第 29 卷第 10、11 期合刊 337～341 頁,1964 年 12 月。

4、楊文山〈《尚書・高宗肜日》疏議——兼論商朝武丁時期的「殷道復興」〉,《河北師大學報》1983 年 4 期。

5、劉起釪《古史續辨》,中國社會科學出版社,1991 年 8 月;又〈談《高宗肜日》〉,《全國商史學術討論會論文集》1～18 頁,《殷都學刊》增刊,1985 年 2 月;又〈重論盤庚遷殷及遷殷的原因〉,《史學月刊》1990 年 4 期;又〈甲骨文與《尚書》研究〉,《甲骨文與殷商史》(第三輯)261～302 頁,上海古籍出版社,1991 年 8 月;又〈卜辭的河與《禹貢》大伾〉,《殷墟博物院院刊》45～53 頁,中國社會科學出版社,1989 年 8 月。

6、斯維至〈湯禱雨桑林之社和桑林之舞〉,《全國商史學術討論會論文集》19～30 頁,《殷都學刊》增刊,1985 年 2 月。

7、楊昇南〈從《尚書・盤庚》三篇看商代的政體〉,《鄭州大學學報》1984 年 4 期。

8、連劭名〈《尚書・高宗肜日》與古代的鳥占〉,《華學》第一輯 63～68 頁,中山大學出版社,1995 年 8 月。

9、蔡哲茂〈論《尚書・無逸》「其在祖甲,不義惟王」〉,《甲骨文發現一百周年學術研討會論文集》,(臺灣)文史哲出版社,1998 年 5 月。

本節的主要內容均出自上揭著述。

應當強調的是,不容否認傳世典籍在研究商史方面的巨大作用。因傳世典籍的某些局限性而抹殺它的研究價值顯然是不足取的。通過與甲骨文的互證,典籍中的許多內容得到了澄清和證實。諸如:商王朝的世系、殷代的祭名、商朝的諸王與諸侯臣屬、夏代乃至原始社會中的傳說人物,等等。這些書面材料的可信性反過來又促進今後研究的發展。

第二章　甲骨文中所見之商代禮制

第一節　甲骨文之商代禮制面面觀

經過多年來學者們披沙揀金的艱辛努力，甲骨文中的商代禮制總算顯山露水了。董作賓先生的《殷曆譜》、胡厚宣先生的《甲骨學商史論叢》、陳夢家先生的《殷墟卜辭綜述》、島邦男先生的《殷墟卜辭研究》、郭寶鈞先生的《中國青銅器時代》、張光直先生的《中國青銅時代》、宋鎮豪先生的《夏商社會生活史》等著作所披露的商代禮制，在我們看來，不再是片鱗隻爪的，而是全面的、成系統的，雖然某些專題的研究還讓人感到遺憾。無怪乎甲骨文發現伊始，羅振玉先生便說「殷禮在斯堂」了〔註1〕。

現在，我們不妨參照《禮記》（包括《大戴禮記》）、《周禮》和《儀禮》的體例對甲骨文所載的商代禮制作一個概述。

「三禮」中的中國古禮制有這麼一些內容：

1、繼統、封爵和官制。《禮記》的〈王制〉篇，整部的《周禮》。

2、祭祀。《禮記》的〈大傳〉、〈月令〉、〈明堂位〉、〈郊特牲〉、〈祭法〉、〈祭義〉和〈祭統〉諸篇，《大戴禮記》的〈夏小正〉、〈明堂〉篇，《儀禮》的〈大射〉、〈特牲饋食禮〉、〈少牢饋食禮〉和〈有司〉諸篇。

3、喪葬。《禮記》的〈喪服〉、〈喪服小記〉、〈喪大記〉、〈奔喪〉、〈服問〉和〈問喪〉諸篇，《儀禮》的〈喪服〉、〈士喪禮〉、〈既夕禮〉諸篇。

〔註 1〕 步雲按：「堂」指甲骨文的殷堂。羅振玉寓居日本時有「殷禮在斯堂」齋名（見《鐵雲藏龜之餘·序》，1915 年），後又輯有「殷禮在斯堂叢書」。

4、婚姻。《禮記》的〈婚義〉篇,《儀禮》的〈士婚禮〉篇。

5、宴享。《禮記》的〈饗飲酒義〉、〈宴義〉、〈禮器〉、〈樂記〉、〈投壺〉、
　　〈射義〉諸篇,《大戴禮記》的〈投壺〉篇,《儀禮》的〈饗飲酒禮〉、
　　〈饗射禮〉和〈宴禮〉篇。

6、冠禮。《禮記》的〈冠義〉篇,《儀禮》的〈士冠禮〉篇。

7、聘問。《禮記》的〈聘義〉、〈少儀〉篇,《大戴禮記》的〈公符〉、〈朝
　　事〉篇,《儀禮》的〈聘禮〉、〈公食大夫禮〉、〈覲禮〉和〈士相見禮〉
　　諸篇。

　　除了第6項及第5、7項部分內容以外,後世的這些禮制均見於甲骨文,也許祇是數量上有所損益、形式上有所不同罷了。更令世人振奮的是,保存在甲骨文中的商代禮制材料竟是那樣的豐富,假以時日,重構殷商禮制應該不再是一個美麗的夢想。

　　接近十萬片的甲骨,幾近半數的內容與禮制有關。無怪乎甲骨文商代禮制的研究蔚為大觀。就筆者目及,光是專題論文就超過 180 篇(參看本書附錄)。雖然還沒有一部「商代禮制」,雖然像上舉那樣的宏篇鉅製也不多見,但無論是就數量還是質量而言,研究的成果應可讓人滿意。為了讓讀者在具體瞭解商代禮制的研究內容之前留下點兒印象,這裏顯然有必要先作簡單的介紹。

　　就數量而言,成果最為豐碩的首推「祭祀」,其次為「宗法」和「爵位與官職」,然後是「婚姻」、「喪葬」、「貞卜」,最後是「宴享」;見於傳世典籍的「冠禮」和「聘問」則完全是個空白。當然,某些研究則對文獻的缺佚作了非常有意義的補充,如「獻俘禮」、「儺」、「陰陽五行」等。

　　甲骨文中的祭祀內容非常豐富。商人幾乎是無所不祭,祭祀的對象可以歸納為三大類:超自然神、自然神和祖先神。超自然神祇有一個,上帝;自然神包括天地萬物;祖先神除了商人的祖先及其配偶外,還尊奉祖先的臣屬及其配偶,也許還有遠古的異族首領或英雄。商人的祭祀儀式稱得上繁文縟節,簡單地說則不外乎立尸、獻牲(包括人牲)和祝禱。雖說祭祀是國之大事之一,但商人祭祀之勤恐怕也出乎我們的意料之外,其中的「周祭」就很能說明問題。

　　甲骨文中的宗法內容也相當豐富。商王朝的帝王及其配偶的世系大致上脈絡清楚;王位的繼承則存在「兄終弟及」和「父死子繼」兩種方式;中央

王室對諸侯方國（包括以血緣為聯繫紐帶的宗族諸侯）具有至高無上的權威，例如「冊封」、「賞賜」，諸侯方國則應對中央政府盡一定的義務，例如：貢納、開拓疆土、征伐等。

甲骨文中涉及爵位和官制的文字並不太多，但也可以據之大致勾勒出一個輪廓。傳世文獻中提及的爵位基本上也見於甲骨文，更為可貴的是，甲骨文還為我們展示了前所未見的爵稱；見於甲骨文的官稱超過六十之數，較之傳世文獻多出兩倍以上；封爵和職官系統以及基本職能現在也大體上弄清楚了。

甲骨文中真正談到婚姻及其婚姻狀況的內容很少，以至於每每討論到商代的婚姻形態便幾乎要引起質疑。現在我們探討商代的婚姻狀況還得借助於考古和民俗材料，還得結合傳世文獻的記載。當然，也許目前對甲骨文中的這方面尚缺乏認識罷了。

欲瞭解商代的喪葬制度，莫過於利用考古發掘材料了。殷墟及其它的商代遺址的墓葬數量之多，足以重構商代喪葬制度了。不過，反映在甲骨文中的商代喪葬制度材料也相當可觀，例如殉葬儀式（人殉、牲殉）。

在《周禮》等傳世典籍中，可知上古貞卜體制之完善。但是，直到甲骨文的面世，我們才完全看清商代貞卜活動的廬山面目。甚至可以說，我們今天掌握的商代貞卜儀式內容，正是《周禮》所闕如的。舉例說，《周禮》的〈春官宗伯（下）〉篇所載參與貞卜儀式者有「卜師」、「太卜」、「龜人」、「占人」、「筮氏」等，偏偏缺了「貞人」；又如，從甲骨文中得知，商王經常親臨貞卜，扮演「卜師」、「占人」之類的角色，這也是古籍不載的。總之，從貞卜前的準備工作始，到貞卜後效的驗證止的一系列活動，沒有了殷墟甲骨文，我們將無從瞭解。另外，甲骨文還告訴我們：商代就使用「蓍占」這麼種方術了；「日書」也粗具雛形了；「陰陽五行」和「儺」也許已經產生。

古人宴享，有著嚴格的禮儀程式，諸如：食具的等級和數量、音樂的演奏、主賓的座向、飲食的次序，等等，都有一定的規範。《禮記》、《儀禮》等著作對此記得十分清楚。雖然甲骨文有關這方面的資料並不太多，但是，結合考古的發現考察，商代宴享禮儀的繁瑣絲毫不遜於後世，例如食器樂器的使用、飲食的內容、宴享的對象，等。

這些論著，有來自考古一線的報告，也有材料的綜合；有綜論，也有專題研究。研究隊伍，既有考古、歷史、語言的專門家，也有西方的學者。毫無疑問地，甲骨文商代禮制的研究具有世界性的意義。

綜言之，甲骨文發現一百多年以來的研究表明，甲骨文中商代禮制的內容是相當豐富的。但是，這並不意味著這方面的研究已經無所作爲了。在第七章裏，我們再來詳細討論這個問題。

第二節　幾種禮制研究經典撮要

雖然甲骨文商代禮制研究的成績有目共睹，可我們還是爲目前仍沒有一部「商代禮制」而引以爲憾。可事實上，充分利用甲骨文的材料以試圖探討商代禮制的方方面面的著作卻早已出現。這一點，相信讀者們從上一節的介紹中就能感覺到了，其中，某些著作至今仍是我們研討商代禮制必讀的經典。在這一節裏，我們就來簡要介紹幾種這樣的著作。

一、董作賓：《殷曆譜》

煌煌四巨冊。1945 年 4 月出版於四川李莊，中央研究院歷史語言研究所專刊。當時僅印了二百部，流傳甚少。

是書分爲上下兩編。上編分爲四卷：卷一〈殷曆鳥瞰〉，重申在《甲骨文斷代研究例》所建立的斷代研究法，力陳新舊二派在「祀典」、「曆法」、「文字」、「卜事」等方面的殊異，並展示了殷曆「日」、「月」、「年」以及「朔閏」的概貌。卷二〈曆法之編製〉，陳述了所採用的曆法的理由以及如何重構殷曆。卷三〈祀與年〉，詳細描述了殷代的紀年法，排出了祖甲和帝乙、帝辛的祀譜，其中最爲重要的內容是對五種祀典的研究。卷四〈殷之年代〉，實際上相當於一部殷代編年史。下編分爲十卷：卷一〈年曆譜〉，卷二〈祀譜〉，卷三〈交食譜〉，卷四〈日至譜〉，卷五〈閏譜〉，卷六〈朔譜〉，卷七〈月譜〉，卷八〈旬譜〉，卷九〈日譜〉，卷十〈夕譜〉。旨在復原商代的歷史檔案。

在李鳴鐘、陳遵嬀（推算曆法、交食）、高去尋（編算年曆）、李孝定（商討文字）、李濟之、梁思永（校勘部分文稿）等先生的協助下，董先生花了十年工夫撰寫此書，按照他自己的說法：目的在於建立一個殷代年譜的檔案架子。所以書中展示的是：殷代的曆法、殷世次、祀典、祀譜、憑藉世次和祀譜以及天文氣象等材料復原的殷曆。

《殷曆譜》所重構的殷曆相當縝密，可以精確到王世→年→月→日，以致引起學者們的批評與摒棄。日本的藪內清、島內的魯實先便是強烈的反對

者之一。《殷曆譜》當然也有不少的擁護者，例如：嚴一萍、饒宗頤、許倬雲等。也許，欲評判《殷曆譜》之得與失，誠如傅斯年先生所云：「必評衡此書之全，則有先決之條件在：1、其人必通習甲骨如彥堂；2、其人必默識曆法如彥堂；3、其人必下幾年工夫。」（《殷曆譜·序》）

因此，我們沒必要陷入到學術的紛爭之中，而應著眼於它研究殷禮方面的貢獻。一句話就完全抹殺這部凝聚了董先生等學者心血的著作的價值，是很不負責任的。平心而論，《殷曆譜》對王世次和祖妣系統、祭祀和祀典的研究最爲透徹，上編的價值尤大。考察宗法和祭祀，實在不可不讀此書。

二、胡厚宣：《甲骨學商史論叢》初、二、三集

初集共四冊，齊魯大學國學研究所（四川成都華西壩）專刊，1944 年印行，初版二百部；1970 年再由香港文友堂書店印行；1972 年 12 月臺北大通書局再度影印，精裝二冊；1990 年上海書店收入《民國叢書》第一編。二集上、下兩冊，齊魯大學國學研究所專刊，1945 年 3 月印行，初版二百部；1973年臺北大通書局影印出版，1990 年上海書店收入《民國叢書》第二編。三集一冊，齊魯人學國學研究所專刊，1945 年印行，初版二百部；臺北大通書局影印出版，精裝一冊。

初集一冊收入〈殷代封建制度考〉等論文三篇；初集二冊收入〈殷代工方考〉等論文六篇；初集三冊收入〈卜辭下乙說〉等論文四篇；初集四冊收入〈殷代卜龜之來源〉等論文七篇。二集上冊收入論文：〈卜辭中所見之殷代農業〉；下冊收入〈氣候變遷與殷代氣候之檢討〉等論文三篇。初集、二集合計約 25 萬字。三集上冊是〈甲骨六錄〉及〈索引〉，收入公私六家所藏甲骨文 680 片。下冊收入〈殷代征伐考〉等 13 篇論文及檢索。

從論文題目即可看出，胡先生的研究相當廣泛，從文字考釋到甲骨彙集，從禮制、文化鉤沈到科技史稽考，無所不包，其中涉及商代禮制主要有〈殷代封建制度考〉、〈殷代官名考〉、〈殷代婚姻家族宗法生育制度考〉、〈殷非奴隸制度論〉、〈殷代工方考〉、〈武丁時五種記事刻辭考〉、〈殷代之天神崇拜〉、〈再論殷代之天神崇拜〉、〈殷代之祖先崇拜〉、〈甲骨文四方風名考證〉、〈論殷代五方觀念及中國稱謂之起源〉、〈殷人占夢考〉等 12 篇論文。前四篇文章討論了商代的宗法制度和婚姻制度：包括氏族構成，封爵、爵稱以及爵位的流變，繼統法，官制，一夫多妻制以及一夫多妻制產生的原因。第五、第六

篇文章探討了商代方國的存在及其與商王室的關係。最後六篇文章討論了商代的宗教問題。如祭祀及享祀之諸神、五行之濫觴，等等。

胡先生關於商代禮制的研究，許多方面具有開創性的意義。例如：封爵、爵稱及爵位的流變，四方風神及五方觀念、婚姻及家庭等。往後這些方面的研究俱是在此基礎上補苴罅漏。

三、陳夢家：《殷墟卜辭綜述》

1956 年 7 月科學出版社出版。全書 75 萬字。全書分成：總論、文字、文法、斷代（上、下）、年代、曆法天象、方國地理、政治區域、先公舊臣、先王先妣、廟號（上、下）、親屬、百官、農業及其他、宗教、身份、總結、附錄。凡 20 章。

陳先生此書是甲骨文發現近六十年來的研究總結，內容因此非常龐雜。「對殷墟甲骨文的發現和研究過程、占卜的方法、卜辭和其他甲骨刻辭的體例、商代文字的性質、卜辭的語法、甲骨斷代問題以及卜辭中關於曆法天象、方國地理、政治制度、祭祀制度、親屬關係、農業田漁、宗教思想、社會性質等方面的內容和有關問題，此書幾乎都有相當詳盡的論述。」因此，儘管此書並非專門討論商代禮制，但關於商代禮制的文字卻堪稱「大珠小珠落玉盤」。關於《殷墟卜辭綜述》，李學勤先生和裘錫圭先生有過專文評述，讀者諸君可參閱〔註2〕。這裏就不詳細介紹了。

末了，可以借用裘錫圭先生的話作一總結：「迄今尚未出現能夠取代她的著作。」「在已有的關於殷墟卜辭的通論性著作裏，沒有一部能在廣度和深度上跟《綜述》相比。所以《綜述》至今仍是甲骨學的初學者所必讀的入門書和研究者所必備的參考書。」此論可謂中肯。

四、島邦男：《殷墟卜辭研究》

島邦男先生的著作完成於 1958 年 2 月。同年 7 月由弘前大學文理學部中國學研究會印行。1975 年 12 月，臺灣鼎文書局發行了中譯本。翻譯者是臺灣的溫天河、李壽林。中譯本約 50 萬字。上世紀八十年代，大陸的濮茅左、顧

〔註 2〕李學勤〈評陳夢家《殷墟卜辭綜述》〉，載《考古學報》1957 年 3 期；裘錫圭〈評《殷墟卜辭綜述》〉，載《文史》第 35 輯 237～247 頁，中華書局，1992 年 6 月。

偉良也對《殷墟卜辭研究》進行了翻譯，不過，譯稿因種種原因延至 2006 年纔由上海古籍出版社出版發行。從內容上看，後者較之前者無疑豐富得多。例如附一收入了島邦男先生若干論文，附二是島邦男先生另一部大著《殷墟卜辭綜類》的序言、凡例、後記等，有助於讀者進一步瞭解島邦男先生的生平以及學術成就。

《殷墟卜辭研究》分為序論和本論。序論由〈貞人補正〉和〈卜辭上父母兄子的稱謂〉兩部分組成。本論則包括第一篇〈殷室的祭祀〉和第二篇〈殷代的社會〉兩部分。

島邦男先生此書所涉及的商代禮制內容甚為豐富，舉凡爵和封爵、官制、方國及其與商的關係、祭祀和祀典、上帝、自然神和祖先神等，均有著筆。其中又以祭祀和祀典、上帝、自然神和祖先神等方面的論述最為精細。在許多問題上對《殷墟卜辭綜述》有所補正。可以說，島邦男先生的這本書代表了外國學者就商代禮制方面研究的最高水平，具有很高的參考價值。

五、郭寶鈞：《中國青銅器時代》

1963 年 7 月由生活‧讀書‧新知三聯書店出版。全書近 22 萬字。分為六章十八節。第一章〈緒論〉，第二章〈青銅器時代人們的生產〉，第三章〈青銅器時代人們的生活〉，第四章〈青銅器時代的社會組織〉，第五章〈青銅器時代的精神文化〉，第六章〈結束語〉。

從書名、章節目錄即可知道郭先生此書是描繪青銅器時代的社會概貌的。事實上，書中不乏商代禮制的描述。譬如第三章，內容涉及「飲食」、「衣服」、「娛樂」、「喪葬」、「居住」等，於是便有了饗禮、樂、葬禮等禮制的描寫。又如第四章，內容涉及「婚姻」、「繼承」、「政治」、「階級」等，於是便有了宗法、婚禮、王制等禮制的描寫。再如第五章，內容涉及「宗教」、「文字」、「藝術」等，於是便有了占卜、祭祀等禮制的描寫。郭先生的著作附了大量的插圖，稱得上圖文並茂，給人以生動、形象的感覺。

本書的最大特點是歷時的可比性。因為它並不局限於商代禮制的描述，所以，讀者可以清晰地看到禮制承上啓下而演變的脈絡。另外，作者很注意考古發現和典籍的互證，說服力特強。還有就是，書中的許多內容是最新研究成果的體現，不但有當時作者本人的最新心得，也有堪稱允當的通人的最新見解。時至今日，《中國青銅器時代》仍然是商代禮制研究的重要參考書。

六、張光直：《中國青銅時代》

　　生活・讀書・新知三聯書店 1983 年 9 月出版。全書近 24 萬字。共收入論文十三篇：1、〈中國青銅時代〉；2、〈從夏商周三代考古論三代關係與中國古代國家的形成〉；3、〈殷商文明起源研究上的一個關鍵問題〉；4、〈殷周關係的再檢討〉；5、〈中國考古學上的聚落形態———一個青銅時代的例子〉6、〈古代貿易研究是經濟學還是生態學？〉；7、〈商王廟號新考〉；8、〈談王亥與伊尹的祭日並再論殷商王制〉；9、〈殷禮中的二分現象〉；10、〈中國古代的飲食與飲食具〉；11、〈商周神話之分類〉；12、〈商周神話與美術中所見人與動物關係之演變〉；13、〈商周青銅器上的動物紋樣〉。這些論文先前發表在各種科學刊物上，但在結集出版時都經過了作者的修訂。其中有幾篇原是用英文寫的。讀者可以根據每篇文章的出處參照原文。

　　除了第 6、11、12、13 等幾篇文章外，集子中的論文都對商代禮制作了有益的探討，內容涉及「王制」、「宗法」、「婚姻」、「祭祀」、「爵和封邑」、「饗禮」等。其中不乏眞知灼見。

　　張先生的研究可以說是中西結合的。他研究中國的古史，所列舉的史料例證採自中國的傳世典籍和出土文獻，卻運用了西方的某些研究方法和理論，因而往往做出令人意外的推論。另外，他還很注意作宏觀的考察。對中國古代的某種禮制現象，他會置之於世界範圍內進行比較。就研究的方法和理論而言，張先生的著作不啻給人耳目一新的感覺，無疑是值得借鑒和學習的。

　　以上簡略介紹的幾種著作，難免有掛一漏萬之虞，而且，在材料的剪裁上可能也未盡合理。但是，就能否起到導讀的作用而言，筆者自信這份撮要是合格的。

第三節　甲骨文所反映的禮制二分現象

　　在討論商代禮制的時候，我們不能不提在甲骨文中所反映的禮制二分現象。

　　我們都知道，殷墟甲骨文是商代晚期（盤庚——紂辛，約二百七十年。約前 1290 年～前 1020 年。其中武丁至帝辛一段爲約前 1250 年～前 1046 年。）的遺物〔註3〕。它所記載的禮制無疑可視爲有商一代禮制的反映。然而，根據

〔註 3〕此爲最新的研究成果。據夏商周斷代工程專家組《夏商周斷代工程 1996～2000 年階段成果報告（簡本）》60～61 頁，世界圖書出版公司，2000 年 10 月。

甲骨文研究所得出的二百七十年間（通常分爲五期）的商代禮制卻呈現出前後（或稱「同期內部」）相異的狀況。這就是所謂的「禮制的新舊派」現象，也稱爲「禮制的二分現象」。

早在 1932 年，董作賓先生作《甲骨文斷代研究例》一文時即發現，卜辭中的紀日法、月名乃至「祀典」竟有「新」「舊」之別。他說，殷人祀典，是隨時在改革的，雖然盤庚以後不過二百餘年，而祀典已有許多不同。例如：（帝乙帝辛期）彡日、劦日、翌日之祭，皆不常見於前四期（即武丁期、祖庚祖甲期、廩辛康丁、武乙文（武）丁期）〔註4〕。在 1945 年撰寫《殷曆譜》時他又進一步指出，五種祀典（即陳夢家先生所說的「周祭」）創自祖甲，而第三期的廩辛康丁、第五期的帝乙帝辛因襲之，是爲「新派」；未有五種祀典前的第一期的武丁、第二期的祖庚以及第四期「復古」的武乙文（武）丁則是「舊派」〔註5〕。董先生除了列舉周祭因時而異以證明商時祀典隨時的改革外，還列舉了諸如前後期是否使用「尞」、「沉」和「薶」等獻牲祭儀，前後期之有無先祖的衣祭，不同時期之間先祖和先妣的是否合祭，等〔註6〕。直至五十年代，董先生還堅持殷代禮制新舊派之說。他在《殷代禮制的新舊兩派》中再度重申：在祖甲時代的卜辭中，可以很明白地看出來他繼位以後，曾立刻毅然實行改革禮制的計劃。新派和舊派有顯然不同的地方：像祀典的製定，曆法的改革，文字的變更，卜事的整頓，都是犖犖大觀。董先生還認爲：祖甲的創立新制，銳意改革，在古代是很不容易的。

瑞典的高本漢先生（Bernhard Karlgren）從銅器學的角度考察商代的銅器，也傾向於商代各王間存在著禮制上的差異。他把銅器美術分成古典、中周、淮式三大類型。其中古典式始自殷代而終於西周初葉，可以分成三組：A、B 和 C。A 組的花紋在同一器上多不與 B 組的花紋並存，卻可以與 C 組的花紋結合；B 組與 A 組相斥，卻可以與 C 組結合。因此，高本漢先生認爲，A、B 兩組銅器花紋的差異，可能體現爲時間的先後，也可能同時體現爲殷代社會的分群〔註7〕。

〔註 4〕董作賓〈甲骨文斷代研究例・祖與妣的合祀〉341 頁，原載《慶祝蔡元培先生六十五歲論集》。又載《中央研究院歷史語言研究所專刊之五十附冊》，1965 年。

〔註 5〕董作賓《殷曆譜》上編，卷三，14 頁，1945 年 4 月。

〔註 6〕董作賓〈殷代禮制的新舊兩派〉，載《大陸雜志》第六卷一期，1953 年 2 月。

〔註 7〕Bernhard Karlgren, *New Studies of Chinese Bronzes, Bulletin of the Museum of Far Eastern Antiquities*, No.9（1937），pp.1～117, Stockholm。

　　陳夢家先生雖然對董說有所修正，例如把董先生確定爲「文（武）丁」時期的卜辭改稱爲「子組」、「午組」、「𠂤組」；但也大致表示贊同，認爲武丁時周祭制度還沒建立〔註8〕。

　　島邦男先生查閱了大量的甲骨卜辭，卻祇承認武丁和文（武）丁不行「周祭」〔註9〕。但是，島邦男先生的發現後來卻遭到嚴一萍先生的嚴厲批評〔註10〕。

　　日本的學者貝塚茂樹和伊藤道治則別辟蹊徑。他們認爲，卜辭中存在諸般的不同，乃因存在兩種完全不同體系的卜辭：「多子族」卜辭和「王族」卜辭。「多子族」是商王朝強大的部族，與王室的關係密切。「王族」是隸屬於歷代殷王的強族。「多子族」可以參加對祖先的祭祀，但不能祭祀商王室的直系祖先；「王族」則不然。「多子族」占卜的卜辭就稱爲「多子族卜辭」；「王族」占卜的卜辭就稱爲「王族卜辭」〔註11〕。

　　李學勤先生進一步發展了這個觀點。他認爲當存在王室之外的「非王卜辭」，也就是董作賓先生稱之爲「文武丁」、陳夢家先生改稱爲「子組」、「午組」、「𠂤組」的那些卜辭。據他分析，「非王卜辭」有五類：一種是「子卜辭」，一種屬於婦女卜辭，一種與「子卜辭」有關，不見於商王系統的姓的私名「亞、刀卜辭」，一種是貞人「𠁁」的卜辭，另外一種字體呈現出獨特的書寫風格〔註12〕。換言之，甲骨文所反映的商代禮制及其他方面的差異，不是異時性的，而是系統性的。

　　「非王卜辭」得到許多學者的贊同，如林澐、彭裕商等〔註13〕。但也有學者持否定的態度。

　　李瑾先生通過分析甲骨文例、甲骨文的語法現象等，認爲殷墟甲骨文不存在什麼「非王卜辭」〔註14〕。

〔註8〕 陳夢家《殷墟卜辭綜述》103～104頁，科學出版社，1956年7月。

〔註9〕 島邦男《殷墟卜辭研究》（中譯本）113～123頁，臺灣鼎文書局，1975年12月。

〔註10〕 嚴一萍《島邦男對於〈殷曆譜‧祀譜〉批判的批判》，載《中國文字》新3期105～144頁，美國藝文印書館，1981年3月。

〔註11〕 貝塚茂樹、伊藤道治〈甲骨文研究的再檢討——以董氏的文武丁時代之卜辭爲中心〉，載（京都）《東方學報》23，1953年。

〔註12〕 李學勤〈帝乙時代的非王卜辭〉，載《考古學報》1958年1期。

〔註13〕 林澐〈從武丁時代的幾種「子卜辭」試論商代的家族形態〉，載《古文字研究》第1輯，中華書局，1979年8月；彭裕商〈非王卜辭研究〉，載《古文字研究》第13輯，中華書局，1986年6月。

〔註14〕 李瑾〈卜辭前辭語序省變形式統計——兼評「非王卜辭」説〉，載《重慶師院

　　陳煒湛先生認爲李瑾先生對「非王卜辭」的批判基本上是正確的。他進一步指出：「非王卜辭」的核心理論是：這類卜辭「沒有王卜，辭中也不提到王」。可事實上，這類沒有「王」或沒有提到「王」的卜辭，卻和署上「王」名的卜辭有同版的關係，甚至和爲王服務的某些貞人有同版關係。因此，斷定這類卜辭屬於「非王卜辭」顯然是證據不足的〔註15〕。

　　方述鑫先生也不同意殷墟甲骨文存在著「非王卜辭」，他認爲「子」是商王子（不限於時王的兒子），「多子族」就是諸王子，二者即商王的兒子和商王的兄弟行的家族所組成的氏族；所謂的「非王卜辭」很少出現商王活動的原因，在於這種卜辭往往卜問「多子族」的情況〔註16〕。

　　謝濟先生則針對這些卜辭有著不同的稱謂，而提出「另種類型卜辭」的新概念。認爲這些卜辭雖然與武丁時代的王室卜辭有著一致性，可以斷定爲同一時代，但也有著明顯的歧異處，因此應稱爲「另種類型卜辭」〔註17〕。

　　徐義華先生從「非王卜辭與王卜辭同坑出土」、「非王卜辭並非沒有王出現」、「非王卜辭與王卜辭同版」、「非王卜辭和王卜辭有共卜一事的現象」等方面做了詳細的考察，認爲「把這批卜辭從整個殷墟卜辭中劃分出來，賦予其以不同的歸屬，是不合適的」〔註18〕。筆者以爲，徐先生除了對舊有的所謂「非王卜辭」進行分析外，還略及花園莊所出，其意見是值得參考的。

　　據近年刊佈的花園莊東地所出甲骨文，似乎對持「非王卜辭」論是個有力的支持〔註19〕。然而，花東卜辭畢竟出自殷墟，畢竟還涉及「王」的內容

　　　學報》1982 年 1 期；又〈卜辭「王婦」名稱所反映之殷代構詞法分析〉，載《重慶師院學報》1983 年 1 期；又〈卜辭「王婦」名稱所反映之殷代構詞法分析〉（續），載《重慶師院學報》1983 年 2 期；又〈論「非王」卜辭與中國古代社會之差異〉，載《華中師院學報》1984 年 6 期。

〔註15〕陳煒湛《甲骨文簡論》97〜98 頁，上海古籍出版社，1987 年 5 月。

〔註16〕方述鑫〈論非王卜辭〉，載《古文字研究》第 18 輯，中華書局，1992 年 8 月。

〔註17〕謝濟〈武丁時另種類型卜辭分期的研究〉，載《古文字研究》第 6 輯，中華書局，1981 年 11 月。

〔註18〕徐義華〈商代的占卜權〉，載《商承祚教授百年誕辰紀念文集》260〜262 頁，文物出版社，2003 年 9 月。

〔註19〕劉一曼〈殷墟考古與商代甲骨文銅器銘文研究──紀念殷墟發掘 80 周年〉，載《殷都學刊》2008 年 3 期 6 頁。又參劉一曼、曹定雲〈論殷墟花園莊東地甲骨卜辭的「子」〉，載王宇信、宋鎮豪主編《紀念甲骨文發現一百周年國際學術研討會論文集》433〜438 頁，社會科學文獻出版社，2003 年 3 月。又朱鳳瀚〈讀安陽殷墟花園莊出土的非王卜辭〉，載王宇信、宋鎮豪、孟憲武主編《2004 年安陽殷商文明國際學術研討會論文集》211〜219 頁，社會科學文獻出版社，2004 年 9 月。

〔註20〕，那把這類卜辭定性爲「非王卜辭」是否合適，筆者認爲仍有進一步討論的空間。當然，根據考古的發現，例如出土於周原的甲骨和出土於山東的大辛莊甲骨，證明在商代並非祇有王室才能進行占卜，那麼，把這些王畿之外的甲骨稱之爲「非王卜辭」倒是可以的。

筆者想，這個問題的討論上，應當特別介紹一下張光直先生的觀點。張先生贊同殷代禮制存在著王世之間的不同，卻不主張新舊之說，因此，他使用了「禮制上的二分現象」這麼個概念。張先生是董先生的弟子，不避維護師說之嫌，自然有他的道理。張先生並非祇是根據甲骨文的記錄判斷殷禮上二分之有無，而且還結合研究與甲骨文相關的器物。首先，他考察了殷代宮室、王陵遺址的形態，結果發現這些建築分成兩大群落。七座在西，四座在東。這種佈局顯然代表著一種特殊的意義。然後，他又仔細分析了商王的廟號，結果發現了一個奇特的現象。根據十個天干互相之間結合與否，可以分成三組：甲乙組（甲、乙、戊、己），丁組（丙、丁、壬、癸）和「中立派」（庚、辛）。這個現象似乎說明了商代存在類似昭穆的制度，昭穆之間輪流執政。接著，張先生重新檢討了商代銅器形態上的差異，進一步證實高本漢先生研究的正確。最後，張先生查閱了中國古代的一些文獻，發現商以後仍有遵從商廟號的例子。例如：《史記·宋世家》載，帝乙後是微子開和微仲，當爲丁世，就是帝辛之世；微仲之子是宋公，當爲乙世；宋公之子又當爲丁世，而其子確名丁公。又如：《史記·齊世家》載，太公子爲丁公；丁公子爲乙公；乙公子爲癸公。張先生說：宋人是殷人之後，宋制和殷制相同不足爲奇，齊制和殷制相同就值得重視了。結合甲骨文所載，張先生十分肯定地說：殷禮中二分現象的存在是不容懷疑的。它是商代內婚王族裏面兩個單位輪流執政在禮制上的反映。二分制是世界各地古代文明與原始民族中常見的現象。而殷禮的二分現象，與殷人觀念中的二元現象，甚至古代中國人的一般的二元觀念，顯然有著相當的聯繫。張先生還語重心長地提醒道：這個問題的探討，非靠考古、歷史、社會、與人類諸學者的分工合作不可，專從某一個學科的觀點來討論，將無法解釋上述的現象（參閱第三章第一節之二及第四章第一節之二）〔註21〕。儘管張先生根據商王廟號的排列而抽象出來的二分制理論

〔註20〕 參曹定雲〈殷墟花東 H3 卜辭中的「王」是小乙——從卜辭的人名「丁」談起〉，載《古文字研究》第 26 輯 8～18 頁，中華書局，2006 年 11 月。

〔註21〕 〈殷禮中的二分現象〉，原載《慶祝李濟先生七十歲論文集》（上冊）353～370頁，1965 年 9 月；後收入《中國青銅時代》197～219 頁，生活·讀書·新知

後來遭到許進雄、林衡立、許倬雲等先生的辯難〔註 22〕，卻還是有著一定的合理性。然而，迄今仍沒有引起足夠的重視，多少讓人感到遺憾。

由於祀典的不同可作為甲骨文分期斷代的標準之一，因此引發了分期斷代方面的紛爭。例如：「文（武）丁」期甲骨文存在著矛盾特徵，到底祇是祀典上的「復古」，還是它本來就屬於武丁期的遺物？到底祇是一王有一王的禮制，還是存在著王室以外的「非王卜辭」？迄今還難以遽下斷語。

這裏，我們可以舉一個間接的證據，以說明祖甲也許真的實行了改革。在先秦大多數典籍中，祖甲被描寫成一個昏君。例如《國語・周語》、《史記・殷本紀》等，均說祖甲淫亂而亡。後世的史官們不明就裏，卻認為祖甲的改制數典忘宗，於是把他打成昏君。祇有《尚書・無逸》是個例外。也許這文獻真實地反映了當時祖甲改革的必要性，故對他大加褒賞。

甲骨文的分期斷代不是本書要討論的問題。之所以提及這個問題，完全因為商代禮制確實存在著差異是在甲骨文的分期斷代工作中發現的，而且，學者們在討論斷代問題時，仍不斷提到這些差異的存在，甚至列舉出新的差異。

甲骨文禮制上前後期（或內部）的迥然不同，正好反映了朝與朝之間（甚至一朝之內）的禮制並非完全相因承襲，同時也證明了以後世的禮制逆推前代的禮制存在著一定的危險性。

三聯書店，1983 年 9 月。

〔註22〕許進雄〈對張光直先生的《商王廟號新考》的幾點意見〉，載《中央研究院民族學研究所集刊》19 期，1965 年春。林衡立〈評張光直《商王廟號新考》中的論證法〉，載《中央研究院民族學研究所集刊》19 期，1965 年春。許倬雲〈關於《商王廟號新考》一文的幾點意見〉，載《中央研究院民族學研究所集刊》19 期，1965 年春。

第三章　等級森嚴的宗法制度

第一節　極盡尊榮的王室

一、王室的構成

　　根據《史記》等先朝典籍的記載，商湯推翻了夏代最後一位君主桀，從而建立了商王朝。這時候，原來祇是一個方國部落的商纔有所謂的王室。事實上，商部落到湯的時候已經粗具國家的雛形，即，已經成爲一個有相當國力的方國了；儘管那時侯的商也許還是個酋長制的氏族組織。史書上說湯任用伊尹爲右相，仲虺爲左相。證明商有著完善的官僚制度。史書上又說湯多次討伐與商相鄰的其他方國。言下之意是說商擁有龐大的軍隊。很明顯，湯雖然祇是地方的諸侯，卻掌管著一整套完善的國家機器。這種狀況恐怕一直維持到商王朝的建立乃至覆滅。雖然某些學者對商是不是一個統一的國家持有不同的意見，但學界多數研究者認爲典籍史書的記載可以在甲骨文中得到印證，是可以接受的信史〔註1〕。當然，關於這個王國的政治、政體、形態等狀況還存在不少疑問，倒是不必諱言的。因此，筆者祇能就目前的研究現狀對這個王國及其附屬作有限度的描述。

〔註 1〕 參杜勇〈商朝政區蠡測〉，載王宇信、宋鎮豪、孟憲武主編《2004 年安陽殷商文明國際學術研討會論文集》195～203 頁，社會科學文獻出版社，2004 年 9月。又李紹連〈中原諸侯國方國與商廷的關係〉，載王宇信、宋鎮豪、孟憲武主編《2004 年安陽殷商文明國際學術研討會論文集》278～283 頁，社會科學文獻出版社，2004 年 9 月。

　　商代王室的構成，當然是以商王爲中心，而以支持商王朝的商族內的諸宗族、特別是同姓宗族爲社會支柱。商王朝的社會組織結構在一定程度上與商族共同體內的宗族組織相統一。這其實是氏族部落社會形態的孑遺，體現出人類血緣紐帶的天然關係的堅固性。

　　商貴族多妻，於是形成了龐大的氏族結構。這個結構當然是根據姓氏組合而成的。由上而下，父父、子子的等級關係基本確立下來了。商人尊崇直系祖輩，故甲骨文稱祖輩爲「祖」和「多妣」。父輩有父族，故甲骨文有「多父」之稱，當是時王之同輩者。他們享有繼承權（參看下一小節），也可另立門戶，組成「王族」之外的氏族。而甲骨文稱之爲「王族」者，當是時王與其親子（未從王族分化出來之親子）組成的聯合體。「王族」自然是王室構成的主體。子輩有子族、多子族。子族可能是嫡出的子嗣氏族結構，多子族則可能是庶出的子嗣氏族結構。當然也有學者認爲「子族」是王族之外的與王有近親關係的同姓家族，可以理解爲「王子之族」；「多子族」則祇是「子族」的集合名詞，而不是別有「多子」的族〔註2〕。前些年，有學者對「王族」、「多子」和「多子族」重新做出解釋，認爲：「王族」應是「一個包括多個商人氏族的大族」。他們「可能是某商王之後裔」而「被分封於各地，構成商王之屏藩」。稱之爲「王族」，祇是「表明他們出自王室」而已。實際上，「王族」與時王的血緣關係比較疏遠，雖然他們也可以在朝中任職。「多子」的情況比較複雜：既有「已故之子」，也有「生子」，還有「貴族之子」和「貴婦之子」。「生子」與時王有「密切的關係」，而「貴族之子」和「貴婦之子」或與時王關係並不密切。「多子族當爲多個子族」，他們已「分宗立族，但仍與商王室保持密切關係」。他們有自己的城邑，有軍事武裝。總之，「『多子』、『多子族』、『王族』是一種多層次的親屬團體，以血緣關係爲聯繫，以宗法等級作爲統治秩序，形成商社會『家』天下的局面」〔註3〕。儘管學者對甲骨文所載內容的理解不盡相同，但是，彼此對商王朝的構成卻有著一致的認識，即：在父系社會中，以王爲中心的同姓宗族無疑掌握著整個王朝的國家機器，而且，

〔註2〕　朱鳳瀚〈卜辭所見子姓商族的結構──關於「子族」、「王族」的組成關係及其他〉，載《殷墟博物院院刊》（創刊號）76～83頁，中國社會科學出版社，1989年8月。

〔註3〕　韓江蘇〈甲骨文中的「多子」、「多子族」、「王族」〉，載宋鎮豪、蕭先進主編《殷商文明暨紀念三星堆遺址發現七十周年國際學術研討會論文集》327～333頁，社會科學文獻出版社，2003年8月。

這種權力沿著血緣子嗣的綿延不斷地傳承下去，直到它被非血緣異族剝奪了的時候為止。

　　商王們妻妾成群，這些妃嬪自然是王室的重要成員。從甲骨文可以瞭解到，妻妾們的身份顯赫。她們生前可以與王一樣享盡榮華富貴，可以佔有封邑、土地、軍隊、奴隸及各類財產，死後則可以擁有宗廟以接受人間煙火。我們可以拿武丁的寵妃婦好作例子來說明問題。嚴一萍先生寫過一篇文章：〈婦好列傳〉〔註4〕，細緻入微地敘述了婦好的生平。婦好有名有字，這是貴族的象徵之一。婦好廟號為「辛」，是可以享祀的標誌。殷墟甲骨文記有「婦好」的辭例超過200 片，可想而知她被關注的程度。其內容涉及征伐、生育、疾病、祭祀等。其中記婦好領兵打仗的卜辭說她可徵集和統帥三千到一萬人馬，既說明了婦好能征善戰，又說明了她掌握著一定的兵權。1976 年，殷墟的婦好墓出土了 1928 餘件隨葬品。其中銅器 468 件，玉器 755 件，骨器 564 件，石器 63 多件，寶石器 63 件，蚌器 15 件，另有海貝 7,000 多個，象牙雕刻品和陶器各數件，此外還有海螺、大海貝等，可從一個側面瞭解婦好生前驕奢淫逸的生活。光是一個「后母辛」大方鼎就重達 117.5 公斤。這樣的禮遇，恐怕商王也不過如此。據推測，婦好是來自子方的族人，與商沒有血緣關係〔註5〕。不屬於商氏族的妃嬪竟然可以權傾一時，極盡榮華，貴婦們在王室中的地位可想而知。

　　商代行族外婚，尤其推行以鞏固王朝政權為目的的異族政治婚姻。因此，姻親也是王室的基本成員。姻親們有的世代在朝廷效命，有的則分封在外而成為一方諸侯。

　　商代王室的構成可能少不了某些異族臣屬。例如史書所載的伊尹代理國事，似乎說明了某些異族臣屬在王室內的重要地位，以及所起的舉足輕重的作用。「黃多子」，學者們認為是黃尹（即伊尹，詳下說）之族的一些族長〔註6〕。姑勿論甲骨文中的「子」應怎樣解釋，「黃多子」和商族的「多子」可分庭抗禮。

　　以上的這些異族成員，甲骨文統稱為「多生」；「生」後世寫成「姓」。「多生」也就是「百姓」，是商代統治階層的泛稱。張政烺先生認為即「許多族的族長」〔註7〕。朱鳳瀚先生卻估計是非子族的同姓貴族，可能是王子的子嗣。

〔註4〕載《中國文字》新 3 期 1～104 頁，美國藝文印書館，1981 年 3 月。
〔註5〕曹定雲〈殷墟婦好墓中人物關係〉，載《考古與文物》1995 年 5 月。
〔註6〕裘錫圭〈關於商代的宗族組織與貴族和平民兩個階級的初步研究〉，載《文史》第 17 輯 2 頁，中華書局，1983 年 6 月。
〔註7〕張政烺〈古代中國的十進制〉，載《歷史教學》2 卷 3 期，1951 年 9 月。

雖然在這個稱謂上存在著分歧，卻不影響「多生」屬於王室的構成之一的結論〔註8〕。

綜言之，商代王室是由氏族血緣成員為主、異族成員為輔的貴族階層所構成的，即，它仍然是「家天下」的模式。這個模式屬於統治階層，體現為「君君、臣臣、父父、子子」的宗法制度。

二、歧見迭出的繼承法

關於商代王位的繼承禮制，可以說，甲骨文中幾乎沒有任何明白的記載。學者們研究商代的繼承禮制很大程度上得仰仗《史記・殷本紀》和《古本竹書紀年》等著作所記述的商王世次。不錯，甲骨文中是記有歷代商王的名諱，然而，沒有傳世典籍作參照，甲骨文中的商王世系依然是一筆糊塗賬。不過話得說回來，有了甲骨文的互證，史傳的商王世系的某些訛誤卻得以糾正。本書第一章中所展示的三份商王世系圖，稍加比較，我們就可發現兩者之間的明顯歧異之處。稱謂稍有不同，問題倒在其次，這對我們考察商代的繼承禮制影響不大。世次的顛倒錯亂，問題就嚴重了，這將妨礙我們做出正確的判斷。假設說：如果世次的排序是以「父死子繼」為主流，我們可以認為商代的繼承法是「父死子繼制」的；如果世次的排序是以「兄終弟及」為主流，我們則可以認為商代的繼承法是「兄終弟及制」的。但是，如果世次的排序雜亂無章，我們也許可以得出多個完全迥異的結論。

通過與甲骨文的比勘，《史記・殷本紀》的世系次序至少有兩處錯誤：一是「報丁→報乙→報丙」，應作「報乙→報丙→報丁」；二是「太丁→外丙→中壬→太甲→沃丁→太庚」，應作「大丁→大甲→外丙→中壬→沃丁→大庚」。前一個錯誤祇是把報丁的位置弄顛倒而已，對探討商代王位繼承法影響不大；後一個錯誤則關係重大。因為外丙是太丁（大丁）的弟弟，而太甲是太丁（大丁）的嫡長子，這就牽涉到是「兄終弟及」還是「父死子繼」認識了。幸好學者們在秩序整然的「周祭」（關於「周祭」，請參閱第五章第一節之三〈祀典種種〉）卜辭中發現了大甲是居於外丙之前的，這就證明了大甲早於外丙登基稱帝，而外丙是在大甲被放逐期間的代位君主。《史記・殷本紀》的作者太史公大概不承認大甲被放逐前的即位事實，所以把大甲、外丙的繼任次

〔註8〕 朱鳳瀚〈論商人諸宗族與商王朝的關係〉，載《全國商史學術討論會論文集》（《殷都學刊》增刊），1985年2月。

序稍作變動。有學者因此認爲，這段史實有力地證明了商代的王位繼統法從立國伊始就實行「嫡長子繼承制」，而不是別的什麼繼承制〔註 9〕。尤其重要的是廩辛之後的一次「兄終弟及」所出現的疑點：在第五期卜辭的周祭裏，從來不祭廩辛，周祭祀譜中根本沒有他的位置。因此有學者推測：廩辛根本沒有即位爲王，《史記》的記載有誤〔註 10〕。裘錫圭先生認爲，這個推測不一定正確，但是，從廩辛被排除出周祭活動看，康丁的後人顯然不承認廩辛繼位的合法性。這說明康丁的繼位存在著某種特殊因素，並不能說明商代實行「兄終弟及」的繼承制〔註 11〕。

　　然而，有學者列舉出《後·上》2·3＋《後·上》2·7 的一版卜辭，證明外丙是在大甲之前即位的，從而主張商代實行「兄終弟及」的王位繼承制〔註 12〕。這個主張，正是王國維先生八十多年前作《殷周制度考》時就提出了的。王先生考察了商代的繼承世系，認爲商人繼承之制以兄終弟及爲主，並不取決於嫡庶之分〔註 13〕。後來，徐中舒先生撰文闡發王先生「兄終弟及」的觀點，不過，徐先生卻持「選舉制」式繼承法說，認爲商氏族內王位的繼承建立在同輩王子群選舉的機制上，乃氏族社會的殘存形態〔註 14〕。另外還有的學者雖然承認大甲在外丙之前即位，卻認爲大甲篡奪王位，這無法改變商代「幼子繼承制」的繼統法〔註 15〕。更有個別學者提出，「兄終弟及」的繼承制度是由「禪讓」方式所決定了的。王室受制於方國聯盟勢力、神權和族權的制約，不得不保留這種原始的民主形式〔註 16〕。

　　迄今爲止，判斷兩派意見孰是孰非還存在一定的難度。還是讓我們回過頭去看看第一章裏所繪製的商王世系圖吧！說不準能找到答案呢。

　　表中的「→」標示直系繼承。先看看《史記·殷本紀》，自成湯立國始，

〔註 9〕常玉芝〈太甲、外丙的即位糾紛與商代王位繼承制〉，載《殷墟博物院院刊》（創刊號）33～39 頁，中國社會科學出版社，1989 年 8 月。

〔註 10〕島邦男《殷墟卜辭研究》（中譯本）71 頁，臺灣鼎文書局，1975 年 12 月。

〔註 11〕裘錫圭〈關於商代的宗族組織與貴族和平民兩個階級的初步研究〉，載《文史》第 17 輯 2 頁，中華書局，1983 年 6 月。

〔註 12〕王玉哲〈試論商代「兄終弟及」的繼統法與殷商前期的社會性質〉，載《南開大學學報》（人文科學）1956 年 1 期。

〔註 13〕載《觀堂集林》卷 10，中華書局，1959 年 6 月。

〔註 14〕見《徐中舒歷史論文選輯·殷代兄終弟及爲貴族選舉制說》，中華書局，1998 年 9 月。

〔註 15〕趙錫元〈論商代的繼承制度〉，載《中國史研究》1980 年 4 期。

〔註 16〕晁福林〈殷墟卜辭中的商王名號與商代王權〉，載《歷史研究》1986 年 5 期。

至帝辛亡國止，凡 31 位君主。直系繼承的有 17 位（包括未即位的「太丁」），旁系繼承的也有 14 位。再看看《古本竹書紀年‧殷紀》，湯以下有 30 位君王。直系繼承的也是 17 位，旁系繼承的是 13 位。從數量上看，似乎「父死子繼」佔了上風。但「兄終弟及」的也不在少數，即便排除掉個別的特例，我們也確實難以否定這一非嫡長子繼承王位的事實。於是，有學者主張商代的繼統法是「子及與弟及並行制」〔註17〕。也有學者認為，祖甲以前商王室推行「兄終弟及制」，「父死子繼制」乃祖甲改變原有的繼承制的結果〔註18〕。更有學者主張商代初期推行「兄終弟及」制，康丁以後改為「父死子繼」制。這是為了防止出現兄弟爭位鬧劇而實行的措施〔註19〕。這都不失為調和兩派意見的觀點。那麼，商代繼承法的紛爭到此為止吧？否！分歧不僅依然存在，而且，又有學者提出了另一個觀點：商代王位的繼承法乃「立壯制」〔註20〕。這也不無道理。為了社稷的大計，與其放任不諳世故的幼主無所作為，還不如讓閱盡滄桑的長輩掌舵。不過，當子嗣和弟輩都正處壯年，總得做出抉擇吧。那麼，抉擇的傾向性才是王位繼承的實質。顯然，這是持「立壯制」觀點者始料不及的。其實，史書中的商王世系圖已經告訴我們一個事實：在湯以前，商人們一直在本氏族內實行「父死子繼制」的繼統法，儘管那時商人還沒稱王於天下。

　　商代存在過「兄終弟及」的繼承方式是個不爭的事實，但是，王位繼承的主要方式應是「父死子繼」，而且是「父死嫡長子繼」。這種繼承方式乃是由婚姻制度所決定的（參閱第四章）。胡厚宣先生認為，通過對生育類卜辭的考察，證明了商人有重男輕女的傾向，目的自然是為了「上以事宗廟，下以繼後世」。這確實間接地證明了商代王位繼承上的「父死子繼制」。我們可以舉出更為有力的證據：武丁時代的甲骨文中有「大子」的稱謂，因為還有「中（仲）子」、「小子」與之相對，所以「大子」可能不是指後世的「太子」，但根據文獻的記載，武丁曾把祖庚、祖甲的兄長「孝己」立為王儲，而這個「大子」常常又被稱為「小王」，那麼「大子」和「小王」當指「孝己」無疑。總

〔註17〕劉啓益〈略談卜辭中武丁諸父之稱謂及殷代王位繼承法〉，載《歷史研究》1956年 4 期。

〔註18〕徐中舒〈殷代世系中的兄終弟及制與嫡長繼承制〉，載《徐中舒歷史論文選輯》，中華書局，1998 年 9 月。郭寶鈞《中國青銅器時代》200～201 頁，生活‧讀書‧新知三聯書店，1963 年 7 月。

〔註19〕丁山《商周史料考證》47 頁，中華書局，1988 年 3 月。

〔註20〕鄭宏衛〈商代王位繼承的實質——立壯〉，載《殷都學刊》1991 年 4 期。

之，武丁立孝己爲「小王」的史實正是殷人「父死嫡長子繼」的極好例證。至於非嫡長子繼承王位的史實，當是非常時期的產物（或是嫡長子先父王而卒，王薨後由非嫡系王族代理王政；或是非嫡系族人發動宮廷政變而篡奪王位），不能因此而否定「嫡長子繼承制」是有商以來，至少是商代晚期以來的繼承方式。

此外，有些國外的學者曾提出商代「王位傳甥」的王位繼承方式。張光直先生在研究商王廟號的時候，發現了一個重大的秘密：商王廟號的排列是很有規律的，尤其是自大乙的那一段世系起。根據十個天干互相之間結合與否，可以分成三組：甲乙組（廟號名甲、乙、戊、己者），丁組（廟號名丙、丁、壬、癸者，僅有一個例外：「辛」）和「中立派」（廟號名庚、辛者）。甲乙組和丁組輪流執政，中立派則分別加入到兩組裏去執政。爲了形象地說明這個問題，張先生繪製了一份表格：

世　代	Ａ　組	不合規律及暫不分組之廟號	Ｂ　組
（每格代表一世）	上甲		
		匚乙	
		匚丙	
			匚丁
		示壬	
			示癸
	大乙		
			大丁、外丙、〔中壬〕
	大甲		
		大庚	〔沃丁〕
	小甲、大戊、雍己		
		戔甲	中丁、外壬
	祖乙		
		羌甲	祖辛
		祖丁、南庚	
	虎甲、小乙	盤庚	

			武丁
	祖己、祖甲	祖庚	
			廩辛、康丁
	武乙		
			文武丁
	帝乙		
			帝辛

　　如表中所示，倘若第一代王出於甲乙組（即表中的「A 組」），則第二代王必出於丁組（即表中的「B 組」），下一代再回到甲乙組；如果兄終弟及在一世之內，那麼，王位或在甲乙組、或在丁組之內相傳，或傳入與甲乙組相近、或傳入與丁組相近的其他諸（廟）號內，而決不會傳入對立的一組之內。張先生認為，這種輪流執政的方式是由內婚制所決定了的，表現為禮制上的二分性（參閱第二章第三節及第四章第一節之二）。王之親子可以娶王之姐妹之親女為妻，王之孫於是可以從王之甥手上承接王位，因為王的孫實際上是王的外甥的外甥。這種繼承方式，表面上是父死子及，實際上是王位傳甥。張先生還引述了羅伯特・W・威廉森（Robert W. Williamson）所作的民族學調查為證。玻利尼西亞（Polynesia）西部藹理斯島（Ellice Islands）的 Funafuti 人就實行類似的繼承制：「在島上曾經盛行過一種政府制度，包括一個王與一個次級領袖；王死後，次級領袖繼任為王，而王子繼任為次級領袖。」〔註 21〕這可以說是一種非主流的觀點。支持者寥寥〔註 22〕。

　　從以上的介紹中，我們可大致瞭解商代王位繼承的研究是一個多麼紛繁的局面！

三、似有似無的昭穆制

　　「昭穆制」是用來分別宗族內部的長幼、親疏和遠近的宗法制度。具體表現為宗廟或墓地的輩次排列，始祖居中，二世、四世、六世居左，一世、三世、五世居右。昭為長，穆為幼；昭為親，穆為疏；昭為近，穆為遠。周代存在「昭穆制」不容置疑。例如：《禮記・王制》云：「天子七廟，三昭三

〔註21〕張光直《中國青銅時代・商王廟號新考》，又同書〈殷禮中的二分現象〉204
　　　　～205 頁所引，生活・讀書・新知三聯書店，1983 年 9 月。
〔註22〕在筆者的印象中，似乎祇有吉德偉（David N. Keightley）支持此說，參閱《王
　　　　制與親族》，商代文明國際討論會論文，1982 年 9 月，夏威夷。

穆，與太祖之廟而七。」

商代有沒有「昭穆制」？光看甲骨文是無法得出答案的。甲骨文中，沒有「昭」字，祇有「穆」字。「穆」的用例寥寥，均是作地名。

有些學者認為商代也存在過昭穆制或昭穆制的原始形式。徐中舒先生在上世紀五十年代就提出了這種觀點。他說，從上甲、報乙、報丙、報丁這段世系看，「正是周代昭穆制的藍本。……周代的昭穆制是抄襲殷代的，現在找著了一個實證。」徐先生還據此擬出一份昭穆序列：上甲為太祖，報乙為昭，報丙為穆，報丁復又為昭〔註23〕。持這種觀點的還有張光直、李衡眉、李瑾等先生。

張光直先生同樣是根據廟號的序列情況而得出商代存在昭穆制度雛形的結論的。不同的是，張先生認為商代的所謂昭穆實際上並非用來體現宗族內部的長幼、親疏或遠近，而是用來確定繼承權的。換言之，那祇是內婚王族之內輪流執政的兩個單位而已，而在宗廟裏，便反映為後世文獻中所記載的昭穆制度（請參閱第二章第三節及本章本節之二〈歧見迭出的繼承法〉）。當然，張先生聲明：王位輪襲的說法祇是祖廟昭穆制的可能解釋之一，而並非定論。

較之張光直先生，李衡眉先生更堅決地主張商代存在著「昭穆制」。他引《國語・楚語》「高祖之主，昭穆之世，……」的記載，證明「昭穆制」起源很早，可以直溯顓頊時代。同時，他引《國語・魯語》所述，認為商人是顓頊之後，實行「昭穆制」不過是秉承祖制，或「因於夏禮」而已。李先生非常贊同張光直先生的考證，而且反復強調謝苗諾夫關於「兩合胞族組織群婚」的理論，主張商代確實是實行「兩合胞族組織群婚」制的。這種婚姻形態反映在繼承制度上就是兩個胞族間輪流執政，反映在廟制上就是「昭穆制」。為了說明這一理論可用以論證商代存在的「昭穆制」，李先生援引了《左傳・昭公元年》上的例子：高辛氏的兩個兒子閼伯和實沈，因「日尋干戈，以相征討」，於是被高辛氏分別遷至商丘和大夏，遂形成了商和唐兩支。於是，商族內「兩合胞族組織群婚」制度形成了，隨之而產生的則是張先生所主張的輪流執政制度。李先生還驚訝地發現：西北岡殷代大墓的排列竟然符合「昭穆制」！十一個大墓分成兩組：四個位於東面（昭），七個位於西面（穆）〔註24〕。

〔註23〕《徐中舒歷史論文選輯・論殷代社會的氏族組織》，中華書局，1998 年 9 月。
〔註24〕李衡眉〈殷人昭穆制度試探〉，載《歷史教學》1991 年 9 期。

　　商代「昭穆制」的存在與否是一個相當複雜的研究課題。現在，學者們不光是從廟制上著眼，而且還考慮到婚姻形態、王位繼承等問題。可以說，牽一髮而動全身，任何一個關於商代「昭穆制」的結論，都會影響到其他禮制問題的研究。如果商代「昭穆制」同樣祇是一種表示長幼、親疏和遠近的宗法禮制，而沒有其他的內涵，那麼，商代可能存在著「昭穆制」的雛形。但是，如果說商代的「昭穆制」不僅僅表現爲宗廟的廟制，而且體現著婚姻形態和王位繼承方式，那麼，我們也許應該愼重一點下結論，直到有充分而確鑿的證據的時候爲止。

第二節　祭祀譜中體現的家族構成

一、董作賓先生關於殷世系的研究

　　如第一章所述，很幸運地，商王室的世系被完整地保存在前朝的典籍裏了。在沒有其他材料可資利用的情況下，歷代的研究者從來沒有懷疑過它的眞實性。當甲骨文破土而出、並被證實爲商代的遺物時，學者們當然迫不及待地想驗證這個殷世系是否可信。

　　第一個對殷世系進行驗證的學者是王國維先生。他的《殷卜辭中所見先公先王考》和《殷卜辭中所見先公先王續考》兩個名篇的發表〔註25〕，正式宣告了《史記‧殷本紀》等典籍所載之殷世系是大體可信的。王先生的研究至少有三個貢獻：一是考定見於甲骨文的商代的先公先王凡二十二位；二是利用甲骨文的材料修正了史籍的某些錯誤，如「報乙、報丙、報丁」的世次；三是指出了從上甲微到示癸這一段世系稱謂乃「成湯有天下以後」的「追名」。當然，王先生的考證也不斷地受到質疑。例如，「夒（🐒）」，王先生原釋爲「夒（𡕫）」，認爲就是傳世文獻中的「帝嚳」〔註26〕。後來，有學者認爲，「夒」爲商的高祖「契」，即少昊契，「大夒（太夒）」才是「帝嚳」，即遠祖「太昊」〔註27〕。也有學者認爲：夒祇是「『母權制』時代遙遠先祖的假定代表」，「從

〔註25〕載《觀堂集林》卷9，中華書局，1959年6月。

〔註26〕王說見《觀堂集林》卷9，中華書局，1959年6月。其後王襄改釋爲「禼」，唐蘭改釋爲「夒」，陳夢家改作「夋」，而或以爲「契」，或以爲「曹圉」，或以爲四方神的「折」。今學者多從王說。諸家所論，詳參李孝定《甲骨文字集釋》第五，1903～1917頁，臺灣中央研究院歷史語言所，1991年3月影印五版。

〔註27〕曹定雲〈夒爲殷契說〉，《中原文物》1997年1期。

文字學的角度不一定能證實夔就是嚳，然而就其傳說的原始形態看，他們確有類似的歷史地位。」〔註28〕不過，近日又有學者質疑，認爲王國維原釋「夔」不誤，但不是商的高祖，而是夏禹〔註29〕。又如「契（ 𣤶 ）」，饒宗頤先生別釋爲《說文解字》中的「兜」，即文獻中舜的父親「瞽叟（瞍）」〔註30〕。再如「土」，王先生認爲就是傳世文獻中的「相土」；但許多學者卻認爲是自然神：「社」，與商人祖先毫無關係。再如「昭明」，也有學者認爲乃史書對《荀子·成相篇》「契玄王，生昭明」的誤解，「遂使《殷本紀》憑空多了一個先王。」〔註31〕雖然如此，王先生的大部分考證得到了學術界的肯定。

　　董作賓先生則是較系統地研究商世系的一位學者。他在作《大龜四版考釋》一文時，就希望能把殷墟甲骨文分期斷代，以利於甲骨文的商史研究。其中所論列的分期斷代標準之一就是「所祀帝王」。在後來所作《甲骨文斷代研究例》中，「所祀帝王」改爲「世系」，並作爲甲骨文斷代的首要標準，標誌著董先生在這個問題上的看法已相當成熟了。董先生根據殷墟卜辭祀典把自上甲微到武乙這一段的殷世系分成三段：1、自微至主癸。此即甲骨文所謂「上甲六示」。2、自大乙至祖丁。即甲骨文所謂的「九示」。又與「上甲」合而爲所謂的「十示」。3、自小乙至武乙。此即與第一、第二段合而爲「自上甲廿示」。這三段的世次，每世僅有一人得入宗廟，嫡長相承，這就是所謂的「大示」、「元示」，或稱爲「大宗」。當年，王國維先生受材料所限，殷世系中尙有八位商王未能考定。董先生在此基礎上補考出六位：沃丁（即「虎祖丁」）、沃甲（應爲「羌甲」）、廩辛（甲骨文作「兄辛」）、中壬（即「南壬」）、雍己（即「中己」）、河亶甲（即「戔甲」）。後來的研究進一步證明，除了沃甲誤釋外，董先生所做的補釋堪稱正確。至此，經過王、董二先生的努力，殷墟甲骨文中完整的殷世系（商朝的兩位末代君主「帝乙」、「帝辛」除外）終告呈現在人們的面前。

〔註28〕 參羅琨〈殷墟卜辭中的高祖與商人的傳說時代〉，《全國商史學術討論會論文集》274～293頁，《殷都學刊》增刊，1985年2月。

〔註29〕 葛英會《外祭卜辭重讀與上古先王覓蹤（提要）》，「紀念世界文化遺產殷墟科學發掘80周年──考古與文化遺產論壇」論文，2008年10月29～31日，安陽。

〔註30〕 饒宗頤〈釋 𣤶 與瞽宗〉，載《容庚先生百年誕辰紀念文集》172～177頁，廣東人民出版社，1998年4月。步雲按：饒先生的考釋我是相信的，不過，裘錫圭先生認爲甲骨文中別有「瞽」字，字像目有殘疾的形狀。詳參氏著〈關於殷墟卜辭的「瞽」〉，載王宇信、宋鎮豪、孟憲武主編《2004年安陽殷商文明國際學術研討會論文集》1～5頁。如此說可信，則饒先生所釋還得經受檢驗。

〔註31〕 蔡哲茂〈契生昭明辨〉，載《東洋漢學》第三期，2005年5月。

　　1945 年，董作賓先生發表了《殷曆譜》一書。很顯然地，董先生並未滿足於先前的研究，他希望藉著這本書進一步揭開殷代祀譜、同時也就是殷世系的秘密。

　　董先生在整理晚商祀典的時候，發現祖甲時期的祀典明顯異於前朝的祀典。這種祀典非常有規律，五種祭祀儀式：「祭」、「乡（後世寫作『肜』）」、「宜」、「劦（後世寫作『協』）」、「翌」總是周而復始地進行，順次祭祀自上甲以下的直系諸王及其配偶。董先生於是把這五種祭祀稱之為「五祀統」，也就是後來被改稱為「周祭」的祀典（這個問題我們留待第五章第一節再申述）。因此，在記載著這種祀典的甲骨文中，可以清楚地看到上甲以下諸王及其配偶的世次。這裏，我們把董先生根據祭祀卜辭整理的上甲以下的諸王諸妣世次標示如下：

上甲¹ → 報乙² → 報丙³ → 報丁⁴ → 示壬⁵ → 示癸⁶ → 大乙（唐）⁷ → 大丁⁸
　　　　　　　　　　　　　　　妣庚　　妣甲　　妣丙　　　　　┌→ 妣戊
　　　　　　　　　　　　　　　　　　　　　　　　　　　　　└→ 卜丙¹⁰

┌→ 大甲⁹ → 大庚¹¹ → 小甲¹²
　　妣辛　　妣壬　┌→ 大戊¹³ → 中丁¹⁵ ─────→ 祖乙¹⁸ → 祖辛¹⁹ → 祖丁²¹
　　　　　　　　　　妣壬　　妣己、妣癸　　妣己、妣庚　　妣庚　妣己、妣癸
　　　　　　　　└→ 中己¹⁴ ┌→ 卜壬¹⁶　　　　　　　　　└→ 羌甲²⁰ └→ 南庚²²
　　　　　　　　　　　　　└→ 戔甲¹⁷

┌→ 陽甲²³
├→ 盤庚²⁴
├→ 小辛²⁵
└→ 小乙²⁶ → 武丁²⁷ ┌→ 祖己²⁸
　　妣庚　妣辛、妣癸、妣戊 ├→ 兄庚²⁹
　　　　　　　　　　　　　└→ 祖甲³⁰ → 康祖丁³¹ → ［武乙］³² → ［文武丁］³³
　　　　　　　　　　　　　　　妣戊　　妣辛　　　　　　　　［妣戊、妣癸］

└→ ［帝乙］³⁴ → ［帝辛］³⁵

　　王名右上角的數字代表各王即位的次序，〔 〕號代表該王該妣可能不在「周祭」系統之內〔註32〕。如果把這個世次與《史記‧殷本紀》所載的世次作比較，會發現存在著某些差異。

─────────────

〔註32〕這個意見不是董先生的觀點，而是常玉芝的觀點。請參閱第五章第一節之三的「周祭」內容。

《史記‧殷本紀》所載的世次：

帝嚳¹→契²→昭明³→相土⁴→昌若⁵→曹圉⁶→冥⁷→振⁸→微⁹→報丁¹⁰┐

└→報乙¹¹→報丙¹²→主壬¹³→主癸¹⁴→天乙¹⁵→太丁¹⁶→太甲¹⁹→沃丁²⁰

　　　　　　　　　　　　　　　　　　→外丙¹⁷　　　　└→太庚²¹→小甲²²

　　　　　　　　　　　　　　　　　　→中壬¹⁸　　　　　　　　→雍己²³

　　　　　　　　　　　　　　　　　　　　　　　　　　　　　　→太戊²⁴

┌→中丁²⁵

├→外壬²⁶

└→河亶甲²⁷→祖乙²⁸→祖辛²⁹→祖丁³¹→陽甲³³

　　　　　　　　└→沃甲³⁰└→南庚³²→盤庚³⁴

　　　　　　　　　　　　　　　　→小辛³⁵

　　　　　　　　　　　　　　　　→小乙³⁶→武丁³⁷→祖庚³⁸

　　　　　　　　　　　　　　　　　　　　　└→祖甲³⁹→廩辛⁴⁰

　　　　　　　　　　　　　　　　　　　　　　　　　　→庚丁⁴¹

└→武乙⁴²→太丁⁴³→帝乙⁴⁴→帝辛⁴⁵

我們可以清楚地看到，二者至少存在三方面的不同：

1、卜辭記錄報丁在報乙、報丙之後受祭，證明了《史記‧殷本紀》所載的世次有誤。卜辭記錄卜（外）丙在大甲之後受祭，證明了《史記‧殷本紀》所謂卜（外）丙在大甲之前即位是錯誤的。卜辭記錄大戊在中（雍）己之前受祭，證明了《史記‧殷本紀》所謂大戊在中（雍）己之後即位是錯誤的。

2、《史記‧殷本紀》謂卜（外）丙弟中壬、大甲子沃丁、祖甲子廩辛曾即位為王，周祭中卻沒發現有此三王受祭。董先生以為甲骨文的「南壬」即「中壬」，「虎祖丁」即「沃丁」，「兄辛」即「廩辛」。那麼很可能，這三人或不曾即位為王，或曾即位為王，卻由於種種原因而被擯棄於周祭之外。

3、周祭卜辭中有大乙子大丁受祭的記錄，證明他曾即位為王。《史記‧殷本紀》所謂「太子未立而卒」明顯有誤。周祭卜辭中有武丁子祖己受祭的記錄，證明他曾即位為王。《史記‧殷本紀》失收，有誤。

以上數端，即可說明甲骨文中的祭祀卜辭，尤其是周祭卜辭對研究商代世系的重要性。首先，它證明了《史記‧殷本紀》所載的商代世系基本可信；其次，它可以訂正其中的謬誤；最後，它可以為商代王位的繼承形式提供有力的證據。現在我們該明白董先生窮十年之精力研究祀譜的用心了

吧〔註33〕！

二、大示、小示、伊示和下示

所謂「示」，就是神主的代稱（請參閱第五章第一節）。

從廩辛、康丁時開始，商王族祭祀祖先就分爲「大示、小示」，以體現嫡庶關係。大示又稱爲「元示」，或作「竈示」、「大宗」；小示又稱爲「二示」、「它示」、「小宗」。大示是指上甲以下的直系祖王；小示是指上甲或大乙以下的旁系祖王（請參閱第一章的商王世系圖）。大多數學者是這樣看的，但還是有些學者認爲並非如此〔註34〕。這沒有關係，爭議有助於學術的繁榮，有利於得出接近眞理的結論。這裏，我們暫且採前說，並舉些甲骨文的例子來說明這個問題：

「自上甲十示」，大示指以下十位直系君王：上甲……大乙、大丁、大甲、大庚、大戊、中丁、祖乙、祖辛、祖丁；小示則指以下的旁系君王：外丙、中壬、沃丁、小甲、雍己、外壬、河亶甲、沃甲、南庚。

「自上甲廿示」，大示指自上甲以下的二十位直系君王：上甲、報乙、報丙、報丁、主（示）壬、主（示）癸、大乙、大丁、大甲、大庚、大戊、中丁、祖乙、祖辛、祖丁、小乙、武丁、祖甲、庚（康）丁、武乙；小示則指自大甲以下的旁系君王：外丙、中壬、沃丁、小甲、雍己、外壬、河亶甲、沃甲、南庚、小辛、盤庚、陽甲、祖庚、廩辛。

這種格式又可直截了當地置換爲「大示」（或「元示」、「竈示」、「大宗」）、「小示」（或「二示」、「它示」、「小宗」），而其實質不變。舉例說：

「自上甲大示」，那就相當於「自上甲若干示」；「自上甲元示」，也相當於「自上甲若干示」。

當然也有具體指明哪幾大示的，例如：「自上甲六大示」，即指「上甲、報乙、報丙、報丁、主（示）壬、主（示）癸」六位直系君王。

應當注意的是，「小示」通常附於「大示」之後，祇是泛稱，不會明言哪

〔註33〕 本小節內容請參閱：董作賓〈大龜四版考釋〉，載《安陽發掘報告》第 3 期，1931 年 6 月；又《甲骨文斷代研究例》，中央研究院歷史語言研究所集刊外編《慶祝蔡元培先生六十五歲論文集》（上冊），1935 年；又《殷曆譜》，中央研究院歷史語言研究所專刊，1945 年 4 月。

〔註34〕 裘錫圭〈關於商代的宗族組織與貴族和平民兩個階級的初步研究〉，載《文史》第 17 輯 2 頁，中華書局，1983 年 6 月。

一些商王屬於旁系。例如：「丁未貞，桒禾自上甲六示，牛；小示，羞羊？」（《合集》33296）與「大示」明顯有別。

在祭禮上所體現出來的嫡庶尊卑關係是顯而易見的。「大示」可以標出具體的廟號，「小示」則不行。祭祀「大示」，祭典無所不用其極；而祭祀「小示」，卻限定使用某些祭典。例如「周祭」這麼種祭典，就祇能用於「大示」。「大示」可以與自己的配偶一塊兒接受祭祀，「小示」的配偶則沒有這種禮遇。在用牲上也體現著「大示」「小示」的尊卑關係。甲骨文記錄得很清楚：「大示」用牛，「小示」用羊（這個問題我們留待第五章再詳細陳述）。

「大宗」和「小宗」在體現嫡庶關係方面的意義與「大示」、「小示」完全一致。但是，彼此之間還是有一定的區別。「宗」指「宗廟」（請參閱第五章第一節），那麼，「大宗」應是指直系祖王的宗廟，「小宗」則是指旁系祖王的宗廟。兩者還有另外一點不同，即，「大宗」或「小宗」通常不會指明哪一些直系祖王或旁系祖王。

顯然，商人異乎尋常地重視父父子子的宗法觀念。這好像已經可以說明商代的繼統法是怎麼一回事了。不過，由於旁系小示也享有配祀的權利，似乎可以證明商王室的血緣紐帶關係的存在。

「伊示」是商晚期的王們爲商王朝的開國元老伊尹設立的神主。

「伊示」在甲骨文裏有多種叫法：或稱「伊示」，或簡爲「伊」；或稱「黃示」，或簡爲「黃」。如果「示」確實和「宗」同義，那麼，「伊示」也可理解爲伊尹的「宗廟」。事實上，「示」和「宗」在字形上所展示出來的意義是不同的。如前所述，「示」像神主放置在案俎之上的形狀；「宗」則是陳設神主案俎的場所，像案俎置於屋中之形（這一點，我們準備在第五章第一節中再詳細陳述）。況且我們現在還沒有足夠的證據證明先臣可有設立宗廟的權利。

傳世典籍中，伊尹是個有著濃厚的傳奇色彩的人物。伊尹還有一些別名：《孫子·用間篇》、《帝王世紀》等典籍上說他名「摯」；《史記·殷本紀》說他名「阿衡」；《尚書·君奭》稱他爲「保衡」；《墨子·尚賢下》、《呂氏春秋·尊師》、《楚辭·天問》等書則有「小臣」、「小子」的稱謂。甲骨文中稱他爲「伊尹」、「黃尹」，或尊爲「黃父」，或簡爲「伊」、「黃」，或作「黃奭」，或作「黃辥」。關於伊尹的姓、名、氏和官稱，這裏還有兩段小插曲：首先是就典籍所載產生的爭議。過去認爲「伊」是氏，「尹」是字，「摯」是名。於是有學者認爲伊尹沒有姓是非常可疑的，根據《呂氏春秋·本味》所載：「其母

居伊水之上，孕，夢神人告之曰：……因命之曰『伊尹』」，「伊尹」當是複姓，氏「小臣」，亦作「小子」，名「摯」。官稱爲「保衡」〔註35〕。但又有學者認爲，伊尹既然是有莘國人，莘國姒姓，伊尹當然姓「姒」，名「摯」，「伊」和「尹」則是他的「氏」，取自於水名和官稱。因此，把「伊尹」當作是複姓、把「小臣」、「小子」當作「氏」都是錯誤的〔註36〕。然後是就甲骨文所載產生的分歧。多數學者相信史書的記載，認爲甲骨文的「黃尹」和「伊尹」是同一人〔註37〕。而有些學者據甲骨文裏的伊尹、黃尹例，認爲史書所載的伊尹、阿衡應分屬兩人〔註38〕。主要的分歧源自對黃字的考釋。王國維等先生認爲字當釋爲「寅」，「寅」「伊」古音相同，所以「寅尹」亦即「伊尹」。唐蘭等先生則認爲，字當釋爲「黃」，「黃」讀作「衡」，因此，「黃尹」即「阿衡」；古人混爲一談是錯誤的。郭沫若先生的看法也許比較接近事實，他認爲字可以考訂爲「黃」，而「黃尹」也就是「阿衡伊尹」。島邦男先生同意王國維先生的考釋，並找出大量的甲骨卜辭文例來證明「黃尹」、「黃奭」、「黃辪」與「伊尹」是同一人。筆者認爲，在甲骨文中，「黃」和「寅」兩字的字形判然有別，釋字當從唐蘭先生；但就甲骨文的文例而言，郭沫若先生的推論大致是不錯的。前幾年，王輝先生重新考察了載有這兩個稱謂的甲骨文，認爲還是視之爲一人較妥〔註39〕。這個結論，筆者是贊同的。

正因如此，伊尹生於夏朝末年，大概是有莘氏族人。他作爲嫁到商族去的有莘氏的媵臣，有機會接觸當時商族的首領湯。據說伊尹的廚藝非常高明，利用五味以喻政治，甚得湯的青睞，以至委以重任。伊尹在翦滅夏桀的鬥爭中居功至偉，在建國初期，又作《咸有一德》一文以穩定政局。湯逝世後，

〔註35〕陳奇猷〈伊尹的出身及其姓名〉，載《中華文史論叢》1981年第3輯，上海古籍出版社，1981年8月。
〔註36〕王維堤〈關於伊尹的姓氏名號及其他——與陳奇猷先生商榷〉，載《中華文史論叢》1982年第2輯，上海古籍出版社，1982年5月。
〔註37〕持此見者有王國維（《古史新證》第四章，《國學月報》2卷8、9、10號合刊，1927年10月）、董作賓（〈甲骨文斷代研究例〉，中央研究院歷史語言研究所集刊外編《慶祝蔡元培先生六十五歲論文集》（上冊），1935年）、郭沫若（《卜辭通纂》236頁，科學出版社，1983年6月）、島邦男（《殷墟卜辭研究》中譯本247頁，臺灣鼎文書局，1975年12月）。
〔註38〕持此見者有陳夢家（《殷墟卜辭綜述》363頁，科學出版社，1956年7月）、唐蘭（《天壤閣甲骨文存·考釋》39頁，北京輔仁大學，1939年4月）。
〔註39〕參王輝〈從丁日祭祀證黃尹確實應是伊尹〉，載《中國史研究》2003年3期25～40頁。

伊尹擔當起「護國公」的角色，放逐暴虐的國君太甲，代攝國政，直至太甲悔過自新時爲止。伊尹是五朝元老，在湯、太丁、外丙、太甲和沃丁四世五王期間擔任「相」職。所以史稱他享年百歲。

通過上面的簡介，我們應該理解爲什麼伊尹可以享祀了。伊尹作爲與先祖神享有同樣地位的先臣神，具有「它雨」、「它年」、「它王」、「祟王」、「疾」等神威。因此，商人對他的禮拜就集中在「求雨」、「求年」、「求福」等方面的祈禱上。伊示有時配祀於「帝祀」，與高祖神、自然神無異。

按說，既然伊尹可享祀，那麼，伊尹一脈也就可以享祀了。甲骨文有「伊䵼（同『元』示）」、「伊尹五示」等文例，有學者認爲即指伊尹以下的直系諸示〔註40〕。更有「伊廿示又三」（《京津》4101、《卜辭通纂・別錄一》何 3、《殷契佚存》211）之例，形式與「上甲若干示」同，意義當相一致。如果此說可信，證明了非商族血緣的開國功臣在王室之內佔有顯赫的地位。

關於伊尹，張光直先生提出了與眾不同的看法。如前所述，商代是以內婚王族內的兩大支派（甲乙組和丁組）輪流執政的。故此，他認爲，商代立國之初，湯爲王，當是甲乙組的執政者；而伊尹就是丁組的首領。湯死後，按照上述法則，應由太子大丁繼位，也就是把王位傳到伊尹所在的丁組內。但是太丁夭折，伊尹祇好立了丁組的外丙和仲壬爲王；仲壬死後，伊尹把王位讓回給甲乙組的大甲。這可能是不得已的舉動，所以才有了後來伊尹放逐大甲、大甲殺掉伊尹的史實（《竹書紀年》）。張先生之所以做出這個推論，是因爲在卜辭中發現了伊尹在丁日享祀。提出「商代推行內婚王族內的兩大支派（甲乙組和丁組）輪流執政制」的觀點，張先生實際上也就否定了直系、旁系的論斷〔註41〕。如果張先生的推論可信，那倒是可以省卻許多麻煩去解釋商人爲什麼「祀其非族」。事實上，張先生的推論不無破綻。譬如，倘若伊尹是商氏族人，他應當擁有廟號，名叫「伊丁」、「尹丁」什麼的，而不僅僅是在丁日受祭而已。

甲骨文中還有「下示」這麼個稱謂。卜辭曾見「大示」、「下示」、「小示」依次並稱的：「己亥貞，卯於大（此處當缺了『示』字）其十牢、下示五牢、小示三牢？」（《屯南》1115）鐫有「下示」的卜辭不太多，根據《殷墟甲骨刻

〔註40〕張政烺〈釋它示——論卜辭中沒有蠶神〉，載《古文字研究》第 1 輯 63～70頁，中華書局，1979 年 8 月。

〔註41〕見《中國青銅時代・談王亥與伊尹的祭日並再論殷商王制》，生活・讀書・新知三聯書店，1983 年 9 月。

辭類纂》一書所載統計，祇有八例。顯然，「下示」既不是指直系先祖，也不是指旁系先祖。它介於直系先祖和旁系先祖之間，到底指代什麼對象仍有待研究。不知道是否指「伊示」之類的先臣祖神？

第三節　王室之外的家族制度

　　商時，王室之外，存在著諸侯國和封邑等聚落形態；還存在著獨立的方國和獨立或依附於方國的邦邑等聚落形態。

　　通常認為：諸侯國或封邑多與商氏族有血緣的紐帶關係，或臣服於商，是商王室的「在外之官」，有為王戍邊、征討、服役、貢賦等義務。諸侯國或封邑有一定的地域範圍，有軍隊，也有官吏系統。但商王對諸侯國或封邑具有土地佔有權。具體為：1、商王有在諸侯國或封邑進行生產、拓展自己耕種土地面積的權利。2、商王可以在諸侯國或封邑內田獵。3、商王可以將諸侯國或封邑作為對外軍事活動的起訖點。4、商王可以在諸侯國或封邑內舉行占卜、祭祀活動。

　　獨立的方國和獨立或依附於方國的邦邑則是些與商氏族沒有血緣關係的部落群體。這些群體多半與商處於長期敵對的狀態之中。

一、方國和封邑及其家族

　　「方國」，甲骨文裏稱為「方」。大概是指以商王國為中心而位於四方大大小小的諸侯國，故稱。有時則略去「方」而直稱其名。這些方國的主人中，部分是與商有血緣關係的宗親氏族，立國於商得天下之後；大部分則是獨立的大、小氏族部落，立國於商得天下之前。各個方國，甲骨文泛稱為「多方」，與典籍「告爾四國多方」中的「多方」相合。甲骨文有「方伯」的稱謂，可能指方國之酋長，也可能指受封於商的方國諸侯。

　　島邦男先生著《殷墟卜辭研究》，專辟一章討論商代方國問題〔註42〕。據他統計，出現在第一期甲骨文中的方國國名凡 29 個，第二期祇有 2 個，第三期有 14 個，第四期有 23 個，第五期有 8 個。剔去重見者，則五期卜辭中出現過的方國名共 57 個。迻錄如下：舌方、周方、危方、人方、羌方、羞方、龍方、𢀛（髳）方、馬方、井方、鬼方、盂方、土方、戈方、𢀖方、𦥑方、下

危、❖（巴）方、旨方、❖方、❖（湔）方、❖方、基方、虎方、旁方、興方、祭方、❖方、❖方、匕、❖方、繅方、商方、巨方、牝方、盧方、宣方、北方、❖、叔方、召方、互方、舌方、❖（蟬）方、子方、❖方、木方、❖方、❖方、大方、❖、汀方、林方、❖方。附錄：虎方、矢方、❖方。

　　甲骨文中有些方國名可以和典籍所載相印證，例如：「人方」，典籍作「夷方」；「土方」，典籍作「杜」；「舌方」，典籍作「邛」；「旨方」，可能即典籍的「耆」；「周方」、「鬼方」，典籍亦同。這些方國名很大程度上就是氏族名，舉例說，土方就是被湯滅掉的夏民族領地〔註43〕。換言之，他們多與商沒有血緣的紐帶關係。

　　這五十餘個方國，有的曾臣服商王朝，有的則世代敵對。甲骨文可以為證：臣服於商的方國屢屢納貢於商，納貢的物品有龜、牲畜、乃至奴隸等，方國首領還得入朝於商，盡臣屬之禮，戰爭期間，方國則要在保衛王畿或征討方面盡職盡責。敵對的方國常常和商發生軍事衝突，不是商對其發動戰爭，就是方國入侵商的邊鄙。其中商帝辛對人方（典籍稱為「東夷」，銅器銘文或稱為「夷」）的戰爭最為慘烈，據典籍說不但與盟國軍隊協同出征，還曾動用象騎兵作戰；持續的時間也最長，達一年之久。方國對商王國的侵襲也時有發生。他們通常採取遊擊戰的策略，在商的邊遠地區進行騷擾，掠奪農作物、牲畜、人口等。對這些襲擾邊鄙的方國，商多數情況下是無可奈何的，遠征懲罰也衹能偶爾為之。當然，在國力強盛的時候又當別論。例如：武丁執政期間，曾對六十多個方國或地區進行超過六十次以上的征伐〔註44〕。如此窮兵黷武確實令人驚訝。

　　方國中有部分受封於商，即商的同姓方國，或與商王族沾親帶故的方國。他們同樣要向中央政府定期納貢，其首長還須不定期地供職於中央政府，有些首長則由中央官員兼任。

　　除此以外，方國有很大的政治、經濟自主權。

　　方國可以營建都邑、宮闕、甚至宗廟和墓地，可以設立自己的官僚機構（參閱本章第四節），可以擁有軍隊，可以蓄奴從事生產。方國首長因而有權拓展疆域，開展祭祀活動；因而有權頒布任免令；因而可以為中央政府提供

〔註43〕　胡厚宣〈甲骨文土方為夏民族考〉，載《殷墟博物院院刊》（創刊號）1～8頁，中國社會科學出版社，1989年8月。
〔註44〕　范毓周〈殷代武丁時期的戰爭〉，載《甲骨文與殷商史》第3輯175～239頁，1991年8月。

兵源、或助王戍守和征伐；因而可以掌握自己的財富。周方國崛起於西方就是一個極好的例子。七十年代以來對周原的發掘表明，周有著頗具規模的都邑、宮闕、甚至宗廟和墓地。周原還出土了有著自己特色的甲骨文，證明周人享有祭祀、占卜等權利。文獻記載也證明，周人很早就在這塊土地上營建居所：「古公亶父」「築室於茲」（《詩・大雅・綿》）。雖然周對於商是臣屬關係，但是，它也有自己的官僚系統：「乃召司空，乃召司徒……」（《詩・大雅・綿》）甚至擁有龐大的軍隊以事征伐，史書上說周在伐殷以前曾先後伐犬戎、密須、邗、崇侯虎等。於此可見方國實際上為一相對獨立的政治實體。

方國的地域範圍可能因國而異，人口也因國而異。例如人方、舌方、羌方、周方等，都是些相當大的方國，人口估計也相當多。中央政府冊封的方國的地域範圍可能較小，人口也較少。

無論是地域規模還是人口規模都較方國小的稱為「邑」，即諸侯或臣屬的封邑。「邑」在甲骨文中常被略去，衹標示地域名稱。諸侯臣屬的封邑通常位於王畿區及周邊地區。

封邑的規模恐怕也有大有小，視乎諸侯臣屬的地位高低。我們可以拿河北藁城臺西的商中期墓地作參照。從所出遺物得知，這裏是商王重臣或貴婦的封邑。它位於商國的統治中心範圍，面積約 10 萬平方米。邑內有住宅、祭所、作坊、土田、墓地，居住著族眾、隸僕和衛士等。遺址內發現房址 16 座，灶 21 個，水井 6 口，墓葬 166 座。出土遺物反映了封邑有著一定的生產水平。其中，黃金、鑄造、製陶、漆器、釀酒等手工業尤其發達，證明當時生產方式的多元化〔註45〕。

封邑無疑是中央王國的附庸，但政治上也許有一定的獨立性。考古發現可以充分地證明這一點。甲骨文有「好邑」，似是婦好的封邑。考古工作者在婦好的墓中發現了四柄象徵權力的青銅鉞。又如河南信陽羅山蟒張天湖晚商以降的墓地，在長約百米寬約 30 米的狹長山坡上排列著 22 座商墓，其中 10 座井槨式貴族墓分佈在墓地的中軸線上，維持著「父蹬子肩」的氏族或家族埋葬習慣。有 9 座墓出土帶「息」字徽識的銅器 29 件，兩座中型井槨墓分別出土青銅鉞一件。這裏顯然是晚商息邑的氏族墓地〔註46〕。甲骨文有「婦息」

〔註45〕河北省文物研究所《藁城臺西商代遺址》，文物出版社，1977 年 10 月。
〔註46〕河南省信陽地區文管會、河南省羅山縣文化館〈羅山天湖商周墓地〉，載《考古學報》1986 年 2 期。

的稱謂，可能就是來自息邑的貴婦。上面提到的臺西墓地也出土重要禮器：大玉戈兩柄，銅鉞 5 件，其中一件還鑲有鐵刃，以及鼎、壺、爵等。當然，這種政治上的獨立性乃商王賦予的（參看本章第四節）。

與方國不同，封邑諸侯不能設立官僚機構，不能擁有軍隊。

甲骨文中還有一些規模相當於「邑」的地區，既不稱「方」，又不稱「邑」，通常衹有個地名。這裏，我們可以把它們命名爲「邦邑」。邦邑經常遭到商王朝軍隊的蹂躪，可能不是商的封地。他們到底是一些小的、獨立的氏族部落還是隸屬於別的方國的封邑呢？現在仍不很清楚。當然，某些地區也可能本是商的封邑，衹是它們或想脫離中央政府的羈絆，或轉而投靠別的方國，故受到商王朝軍隊征討。

方國和封邑的家族形態，總的來說，不如中央王室研究得透徹。不過，個別的方國，例如周，由於是商朝的終結者，而且有周原甲骨文的出土，有傳世文獻的記載，其家族形態倒是比較清晰的。《史記·周本紀》載有周的世系：

后稷（棄）[1] → 不窋[2] → 鞠[3] → 公劉[4] → 慶節[5] → 皇僕[6] → 差弗[7] → 毀隃[8] → 公非[9] → 高圉[10]

→ 亞圉[11] → 公叔祖類[12] → 古公亶父[13] → [太伯]
→ [虞仲]
→ 季歷（公季）[14] → 西伯昌（文王）[15]

這是周立國前的一段世系。較之商，周似乎更傾向於奉行「父死子繼」的繼承方式，而且是「嫡長子繼承制」。否則，古公亶父改立第三個兒子季歷爲氏族首領，史官就不會特意書上一筆了。《淮南子·泛論訓》也說：「立子以長，文王舍伯邑考而用武王，非法也。」據史書和周原甲骨文的記載，周先後臣服於夏和商。其間，周人任職於夏，夏衰，輒棄職自立於戎狄之間。此時的周，恐怕是一個有相當規模的小國。到了晚商時期，便成了商的附屬方國，其氏族首領則變成了「伯」。如前所述，取商而代之以前，周已經是一個相對獨立的政治實體了。在宗法上、政治體制上甚至禮制上也許和商沒有什麼不同，如果有的話，也就是，商幅員遼闊，領有眾多方國和封邑；周則地偏一隅，衹有一些城邑。當然，如果還要細加比較，兩者可能還存在某些方面的差異。例如：從周人的世系表上得知，周人是不用干支作廟號的。很可能說明周人已經有所謂的謚法了，例如「西伯昌」謚「文」。很可能已經在推行昭穆式的廟制了。不過總的說來，周商之間的宗法、政治體制和禮制大同小異，所以後世的典籍說「周因殷禮」，大致是不錯的。可話得說回來，克

殷以前的周的禮制，目前的研究是不夠深入的。

　　周如此，其他方國的情況大概也相去不遠。此處應當聲明：這祇是個邏輯推理而已，欲知詳情，還得仰仗艱苦細緻的考證〔註47〕。

　　除了方國和封邑外，商的王畿周圍還存在數量相當龐大的異姓族氏群落。上世紀五十年代，丁山先生曾對見於甲骨文的氏族做過研究，估計「商代的氏族至少在二百個以上」〔註48〕。當年丁先生所見有限，這個數據祇能代表那個時代的研究水平。時至今日，學者們認爲，「如果加上不見於甲骨文的晚商銅器上所見『族徽』所代表的族氏」「至少也在三百個左右」。因爲載有這些族氏徽號的甲骨文或青銅器既有出自殷墟，也出自王畿之外，所以可以肯定，當時商王朝的勢力範圍北至河北省北部，南至河南省南部，西至關中，東至魯東，「是名副其實的泱泱大國」。這些族群，有著自己的首領，但臣服於商。例如，必須履行向商貢納的義務，戰爭期間如有需要則成爲商的友軍，可以參加商人的宗廟祭祀，其族人也可以到王畿任職。而平時，商王朝對這些族群一般採懷柔政策；他們一旦面臨滅族危機，商則不惜動用武力保護他們〔註49〕。

二、方國朝見與賓禮〔註50〕

　　在《尚書・禹貢》中，有非常詳細的異族貢納的描寫。雖然《禹貢》篇聲稱是「虞夏書」，但多數學者認爲它是戰國的著作。不管怎麼說，它讓我們瞭解到古代方國諸侯朝貢的一些情況。

　　諸侯入朝，在古代禮制中屬於賓禮，是諸侯臣服於中央政權的體現。在殷墟甲骨文中，諸侯的朝見活動就稱爲「見」。

　　朝見活動有兩項主要的內容：「職」和「貢」。「職」指執事服役；「貢」指奉獻方物特產。甲骨文的「歲」就是指「歲事」，即一年一度的例行「職」、「貢」。

〔註47〕本小節内容請參閱陳全方、尚志儒〈陝西商代方國考〉，載《殷墟博物院院刊》（創刊號）88～97頁，中國社會科學出版社，1989年8月。

〔註48〕丁山《甲骨文所見氏族及其制度》，科學出版社，1956年9月。

〔註49〕李伯謙〈從殷墟青銅器族徽所代表族氏的地理分佈看商王朝的統轄範圍與統轄措施〉，載荊志淳、唐際根、高嶋謙一編《多維視域——商王朝與中國早期文明研究》138～151頁，科學出版社，2009年1月。

〔註50〕本節内容可參看連劭名〈商代禮制論叢・方國朝見與賓禮〉，《華學》第2輯11～17頁，中山大學出版社，1996年12月。

　　職和貢的方式之一是參與祭祀。諸侯們不但要在祭祀活動中扮演某種角色，而且還把相當數量的貢物用於祭祀。甲骨文的「尊（即奠）」指「薦獻」，「延」和「施」則是「設置祭品」。祭品中有玉器：「贄」、「琅」、「珥」、「瓚」、「玉戈」，等；有彝器：鬲，等；甚至有奴隸。

　　職和貢的方式之二是作王的「執事」和呈獻生活物資。所謂「執事」，就是諸侯及其臣屬在中央政府內服務若干時日，從事管理、或某些具體工作（請參閱本章第四節）。有學者認為「貞人」有來自方國者，即其例。呈獻生活資料是方國「貢」的主要內容。龐大的商王室要維持高質素的生活水平，很大程度上得依賴方國的貢納。從日用品到食物，如各類器皿、肉類、糧食、酒等，從占卜用的烏龜、牛胛骨到用於勞作的奴隸，無不取自方國。例如，甲骨文中的骨臼刻辭就是「某某致骨若干」、「某某入龜幾何」的記錄。殷墟曾發掘出一個長達 44 釐米、寬達 35 釐米的巨龜甲殼，後經科學鑒定，證實與馬來半島所產種屬相同〔註 51〕。如此看來，它可能就是來自貢納。近年花園莊東地所出龜甲，有龜科花龜屬花龜和龜科烏龜屬烏龜兩類，學者認為：「烏龜當產自河南本地，花龜則貢品。」〔註 52〕又如，甲骨文中屢有「來馬」、「來羌」等的的記錄，均是方國提供馬匹、奴隸等的明證。當然，中央政府也有大批奴隸在從事生產，但遠遠不能提供足夠的物質資料。舉例說「殺牲」，商王室每祭祀一次動輒殺掉幾十乃至上百的牲畜，而祭祀又是那樣的頻繁，光靠中央政府的奴隸生產當無以為之。又如「占卜」，商王室事必占卜，每天耗費的龜甲數以十計，方國「氏（致）龜」一旦中止，「占卜活動」將難以為繼。還有，商貴族酗酒成性，典籍說紂王造「酒池肉林」，《大盂鼎》上說殷人「率肆於酒」。祭祀活動也須臾不能離開酒，甲骨文有「用酒白卣」的記錄，可以想像商代酒的消耗程度。倘若不靠方國提供物資，似乎難以想像。恰好，考古學家在河北藁城臺西的商代遺址發現了造酒的作坊，以及造酒用的酵母。而在殷墟，目前還沒有類似的發現。況且，有許多物品是中央政府所在地不產的。例如玉石，據推測，殷墟所出土的玉器，產自本地的可能性很小；而所出的綠松石也都來自南方。又如用作貨幣的子安貝（Cypraea moneta, C. annulus），產自中國東南海岸及南海岸外海中。再如銅、錫等原材料，古代的文獻說錫產於南方。殷墟曾出土過一件鐵刃青銅

〔註 51〕伍獻文〈「武丁大龜」之腹甲〉，載《中央研究院動植物研究所集刊》第 14 卷 1〜6 期，1943 年。
〔註 52〕社科院考古所《殷墟花園莊東地甲骨・前言》，雲南人民出版社，2003 年 12 月。

鉞，鐵是天然物，估計是隕鐵。聯繫《禹貢》進鐵的記載，有學者推測：中原惟有缺鐵，才需要貢鐵之舉。那麼，說不準那隕鐵就是方國的貢品。諸如此類，不一而足。方國貢納也見於傳世文獻。《詩經・商頌・玄鳥》上說：「龍旗十乘，大糦是承。」形象地描述了方國運送黍稷到商都的景況。在早期，貢納的物資可能因方國而異。有的貢牲畜，有的貢物產，等等。徐中舒先生指出：「男」服必須負擔各種力役，包括耕種田地，貢納糧食；「甸」服必須向殷商王朝獻納獵獲物，同時還兼營粗耕農業〔註53〕。

上述內容屬於「賓禮」範疇。實際上，諸侯朝見還有另一種方式，那就是在王出巡的時候所盡的「職」和「貢」的責任。與方國諸侯前往王畿朝見不同，這種朝見方式是在方國、封邑進行的。究其實質，與「賓禮」沒什麼兩樣；可察其形式，則多少與「賓禮」有所區別。甲骨文可稱為「省」，姑且作「省禮」吧。無論是商代還是在後世，王經常駕臨諸侯的方國、封邑，或視察，或狩獵，或出遊。甲骨文屢見「王省於某地」、「王田於某地」的記錄，前者就是指王到外地視察或出遊，後者則是指王外出狩獵。這時候，所在地的臣屬就得「侍王」於左右，固然得安排好王日常的起居活動，還得提供王所需的一切，如宴享用的美酒佳餚、舞姬歌女，狩獵用的獵犬、馬匹、隨從等。末了，在王離去的時候，恐怕還得替王處理好獵獲物，奉上各類物產。這種朝見方式實際上是為商王室向方國索取物產而提供額外的機會。類似內容的記載常見於周代的金文，王在深感滿意的情況下，往往會賜予臣屬青銅材料、馬匹、貝等等。例如《御父癸方彝蓋》上就有這麼一篇銘文：「癸未，王才（在）圃，雚（觀）京。王賞御貝，用乍（作）父癸寶尊。」（《集成》9890）說的是：商王駕臨圃地，視察亭臺，並把貝賞賜給臣下御，御於是把事情始末著錄在紀念父親癸的彝蓋上。

諸侯朝見的方式、貢納及禮儀，近日有學者詳加論述，認為殷墟甲骨文反映了以下的朝覲方式：「來」、「來歸」、「來見」、「來降」和「至」。朝覲者包括方國的首領和諸侯。而貢納的方式有：「供」、「來」、「見」、「以（或釋『致』）」和「入」。貢納的物品五花八門：有牛、羌、羌芻、戠、齒、犬、馬、白馬、兕、舟、虎，等等。至於其禮儀，則有「揖（或釋尋、拜）」，為迎人之禮；有「奠」、「烝」，為將幣和助祭之禮；有「賜」，為賜命之禮；有「燕」，為「饗燕」之禮。部分禮制可以與後世文獻相印證，說明這些禮制乃商禮的延續而已；部分禮制

〔註53〕《徐中舒歷史論文選輯・論殷周的外服制——關於中國奴隸制和封建制分期的問題》，中華書局，1998 年 9 月。

則僅見於商代，說明這些禮制為後世所揚棄〔註54〕。從題目的編次推測，以上所論可能祇是其中一部分的研究內容，相信作者未來將有更深入的探討。

第四節　龐大的官僚制度

一、官制、官稱、官職

要瞭解周代的官制，有《周禮》一書可供參考，雖然學者們認為它並不能完全反映周代的官制情況。要瞭解商代的官制，卻連類似《周禮》那樣的參考典籍也沒有。這使商代官制的研究平添了許多困難。

雖然陳夢家先生的《殷墟卜辭綜述·百官》〔註55〕和島邦男先生的《殷墟卜辭研究·殷的官僚》〔註56〕都論及商代甲骨文的官制，但甲骨文中所涉及到的商代官制材料非常零碎，完全不成系統。倒是《尚書·酒誥》的記述比較詳細。原來商代的職官分為「內服」和「外服」兩大類。內服指在殷王朝內服役的官吏；外服指在殷王朝外服役的諸侯方伯。可以說，甲骨文官制的研究基本上是循這個體系展開的。外服的體系，各家幾乎達成共識，祇是對個別爵稱的存在與否稍有歧見；內服的體系和具體職掌則眾說紛紜。

陳夢家先生蒐集甲骨文中出現的官稱凡 24，分為三大類：臣正、武官和史官。

島邦男先生研究得出的職官系統比較粗略：王直接施令於外服和內服。外服有「侯」、「伯」、「子」、「服（即『婦』）」，侯或稱「多侯（即『多臣』）」，包括「多田」和「多奠」，伯、子和服又稱「多伯」、「多子」和「多服」；內服卻祇有「（冢宰）」、「多亞」、「多馬」、「多尹」、「多工」諸官，先（冢宰）統轄多亞諸官，多亞統轄多馬諸官，多馬統轄多尹諸官，多尹統轄多工，另有王臣、小王臣、小臣、舊臣、籍臣、舞臣等一批官員直接聽命於王。

到了 1984 年，張亞初先生撰〈商代職官制度〉一文〔註57〕，官稱數量翻了幾近兩倍，凡 65，逐錄如次：傅（補）、師、保、大史僚、大史、小史、史、

〔註54〕 郭旭東〈甲骨文所見商代的朝覲之禮（一）〉，載《紀念世界文化遺產殷墟科學發掘 80 周年——考古與文化論壇會議論文》309～327 頁，2008 年 10 月 29～31 日，安陽。

〔註55〕 科學出版社，1956 年 7 月。

〔註56〕 中譯本，臺灣鼎文書局，1975 年 12 月。

〔註57〕 載《古文字研究》第 13 輯 82～116 頁，中華書局，1986 年 6 月。

御史、作冊、作冊有史、宗、祝、卜、巫、考、眉、丏、大丏、卿事、〔卿事僚〕、小眾人臣、小耤臣、小籾臣、農、奠、牧〔註58〕、小丘臣、犬、貯、紭、工、馬、馬小臣、走馬、族馬、亞、大亞、馬亞、旅、射、籏、戍、小多馬羌臣、丁師（弜師、韋師）、剌尹、亞、秎、舌、臣、小臣、元臣、辟臣、䏌、小子、宰、寢、監、族尹、多生（姓）、正、僚、友、尹、君、三史。

這六十餘種職官可分為三大板塊：直接聽命於王的「師」「傅」「保」（即「事〔士〕」為首的卿事僚和以「大史」為首的大史僚。卿事僚統轄卿事、元臣、三史或「三事」）、宮廷史吏和其它。「三史」下面是兩僚機構，即以「卿小臣、小眾人臣、小藉臣、小籾臣、農、奠（甸）、小丘臣、牧、犬、貯、紭、工、剌尹、亞、秎、舌、（地方的）師、旅、馬小臣、馬、走馬、大亞、亞、馬亞、籏、射、戍、監、多生（姓）、族尹、族馬、侯、田、任、衛等諸官；大史僚統轄大史、史、小史、作冊、作冊友史、宗、祝、卜、巫、考、眉、大丏、丏等諸官。宮廷史吏包括臣、小臣、女性小臣、辟臣、宰、䏌、寢、御史、小子、小多馬羌臣等諸官。其他則有正、僚、友、尹、君這麼一些官吏。

宮廷史吏諸官的職能較為明確，他們直接受王支使，服務於宮廷之內，負責王的日常生活起居以及宮中的護衛。

張先生第一次全面描述了見於甲骨文的商代官稱概貌，第一次表列出商代官僚系統的構成，第一次把商、周兩代的官僚系統作了詳細的比較。讀張先生的著作，我們對商代官制有以下一些認識：1、商代的官職是多功能的，也就是說，商代的官職不能簡單地劃分為「武官」、「史官」之類。不像後世，官稱與其職掌有著一致性，而且職務單一化，例如太史就是史官，史官衹管編撰史料。商代的官員的職能是多方面的，例如「師」，得負責七個方面的工作。2、商代的官員當然也可以分成中央級和地方級的官員，但中央官員通常兼任地方的首長。地方政府雖然可設立基層的官僚機構，但卻非常精簡。所謂的「內服」和「外服」並非涇渭分明。3、商代的官職與爵位一樣具有可繼承性。4、商代的官員多由宗親出任。5、商代的官僚系統尚處於萌發期，不像周代那樣已經趨於完善。

〔註58〕林歡博士對「牧」有詳細的考證，可參看氏著〈甲骨文諸「牧」考〉，載宋鎮豪、蕭先進主編《殷商文明暨紀念三星堆遺址發現七十周年國際學術研討會論文集》250～255頁，社會科學文獻出版社，2003年8月。

　　雖然張先生的論文衹是綱領性的，缺乏必要的例證，某些觀點也不無可商，但不容否認，迄今為止這是甲骨文官制研究中最為系統、最為全面的著作。也許我們不該求全責備，因為這個專題的研究應是一本書而不是一篇論文。

　　張先生的研究有兩點值得我們注意，他認為：1、商王朝的主要官員中有不少是商王的同姓貴族。2、商王朝的中央官員同時也是地方族國的執政者。

　　如果張先生的研究是正確的，那麼，商代社會的性質、本自傳世典籍的所謂「內服」「外服」說以及由此得出的結論將要做出重大的修正。

　　儘管張先生的研究提出了某些新的思路，但還是有相當一部分學者在研究商代官職的時候持「內服」「外服」的傳統觀點。王貴民先生就是其中的代表之一。王先生把「內服」和「外服」改稱為「朝官」和「地方官」。朝官可以分為五大類：1、最高政務官。有「尹」、「保」、「宰」、「卿士」等，他們是商王的輔佐。2、一般政務官。有「尹」、「多尹」、「殷正百辟」、「百執事」、「多君」、「御事」、「史（事）」等，他們是在商王朝內為各種政事服務的一群官員。3、宗教文化職官。有「巫」、「貞人」、「作冊」等。他們是從事宗教文化活動的官員，4、生產經濟部門職官。有「小耤臣」、「小臣」、「小眾人臣」、「小丘臣」、「州臣」、「牛臣」、「牧正」、「犬（相當於周代的『跡人』）」、「犬師」、「犬巫」、「司魚」、「司工」、「右尹工」等。他們負責農業、畜牧、漁獵、手工業等部門的管理工作。5、軍事職官。有「旅」、「師」、「馬亞」、「馬小臣」、「族馬」、「戍馬」、「多射」、「射亞」、「戍射」、「多馬衛」、「多射衛」、「多犬衛」。他們掌握著兵權，負責戰爭、戍守。地方政權的長官可以分為兩類：1、地方政權首長。有「侯」、「甸」、「男」、「衛」、「邦伯」等。「邦伯」是獨立於商王朝之外的官員；其他四類地方官則是由朝官兼任的。2、地方基層官吏。有「族尹（相當於『里君』）」、「邑人」等。王先生除了揭示出商代官制存在分職不明、職務不固定、帶有濃厚的血緣性質等特點外，還出人意表地指出：奴隸可以任職朝廷〔註59〕。其他學者也有類似的商代官制的研究。他們認為，甲骨文中屬於內服的官員有「御事（史）」、「臣某」（包括「小臣」、「王臣」）和「馬亞（多馬亞、馬小臣）」。而某些職官——例如「御事（史）」的職掌，迄今尚無定論。有些學者認為是「記事之官」；有些學者認為是「卜龜執燧之官」；還有些學者認為是「武官」。各種觀點都能提出堅實的例證，也許這正是商代

〔註59〕王貴民〈商代官制及其歷史特點〉，載《歷史研究》1986年4期。

官吏的多職能性使然吧！甲骨文的內容表明，「王臣」的地位極高；「小臣」
則是司理王室各項事務的官員。有學者認爲，「馬亞（多馬亞、馬小臣）」可
能是後世「司馬」的濫觴。

商代軍隊的建制，經過了甲骨學家多年的不懈努力，總算有點兒眉目了。
商代的軍隊可分爲兩類：王室軍團和方國軍團。王室軍團由「族（家族武裝）」
和「人（自由民階層）」構成，戰時還徵集「眾（奴隸）」以充當前驅兵。「族」
有「王族」和「子族」之分。「王族」是由王的本族所組成的軍隊；「子族」
則是族下更小的單位。「族」有「族尹」，當是「族」的統率者。方國軍團即
地方諸侯的軍隊。方國諸侯都有自己的「族」，與中央王室相同。商代的「師」
和「旅」當是常備軍，但在戰爭時期則需另外徵集兵員，甲骨文就稱爲「登
人」、「登眾」或「氏眾」、「雉眾」。這些臨時徵集的兵員要接受訓練，甲骨文
稱爲「教眾」。顯然，甲骨文的「眾」或「人」屬於非常備軍。王室軍團和方
國軍團的編制形式相同，都是分爲「師」、「旅」、「卒」、「兩」；而「師」又分
爲「左」、「中」、「右」三師。但是，各類編制的具體兵員人數在學術界還沒
有一致的看法。例如「師」，有主張「一萬」的；有主張「百人」的；有主張
「三千」的；有主張「無定數」的。筆者以爲，「三千」的說法恐怕比較接近
事實。至於兵種，王室軍團和方國軍團也大致一樣，都有步卒和戰車兵。有
學者根據考古的發現，認爲商代可能曾存在過騎兵，儘管數量不會太大。個
別學者的研究結果表明，商代人已經掌握了一定程度的軍事知識，排兵布陣
均有一定的法則，有所謂「軍行」，即隊列的兵員數量；有陣法，名之爲「立」、
「啓」。商代的軍官，至少有這麼一些：「師」、「史」。據研究，「師」通常執
掌軍事之職，出任軍事長官、禁衛隊長官或管理軍事器械，有時也充當傳達
王命的使節和王的司寇或司士，處理王室事務，甚至管理教育事務。「師」分
爲中央一級和地方一級兩類官員〔註60〕。

此外，商代官稱「臣」的研究也是洋洋大觀。雖然「臣」字甚古，作爲
職官名稱也有相當的歷史，但學者們現在傾向於把它視爲職官的泛稱，它所
反映的職位高低、具體職掌，則需分別視之。「小耤臣」、「小眾人臣」等是管
理王室農業、眾人等事務的官員，地位肯定不低，而某些臣則可以確定爲身
份低微者。中央王朝有「臣」，地方政府也有「臣」。總之，「臣」的身份、職

〔註60〕 參閱趙光賢〈殷代兵制述略〉，載《中華文史論叢》第 3 輯，上海古籍出版社，
1985 年 9 月。蕭楠〈試論卜辭中的師和旅〉，載《古文字研究》第 6 輯 123～
132 頁，中華書局，1981 年 11 月。

掌等方面所存在的問題已經不太多了〔註61〕。

　　儘管張亞初先生的研究可謂完備，還是有學者不斷地補充官制方面的新材料。例如甲骨文的「多萬」、「舞臣」、「多老」、「多食」等，也有學者認爲是官稱，「多萬」、「舞臣」可據《詩·商頌·那》「萬舞有弈」確定爲舞官（可能相當於後世的「伶人」）；「多老」、「多食」則可能是食官。他們當屬於內服的官員〔註62〕。

　　就目前的商代官制的研究狀況而言，距離編撰《周禮》那樣的著作的目標還有一段相當遙遠的路程。並非學者們不夠努力，而是因爲缺乏足夠的傳世文獻和出土文獻的有關資料。

二、冊封法

　　姑勿論殷商的社會形態，商代存在著封爵制度是不容置疑的。後世所推行的五等爵制中，「公」「侯」「伯」「子」「男」，至少有「侯」、「伯」、「子」、「男」四個等級的爵位見於甲骨文。「公」字也見於甲骨文，卻是用爲先祖、神祇的公，與爵稱無涉。「侯」，原來可能與負責防衛邊疆有關。「男」，原來可能與徭役和從事農業生產有關。此外，有學者根據甲骨文所載，認爲商代有異於後世的爵稱：「婦」、「衛」和「田（甸）」。「婦」指「王婦」，她們有封邑，甚至可能有軍隊。有學者亦承認「婦」是爵稱，卻主張讀之爲《尚書·酒誥》的「服」。近年有學者對「婦」做了詳盡的考察，發現「婦」衹是「一種稱號，是一種身份的標誌」。「婦」有等級上差異，既可以是王婦，也可以是臣婦。地位較高的「婦」可以主持祭祀，參與占卜活動，甚至處理政務，死後也可以接受祭祀。地位極高的「婦」可以領有食邑，例如婦好和婦妌〔註63〕。甲骨文中有「婦某」和「某婦」的稱謂。以前多數學者視之爲名異而實同，今天看來可能是不正確的。所

〔註61〕參閱胡澱咸〈釋眾臣〉，載《科學研究》（《安徽師院學報》哲社版）1957 年 1期；張永山〈殷契小臣辨證〉，載《甲骨文與殷商史》第 1 輯，上海古籍出版社，1983 年 3 月；韓峰〈商代臣的身份縷析〉，載《甲骨文與殷商史》第 1輯，上海古籍出版社，1983 年 3 月；汪寧生〈釋臣〉，載《考古》1979 年 3期；蕭良瓊〈「臣」、「宰」申議〉，載《甲骨文與殷商史》第 3 輯，上海古籍出版社，1991 年 3 月；鍾柏生〈卜辭職官之一——臣〉，載《中國文字》新20 期 79～134 頁，美國藝文印書館，1995 年 12 月。

〔註62〕宋鎮豪《夏商社會生活史》336 頁，中國社會科學出版社，1994 年 9 月。

〔註63〕參徐義華〈甲骨刻辭諸婦考〉，載宋鎮豪、蕭先進主編《殷商文明暨紀念三星堆遺址發現七十周年國際學術研討會論文集》289～326 頁，社會科學文獻出版社，2003 年 8 月。

謂「婦某」，「某」指該婦原本的國名或族名，即父家之族名；而「某婦」，「某」則指該婦所歸屬的夫君或氏族〔註64〕。可見，這些基本問題不解決，所謂爵稱云云不免讓人生疑。至於「衛」，論者以爲原來指負責護衛王室的近衛軍。而「田（甸）」，原來則可能與農耕有關，或以爲與田獵有關〔註65〕。這些專名後來逐漸演變爲爵稱。事實上，「田（甸）」和「子」在商代是否爲爵稱，學術界依然存有分歧。譬如「子」，有人認爲是「王子」；有人認爲是同一氏族而受封於各地者。近來有學者再度申論這個問題，認爲：有九大證據表明「子某」的「子」必定爲爵稱。證據一，卜辭有「子子」的內容，前一「子」用爲動詞，即授予子爵。證據二，卜辭有「爵子某」的記載。證據三，甲骨文有臣「子某」於某地的記載。證據四，甲骨文中的「子」有外出巡察的內容。證據五，卜辭中有「多子」，其性質相當於「多侯」、「多伯」。證據六，「子某」常常參與祭祀。證據七，卜辭見「子某」進貢的記載。證據八，「子某」的「某」均爲族名或方國名。證據九，「子某」和「侯某」、「伯某」的用法一致〔註66〕。如此看來，至少有部分的「子」是可以確定爲爵稱了。甲骨文中，「侯、伯」的爵稱前通常冠以族（人）名，作某侯某伯，但有時也作侯某伯某的；「子、婦」則通常在爵稱後系以人名，作子某婦某。

　　除了甲骨文中所見的爵稱可與傳世文獻所載相印證外，甲骨文中確乎能找到「侯」、「伯」享有封邑的證據。學者們指出，甲骨文的「方」、「封」、「邦」正是殷商時代封邑的名稱。「方」指方國；「封」和「邦」即疆域的標誌，大概古代本有封土植樹以劃分疆界的慣例，因此甲骨文的「封」字和「邦」字俱像植樹於隆起的土堆之上。甲骨文有所謂的「四封方」、「三封方」、「二封方」、「東封」、「南封方」，無疑都是「侯」、「伯」們被封的疆域。得到商王的

〔註64〕 陳絜〈關於商代婦名研究中的兩個問題〉，載王宇信、宋鎮豪、孟憲武主編《2004年安陽殷商文明學術研討會論文集》237～244頁，社會科學文獻出版社，2004年9月。

〔註65〕 徐中舒《徐中舒歷史論文選輯·論殷周的外服制——關於中國奴隸制和封建制分期的問題》，中華書局，1998年9月步雲按：近時王巍先生重新申論這個問題，認爲：「迄今在文獻和文字資料中……未見‘甸、男、衛’的爵稱例證。因此，商代是否已經實行了諸如《尚書·酒誥》記載的‘侯、甸、男、衛、邦伯’的外服等級制度，尚難以斷定。」參氏著〈商王朝與方國〉，載荆志淳、唐際根、高嶋謙一編《多維視域——商王朝與中國早期文明研究》246～254頁，科學出版社，2009年1月。

〔註66〕 李雪山〈卜辭「子某」之「子」爲爵稱説〉，載李雪山主編《董作賓與甲骨學研究續編》41～49頁，中國社會科學出版社，2007年12月。

恩準，「侯」、「伯」們 還可以在自己的封邑上建立京城，像《合集》6、《合集》33209、《合集》9473 等卜辭就記載了商王是否允許「侯」、「伯」們修建京邑的貞問。殷墟甲骨文還見「三封伯」（《合集》32287）的稱謂，西周前期（商帝乙帝辛時代）甲骨文則見「周方伯」（《西周 H11：84》）的稱謂，均是商代存在著冊封的鐵證。

　　見於甲骨文的「爵」到底有多少？各家統計不盡相同：「侯」，董作賓得24 位，胡厚宣得 29 位，陳夢家、島邦男得 25 位；「白（伯）」，董作賓得 12位，胡厚宣得 19 位，陳夢家得 26 位，島邦男得 40 位；「子」，董作賓得 23位，胡厚宣得 53 位，島邦男得 102 位；婦，胡厚宣得 62，島邦男得 83、至於「男」，有部分學者認爲無此爵稱。主要是因爲甲骨文中沒有發現明確署有「男」爲爵稱的例子。前些年有學者重提這一問題，列舉了包括銅器銘文、典籍在內的材料，以證明甲骨文中某些卜辭中的「男」爲爵稱，從而堅持商代「有男爵說」〔註67〕。

　　之所以有這麼大的出入，一方面固然是囿於學者個人所接觸的材料的多寡，另一方面則緣於各家的取捨。

　　冊封，甲骨文寫作「雀」或「爵」，例如「爵了畢」；也可以稱「封」，例如《屯南》2409 的「在龐田封」；或「冊」，例如《合集》36528 的「冊皷方」。與周祇稱爲「冊」明顯不同。

　　商代既有冊封制度，理所當然存在冊命儀禮，甲骨文中屢見「冊祝」（《合集》30684、《合集》32285）、「祝其冊」（《合集》32329）、「奏冊」（《合集》20389）等，可知冊命常和祭祀活動聯繫在一起。冊命可以在京畿或封邑所在地鄭重其事地舉行，甲骨文常見「冊於（京畿）」、「冊於（某地）」的記錄；也可以臨時、隨地、隨意地舉行，例如《合集》24248 所記就是在軍旅之中舉行的一次冊封。當然，隨意舉行的冊封可能祇限於非常時期之內。冊命除了賜予爵位和封邑外，有時還額外賞賜牲牢祭品，例如「冊馬」（《合集》11029）、「冊牢」（《合集》15323），等。

　　冊封，實際上是殷王朝爲抵禦外寇以及開拓疆土而實施的藩籬政策。受封者，或是同姓族人，或是關係密切的異姓姻親，或是有功於王朝的方國諸侯。

　　爵位可以繼承。甲骨文中，常見受封者異代同名、人名與地名、方國名

〔註67〕參楊昇南〈甲骨文中的「男」爲爵稱說〉，載王宇信、宋鎮豪主編《紀念甲骨
　　　　文發現一百周年國際學術研討會論文集》433～438 頁，社會科學文獻出版社，
　　　　2003 年 3 月。

相同的例子。足以證明爵位的可繼承性。

　　然而，也有學者否定冊封制的存在。段渝先生認為，「殷代的外服制是在殷王朝的領土擴張中形成的」，「絕不是分封制的產物」。換言之，殷代無所謂「冊封」〔註 68〕。段先生的論點也許源自徐中舒先生的一段論述：殷人四服（侯、甸、男、衛）首領由部族長和氏族長擔任。而周王室則對諸侯授土授民。換言之，商的諸侯是非分封的，而周的諸侯則是分封的〔註 69〕。段先生的觀點也許不無可商之處。無疑，殷代的外服系統中確實存在著相當一部分原來已經擁有土地、人民的異姓方國，但這絲毫不能證明殷王也冊封自己的同姓宗親為方伯呀！恰恰相反，我們可以輕而易舉地在出土文獻中找到方國中與商同姓的諸侯的例子，正如許多學者所證明的那樣，他們當屬於「多子族」或「多父」的後裔。這裏還有另外一種情況，即：那些異姓的姻親也可以接受商王室的冊封。而且，即便是原來已經擁有土地、人民的方國，也得接受商的冊封，以確立其方國的地位：是侯，還是伯，諸如此類；而不是像段先生所說的那樣：對外服君長的「冊」，祇是「告命和記錄在冊」的意思。這就是為什麼方國諸侯或封邑中有異姓爵稱的原因。其實，即使確認商代存在著「冊封」這麼種制度，也並不能說明商代是奴隸制還是封建制。因為，商代的冊封制與周乃至後世的冊封制有多少相同之處還有待於研究，「冊封」跟「分封」有何異同還有待考察。何況，一個社會形態的確定，並不僅僅取決於某種禮制的有無。我們實在不必把冊封制度與社會形態混為一談。

　　總之，商代存在著冊封制度是可能的，祇不過它呈現出紛繁的形態而已〔註 70〕。

〔註 68〕段渝〈論殷代外服制與西周分封制〉，載《徐中舒先生百年誕辰紀念文集》252～259 頁，巴蜀書社，1998 年 10 月。

〔註 69〕徐中舒《徐中舒歷史論文選輯・論殷周的外服制——關於中國奴隸制和封建制分期的問題》，中華書局，1998 年 9 月。

〔註 70〕本小節內容請參閱：沈建華〈商代冊封制度初探〉，載《第二屆國際中國古文字學研討會論文集》173～192 頁，香港中文大學中國語言及文學系，1993 年 10 月。

第四章　婚姻禮儀概覽

第一節　趨於完善的婚儀

一、婚姻形態的演進

　　在探討商代婚儀之前，我們有必要花些筆墨描述一下人類的婚姻形態，尤其是古代中國的婚姻形態的演進過程。因爲不可避免地，商代社會也經歷過不同階段的婚姻形態，這一點，在中國古代的文獻中，在商代晚期的甲骨文中恰恰得到了證明。

　　談及古代中國社會的婚姻形態，我們不能不提成書於上世紀三十年代的《中國婚姻史》一書〔註1〕。該書充分利用中國古代典籍、民俗調查以及出土文獻等材料，對婚姻的名實、婚姻與禮制、婚姻與法制、群婚、 ·大多妻、一妻多夫、掠奪婚、買賣婚、交換婚、贈婚與賜婚、婚姻禮儀等方面做了深入的考證和論述。時至今天，《中國婚姻史》仍有很高的參考價值。本小節的內容多出自此書。

　　大量的古文獻、考古以及民俗材料證明了史前人類社會尙處於蒙昧狀態。無所謂婚姻，無所謂夫妻，無所謂家庭，男女之間衹存在雜亂的性結合關係。「雜亂」的含義是指性交關係的建立可以不受任何約束。父母輩的父女、母子，同輩的兄妹、姐弟，甚至祖孫輩都可以任意發生性行爲。

　　雜亂性交時期相當漫長，隨著原始經濟的發展和社會的進步，人類社會

〔註 1〕陳顧遠著，上海文藝出版社，1987 年 12 月據商務印書館 1937 年第 5 版影印。

進入了「血緣婚配時期」。這個階段，男女在勞動過程中形成某些按年齡大小或體質強弱而劃分的組合。因生理條件的懸殊以及由此而導致的性心理的變化，促使原先存在於祖孫輩、父母輩之間的性交關係徹底瓦解。同一群體中兄弟姐妹或從兄弟姐妹之間的兩性結合的社會規範逐逐漸形成。社會於是進入「內婚階段」，即氏族內部的兩性結合。中國的神話傳說屢見這種內容的描述。例如《後漢書·南蠻傳》載：「盤瓠六男六女，自相夫婦，其後滋蔓，號曰蠻夷。」又如作爲兄妹的伏羲和女媧結合的故事，不僅載入《獨異志》等古籍，還訴諸畫圖〔註2〕。內容相似的故事還見於《搜神記》（卷十四）等志怪小說以及某些少數民族傳說〔註3〕。

隨著人類社會活動範圍的擴大，「血緣婚配」逐漸走向衰落。取而代之的是「非血緣婚配」，即「外婚制」。「非血緣婚配制」的產生乃至確立可能源自不同血緣家族之間男女性行爲的出現。中國許多神話傳說從一個側面證明了上古非血緣男女交媾事實的存在。特別有意思的是商周兩族先祖的誕生故事，商族的祖先契的誕生是其母吞下玄鳥蛋的結果〔註4〕；周族的祖先棄的誕生則是其母踐踏了巨人的腳印的結果〔註5〕。初期，不同血緣之間的男女性行爲恐怕不符合當時的道德規範，所以這些非婚生子女的誕生被描述成神蹟，即便是本民族的先祖也不例外。正確的理解應是：商族的女子和以玄鳥（燕子）爲圖騰的男子結合而生下了契；周族的女子和巨人族的男子結合而生下了棄。這些現象的出現預示著「血緣婚配」道德規範的崩潰。因爲，非血緣男女結合所造成的優生現象——超人的體質和智力——最終引起了人們的高度重視。如契德才過人，棄則強壯得像巨人。這種優生現象的認識，後來更進一步發展成「同姓通婚，其生不蕃」〔註6〕。於是「非血緣婚配制」終告確立。

「非血緣婚配制」經歷過兩個階段：

1、母系血緣集團時期

中國人的姓氏很能說明母系血緣集團的存在。例如：夏的姓氏爲「姒」；

〔註2〕 參看黃文弼《吐魯番考古記》圖版61，科學出版社，1954年4月；重慶市博物館、合川縣文化館：〈合川東漢畫像石墓〉，《文物》1977年2期67頁圖15；徐州博物館：〈論徐州漢畫像石〉，《文物》1980年2期53頁圖9。
〔註3〕 吳存誥《中國婚俗》221頁，山東人民出版社，1986年3月。
〔註4〕 見《詩·商頌·玄鳥》、《史記·殷本紀》。
〔註5〕 見《詩·大雅·生民》、《史記·周本紀》。
〔註6〕 《左傳·僖公二十三年》載。

周的姓氏爲「姜」；秦的姓氏爲「嬴」；甚至姓氏的「姓」，都是以「女」作形旁的。所謂的「袛知有其母，不知有其父」，在一定程度上反映了母系血緣社會的實質。

母系血緣集團的婚配有多種形式：（1）「野合」。不同氏族的男女在氏族領地外短暫同居的形式。例如某些少數民族曾有過的「放寮」就類似「野合」的形式。（2）走訪婚。一氏族的男子到另一氏族的女子處過夜的形式。通常是暮合朝離。一個男子可以有多個性伴侶，女子亦然。例如雲南的納西族至今仍保留這種婚制。（3）對偶婚。一氏族的男子與另一氏族的女子保持相對穩定的、一對一的性伴侶關係的形式。該男子在女子氏族內生活、從事生產，但沒有獨立的經濟權力。婚姻關係不穩固。死後得歸葬本氏族。

2、父系氏族社會

隨著生產力的提高，社會財富的積累以及私有制現象日益加劇，使父系氏族社會得以建立。男子自身的生理素質，決定了他在生產中、在維護氏族免受外族欺淩方面起著越來越大的作用，決定了他可以佔有更多的氏族財富，決定了他最終成爲氏族社會的主宰。爲了保證他的財富傳諸嫡親子女，促使男子出於維護父系血統純潔的目的而下決心破壞原有的婚姻關係。而以男子爲中心的婚姻關係就是最理想的婚姻形式。

父系制婚姻包括一夫一妻制和一夫多妻制兩種形式。此外，人類學家認爲還存在一種兄弟共一妻或姐妹共一夫的「普那路亞」（Punalua）婚制。例如，《史記‧五帝本紀》所載：「堯乃以二女妻舜。」就是典型的「普那路亞」。據調查，藏族尚存在人類學家稱之爲「夫兄弟婚（fraternal polyandry）」的婚姻形態，即兩個（或以上）兄弟共同擁有一個妻子的婚姻形態〔註7〕。與「夫兄弟婚（fraternal polyandry）」類似的另一種婚制是「非兄弟共妻（non-fraternal polyandry）」婚姻形態，又稱爲「那兒式」，得名於印度東南部馬拉馬地方的那兒人婚俗。即妻子輪流與沒有血緣關係的各個丈夫共同生活。解放以前我國東北地區的「拉幫套」就屬於這種婚制。過去，此婚俗在希臘人、科耳特人、閃米特人以及印度下層種姓中流行〔註8〕。

〔註 7〕 承蒙中山大學人類學系何國強博士賜告並慨允先行引用所著《論西藏眞曲河谷的限制性夫兄弟婚》（待刊）一文中的內容，謹此致謝。

〔註 8〕 參看王海龍《人類學入門——文化學理論的深層結構》167 頁，廣西教育出版社，1989 年 12 月。

簡言之，人類的婚姻形態大致經歷了血緣婚配、母系氏族的非血緣婚配以及父系氏族的非血緣婚配三個階段。

二、商代的婚姻形態

據典籍所載，商人的高祖契開始實施「夫婦有別」的教化，《孟子·滕文公上》云：「聖人有憂之，使契爲司徒，教以人倫：父子有親，君臣有義，夫婦有別，長幼有序，明友有信。」這很可能是儒家學派的杜撰之辭，卻不免讓我們約略瞭解到史前婚姻的蒙昧狀態。

毋庸置疑，商代已經進入了父系氏族的非血緣婚配階段。典籍和甲骨文的有關記載充分證明了這一點。

首先，這是一個男權至上的社會。一些涉及生育的卜辭明顯表現出男尊女卑的傾向。例如貞問是否生女，生女則不嘉。同時，商王世系圖表明，女性不能問津王位的繼承。

其次，典籍和甲骨文中俱有商人和外族通婚的記載。《史記·殷本紀》載湯娶有莘氏之女；又載九侯（有些典籍作「鬼侯」）以好女入獻於紂。甲骨文則有周、吳、執、鄭等方國諸侯致女於商（王）的記錄。

商代的非血緣婚配制度實行之初，可能以一夫一妻形式爲主導。甲骨文說得很清楚，冥以下的先公先王，大體上是一夫一妻：冥和河妾，王亥和王亥妾，上甲和妣甲，報乙、報丙、報丁和三報母，示壬和妣庚，示癸和妣甲，大乙和妣丙，大丁和妣戊，大甲和妣辛。因爲所有這些推測都源自卜辭的記錄，所以不排除祀典祇追孝嫡系諸妣而忽略庶系諸妣的可能性。但是，考古發掘的發現表明，商代確實推行過一夫一妻制。河北藁城臺西商代中期遺址、山西靈石縣旌介晚商遺址、河南安陽殷墟墓地均發現爲數不少的一男一女合葬墓，或一男一女異穴並葬墓。

儘管一夫一妻形式的非血緣婚配制度佔主導地位，事實上商代同時（或在晚期）存在著一夫多妻形式的婚姻。換言之，即使商代推行一夫一妻制，貴族們，尤其是商王們也會在此制度下過著多妻的生活。當然，除了法定的妻子外，其他的性伴侶均可視爲非法，故此，一夫一妻爲名，一夫多妻爲實。我們先來看看甲骨文的例證。祭祀卜辭中有所謂的「多妣」，即指和商王一起受祀的多個配偶。例如：中丁有妣己、妣癸，祖乙有妣己、妣庚，祖辛有妣甲、妣庚，祖丁有妣己、妣庚，武丁有妣戊、妣辛、妣癸。這祇是祀譜上反

映出來的狀況。實際上諸王擁有的妻妾遠遠不止此數。如祖辛還有妣壬，祖丁還有妣甲、妣辛、妣癸。據統計，武丁的配偶竟達六十四人之多〔註9〕。甲骨文還有「多婦」之稱，那是商王、商王諸兄弟以及「多子」的妻妾的生稱。再來看看典籍的記載。《帝王世紀》稱「帝乙有兩妃」。然後看看考古發掘的材料。山西靈石縣旌介商代墓地的一號墓是一男二女的合葬墓。種種跡象皆表明商代一夫多妻制的存在。可以肯定的是，多妻制祇適用於顯貴者，一般庶民限於經濟狀況，就祇能奉行一夫一妻制了。《韓非子・內儲說下》講述的一個故事很能說明這個問題。衛國有一對夫妻禱告，希望得到一百來束布。丈夫責怪妻子求的太少。妻子說，倘若布多了，你就會用來買小妾了。可見，庶民並非無多妻之心，而是無多妻之物質基礎罷了。

　　雖然商代實行非血緣婚配制度，但是，某些原始的婚姻形態仍存在著。在祭祀譜上表現出來就是廟號的不同（參閱第五章第一節）。商王的廟號沒有雷同的，而商王配偶的廟號卻多有重複。我疑心，這種現象一方面說明了婦女的地位低下，另一方面則表明商代可能存在雜亂的性交關係，即兄弟、父子、甚至祖孫共妻的現象。也就是說：某一妣，可能既屬於甲王，也屬於乙王。有學者考證商氏族存在過兄弟共妻的現象：商的先公王亥娶有易氏之女，王亥被殺，王亥妻逃跑了，後來成了王亥之弟王恒的妻子〔註10〕。冥婚所展示的事實也證明了這一點（詳下文）。對這種現象，顧頡剛先生解釋說：從父系氏族社會到奴隸社會，婦女都是氏族或宗族裏的一筆財產，在生產不發達的社會裏，氏族或宗族要守住一筆財產是不容易的，所以從別的氏族嫁來的女子不可任她流失，其夫死了，弟兄可以娶她，子侄輩可以娶她，甚至孫輩也可娶她，這是團結同族的一個方法〔註11〕。也許兄弟、父子、祖孫共妻並不是原配丈夫死後才有的現象，否則，古籍說的「眩（『胘』字之誤，同『亥』）弟共淫」豈非無根之談？這個問題很值得我們思考。如果那些廟號相同的「妣」真的為不同的「王」所共有，那麼，有些結論也許就得改寫，例如「周祭」。

　　此外，商的前期，也許曾經並行多夫多妻制。這在祭祀卜辭的稱謂中是有跡可尋的。例如，武丁對陽甲、盤庚、小辛、小乙均以「父」稱之。於是，

〔註 9〕胡厚宣〈殷代婚姻家庭宗法生育制度考〉，載《甲骨學商史論叢》初集 1 冊，成都齊魯大學《國學研究所專刊》之一，1944 年 3 月。
〔註10〕聞一多《天問疏證》，生活・讀書・新知三聯書店，1980 年 12 月。
〔註11〕顧頡剛〈由「烝」、「報」等婚姻方式看社會制度的變遷（上）〉，載《文史》14 輯 29 頁，中華書局，1982 年。

有學者推測：稱呼生父以外的男性兄弟爲「父」，或許是對偶婚時期女性過著多夫生活的現象在稱謂中的反映〔註12〕。這可備一說。

　　總之，商代的婚姻狀況相當複雜。可能既有一夫一妻式，又有一夫多妻式、一妻多夫式、多夫多妻式。這些婚姻方式在當時是並行不悖的。反映了商代社會還殘留著蒙昧時期某些婚姻習俗。

　　儘管學術界大多數的學者主張商代推行非血緣婚配制度，但是，卻有個別學者主張商代推行血緣婚配制度。

　　丁山先生很早就提出此說。他推測，殷商王朝可能和古埃及、古希臘一樣，也實行族內婚制〔註13〕。不過，丁先生沒有詳細論證，祇能算是個假說。

　　後來，張光直先生在研究商王廟號的時候，認爲丁先生的假說可以成立。重要的證據就是，祖妣廟號上反映出來的奇特的現象。如前所述，商代王位的繼承是兩大支派之間的輪換制（參閱第三章第一節之二）。而在世系中有地位的，也就是在位的王的親子，卻必有一以甲乙或丁爲廟號的配偶，與他本人所屬異組。那麼祇有這種可能：丁組之親子娶甲乙組之女，或甲乙組之親子娶丁組之女。但此子卻不能及位爲王，其本人及其配偶也不能出現在祀典中，這就是爲什麼祀典中沒有以乙和丁爲廟號的先妣的原因。因此，商王世系中的「父子」，全不是親的父子；子，在實際的血緣關係上，應是甥，也就是姊妹之子。換言之，商王世系中祇有親祖孫的關係，而無親父子的關係。舉例說，下代名丁的王可能是上代名丁的王的親孫，卻不是上代名甲或乙的王的親子。

　　這眞是一個驚人大發現！也許現在我們還不能同意張先生的看法，但也不能不承認張先生給我們拓展了一個想像的空間。

　　丁驌先生的看法與張光直先生的看法頗有一致的地方。丁先生也是根據商人廟號這一特定稱謂做出他的判斷的。他把十個天干分爲兩系：王系和妣系。王系的天干分成兩組：甲、壬和乙、丁；妣系的天干爲癸、辛、己、丙、庚、戊……。兩系的婚配存在這麼一個規律：屬於王系干名的王，其配偶的干名一定屬於妣系；屬於妣系干名的王，其配偶的干名一定屬於王系。舉例說：王名「甲」，他的配偶一定名「癸」等；王名「癸」，他的配偶一定名「甲」等。這種婚制，丁先生稱之曰：「系外婚制」〔註14〕。

〔註12〕郭寶鈞《中國青銅器時代》194 頁，生活・讀書・新知三聯書店，1963 年 7 月。

〔註13〕丁山《甲骨文所見氏族及其制度》56 頁，科學出版社，1956 年 9 月。

〔註14〕丁驌〈商殷王室之婚姻制度〉，載《殷都學刊》1989 年 3 期。

三、商代婚儀探微〔註15〕

甲骨文中，沒有我們今天非常熟悉的「婚」、「姻」、「娶」、「嫁」等婚姻用字。不過，用以表達「嫁」「娶」等概念，甲骨文另有其字：「取」，即「娶」之本字；「氏（氐）」，用如「致」，相當於「嫁」。

非常可能地，商王朝也像其他許多民族一樣保留了濃厚的原始社會的殘餘，曾經有過同姓婚配的風俗。但是，商代似乎更流行族外婚，於是就有著複雜的婚姻禮儀。婚姻禮儀的存在，實際上標誌著宗族與外姻的親屬關係的重要性。

據傳世文獻的記載，先秦的婚姻禮儀已臻於完善。《禮記・昏義》和《儀禮・士昏禮》有著詳盡的描述。以《禮記・昏義》為例。結婚前須履行如下程序：納彩、問名、納吉、納徵、請期。完婚當日，男方須設宴席於宗廟之內，夫婿則在門外親自迎候；與女子行拜親禮前，夫婿得先執雁登堂致奠；女子到來時，夫婿親自為女子駕車片刻，然後挈婦而入，共享太牢，飲合卺酒。至此，婚儀算是完成了。

這大概是春秋、戰國時期的婚儀。

雖然傳世文獻並無殷商時代婚儀的記錄，但是，甲骨文所透露出來的婚儀信息卻與後世典籍所載暗合。充分證明了朝代之間的禮制有所不同祇是體現在「數」的方面而非「質」的方面。典籍所述的婚儀包括四個方面：1、「娉」，議婚。即上面提到的「納彩」和「問名」2、「內」，訂婚。即上面提到的「納吉」、「納徵」和「請期」。3、「送」，迎親。4、「逆」，結婚。這兩項即上面提到的結婚日內完成的儀式。甲骨文所見的婚儀也有這四個環節，祇是名稱不同而已。「娉」，甲骨文作「取」。甲骨文中常見使人到某地議婚的卜問，可知那時已有類似於「媒人」的專職人員。「內」，甲骨文作「聽」，意義相當於「同意訂親」。「聽」是必須隆而重之的環節，所以通常要「告祭祖先」，然後還要「卜選吉期」。「送」，甲骨文作「往（嫁女）」或「至（娶女）」。「往」或「至」的日子，都由商王室占卜選定。這表明商王朝享有宗主國至高無上的地位。「逆」，甲骨文作「佚」，即「媵（嫁女）」；或「戌（即『肇』之本字。娶婦）」和「逆（娶婦）」。「戌」和「逆」，商王朝通常是遣使者前去迎接，而不是夫婿親自迎接；「佚」則相反，方國諸侯必須由夫婿親自迎候商婦。當然，商夫婿

〔註15〕本小節內容請參閱宋鎮豪《夏商社會生活史》第三章，中國社會科學出版社，1994 年 9 月。

儘管不親自迎候新娘，但在婚禮上卻還是得遵循男方走在女方之前的先導形式。此外，甲骨文還記有「見女」的儀式。「見」可能就是「覲」。那是指男女新婚後夫族長輩面見新婦的禮儀。

除了和平的婚娶禮儀，較野蠻的「搶婚」恐怕也是商代合法的婚儀之一。甲骨文的「妻」就是一隻手揪住女子頭髮的象形字〔註16〕。儼然是一幅採取暴力手段搶奪婦女的畫圖。陳顧遠先生稱之爲「掠奪婚」。他引《說文解字》「禮，娶婦以昏時，故曰婚。」及《禮記·曾子問》「嫁女之家三夜不息燭，思相離也；取婦之家三日不舉樂，思嗣親也。」爲證，推測說：「當係古代劫掠婦女，必備取婦家不備，而以昏時爲便。」〔註17〕典籍和民俗可爲陳先生的推論提供佐證。《易》屯卦六二描述道：路上有夥人乘馬盤桓，他們不是攔路搶劫的強盜，而是搶親的隊伍。今天雲南德宏地區的傣族、個別地區的佤族仍有搶親的風俗〔註18〕。當然，商人們的搶親可不像後世那樣祇是一場鬧劇，倒可能眞刀實槍地劫奪婦女，類似西方始於十五、六世紀的販奴活動。學者認爲甲骨文的「娶妾」就是商王室劫奪婦女的行爲。當然這裏有個對卜辭辭義的理解問題，不一定是正詁，據以立論未必準確；但是，商代存在搶婚這麼種婚俗倒是可以徵諸典籍的。《國語·晉語》載：「昔夏桀伐有施，有施人以妹喜女焉，……殷辛伐有蘇，有蘇人以妲己女焉。」商以後還有類似的事件發生。如《國語·晉語》：周幽王伐有褒而娶褒姒；又《左傳·莊公廿八年》：晉獻公伐驪戎而娶驪姬。國外也有同樣的情形。希臘神話中，持續十年之久的特洛伊戰爭就是因爭奪美女海倫而引起的。這是暴力通婚的鐵證。

傳世典籍告訴我們，婚禮中有「媵」這麼種制度，例如《左傳·成公八年》云：「凡諸侯嫁女，同姓媵。」所謂「媵」，相當於後世的陪嫁。例如：伊尹就是嫁到商族去的有莘國氏婦女的媵臣。考古發掘也證明了這一點：春秋戰國期間的銅器中有許多「媵器」：鼎、盤、簋、盆等等。可見不但器具可作「媵器」，人也可以作「媵器」。伊尹的故事不僅僅證明「媵」的制度的存在，而且透露出「媵」的存在是很久遠的事情了。奇怪的是，甲骨文竟然找不到「媵」的半點蹤影。這是爲什麼呢？實在值得研究〔註19〕。

〔註16〕陳煒湛《古文字趣談·搶來的老婆》43～48頁，花城出版社，1985年1月。

〔註17〕陳顧遠《中國婚姻史》79頁，上海文藝出版社，1987年12月據商務印書館1937年第5版影印。

〔註18〕吳存浩《中國婚俗》176頁、207頁，山東人民出版社，1986年3月。

〔註19〕鄭慧生有〈商代的媵臣制度〉一文，載《殷都學刊》1991年4期。殆談及「媵」

第二節　妻妾系統的奧秘

　　最早利用甲骨文探討商代婚姻制度的學者當推胡厚宣先生。他的名篇：〈殷代婚姻家族宗法生育制度考〉〔註20〕，直到現在還是研究商代婚姻等制度者的必讀著作。胡先生從卜辭所記的武丁多婦材料論證商代實行一夫一妻制及變相的一夫多妻制。

　　上面已經提及，無論是傳世典籍、甲骨文還是考古發掘資料，都證明了商代已進入一夫一妻制時代〔註21〕。不過，這可能祇是貴族間的婚姻狀況。因爲從考古發現看，半數以上的墓葬不是「夫妻同穴」。這說明了當時相當一部分的氏族平民並沒有專門配偶，也就意味著無個體婚姻家庭的組合。而至遲在商中期，一夫多妻制就出現了。這個時期，一夫多妻制和一夫一妻制可能是並行不悖的。一夫多妻制的存在，昭示了妻妾系統的存在，宣告嫡庶尊卑宗法的確立。「一夫多妻制」產生的原因出於「重國廣嗣」的繼統要求和「廣嗣重祖」的宗教要求。所謂的「重國廣嗣」有兩方面的意義，社會學上的意義是指家天下得以永存，生物學上的意義則是指人口的繁衍。所謂的「廣嗣重祖」，是指宗教意義上的「上以事宗廟，下以繼後世」。

　　商貴族可以擁有多少妻妾，或許沒有具體規定。甲骨文通常泛稱「多女」或「多婦」。不像後世的帝皇，有所謂的「六宮」、「九嬪」、「二十七世婦」、「八十一御妻」。一般說來，普通貴族妻妾的多寡，實際上關係到其家族或整個氏族的興衰存亡。而商王妻妾的多否，更是國力盛衰的象徵。娶妻越多的商王，國力也就最強盛。武丁妻妾最多，根據甲骨文的統計，約有六十多人。他在位之時也正是商王國國力最強盛的時候。上面已經談到過甲骨文的「妻」字，它本來祇是婚俗在文字中的再現，沒想到在一夫多妻制的時代竟成了「嫡」、「尊」的代名詞。甲骨文也有「妾」字，本來是女子的象形字，在一夫多妻制的時代，便繼續扮演她「庶」且「卑」的角色。當然，在甲骨文中，並沒有實際的文例可以確定「妻」、「妾」的貴賤尊卑。然而，「妾」通常被定性爲奴隸。譬如王承祒先生就是這樣認爲的。他在上世紀五十年代寫過一篇文章，證明了「妾」奴隸的身份。其中最爲有力的證據就是，在祭祀儀式上，「妾」

　　的問題。筆者未見。

〔註20〕載《甲骨學商史論叢》初集第 1 冊，成都齊魯大學《國學研究所專刊》之一，1944 年 3 月。

〔註21〕詳參孟憲武《安陽殷墟考古研究・試析殷墟墓地「異穴並葬」墓的性質——附論殷商社會婚姻形態》51～58 頁，中州古籍出版社，2003 年 10 月。

如同犧牲般地被屠殺。可是，由於甲骨文也提到「示癸妾」、「示壬妾」、「王亥妾」等，王先生祇能坦承「妾」並非全然是奴隸身份〔註22〕。持這種觀點的學者很多，其中包括鼎鼎大名的郭沫若先生、姚孝遂先生等，以致一些通史也採此說〔註23〕。直到上世紀九十年代，羅建中先生纔提出與眾不同的見解。羅先生通過考察甲骨文的文例，分析甲骨文「妻（被揪住頭髮的女子的形象）」、「妾（頭冠首飾的女子的形象）」二字的字形，認爲，「妾」決不是什麼俘虜和罪奴，決不是什麼「牀上奴隸」，而是地位比「妻」還要高的貴婦〔註24〕。也許羅先生的意見是對的。確實，某些祭祀卜辭中的「妾」與「牢」、「羊」等犧牲無異，但不能證明「妾」就是俘虜，就是性奴。因爲，考古發掘證明，殉葬者中確有相當地位的嬪妃。她們沒有身首異處，沒有慘遭酷刑。她們的死與奴隸的死有本質上的區別（參看第五章第四節之二）。當然，不排除女奴隸充當性奴的可能性，但「她」不一定是「妾」。

也許，像後世一樣，甲骨文使用類似「后」、「妃」的稱謂以區別嫡庶尊卑。商王的妻妾，甲骨文或稱爲「婦某」，例如「婦好」、「婦妌」等；或稱爲「某婦」，例如「才婦」、「先婦」等；或在「婦」前冠上「后」字，例如「后婦好」；或徑稱「后某」、「某后」，例如「后庚」、「后辛」、「爵后」、「豕后」等。商王妻妾群中，既稱「婦」又可稱「后」者身份大概較爲正式，應屬於王妃之類，可能相當於「六宮」、「九嬪」之類；僅稱「婦」者則地位稍次，可能相當於「世婦」之類。與婦相當的是「妾」，通常稱爲「某妾」或「某妾某」，例如「河妾」、「子商妾孟」。妻的身份恐怕也相去不遠，證據是「河妾」，又稱爲「河妻」。儘管我們還不能斷定兩者名異實同，但彼此存在著某些共同點卻是可以推想的。

多妻制的存在自然產生了嫡庶的區分，進而有了宗法的禮制。宗法包括父系、族外婚和傳長子三個內涵。

除了正常婚姻制度下的男女結合外，商代社會明顯地存在非婚的男女結合現象。商人通過對外戰爭或諸侯的進貢所獲得的女性奴隸相當一部分可能

〔註22〕 王承祚〈試論殷代「奚」、「妾」、「反」的社會身份〉，載《北京大學學報》1955年1期。

〔註23〕 例如孫淼的《夏商史稿》，文物出版社，1987年12月；又如《中國古代史參考圖錄》，上海教育出版社，1989年4月。

〔註24〕 羅建中〈試論「妾」在商代的社會地位：兼與孫淼先生商榷〉，載《貴州師範大學學報》1993年3期。

充當了性奴的角色〔註25〕。通常，性奴祇是商貴族發洩獸欲的工具，在商族內沒任何的地位可言，甚至動輒殺掉，成爲祭祀、殉葬的犧牲。當然也有例外。如果性奴誕下男性龍種，性奴可能陞格爲妻妾。

　　「一夫多妻制」還是政治聯姻的方式之一。商王、商王兄弟以及「多子」的妻妾群中，當有來自盟國的女子。同樣，商本族的女子也下嫁盟國諸公侯。

　　我們已經說過，商代主要實行父系非血緣的婚配制度。但是，與外族的通婚並不僅僅出於本族人口繁衍的目的，而是帶有一定的政治色彩。這意味著與哪個氏族聯姻不與哪個氏族聯姻並不是隨意的。在甲骨文中，恒見商王娶他族婦女爲妻妾的記載，例如，「取干女……」（《合集》21457）「取父女。」（《合集》2287）「……取汏妾。」（《合集》657）「……取婦尹於侖。」（《續》5・22・2）「取信女……」（《合集》676反）。引文中的「干」、「父」、「汏」、「侖」、「信」均是方國或氏族的名稱。有些文例儘管沒有明言「取」，但據王婦的姓氏也可知其來自其它方國無疑。例如：「婦妌」，當來自「井方」；「婦龍」，當來自「龍方」。這些方國氏族多是商的友邦。例如「干」，其國君曾出任商王朝的武官「戍」。甲骨文的「戍干」指的就是他〔註26〕。而那些長期與商交惡的方國，商是不會也不屑與其通婚的（當然，掠奪婚又當別論！）。例如甲骨文中經常出現的「人方」、「舌方」和「羌方」，是商動輒興兵討伐的敵國，我們就找不到彼此結親的文例。當然，某些敵對的方國，或出於臣服的目的，或出於政治義務的目的，會向商王主動奉上女子，以穩定雙方的政治關係。本章第一節提及的九（或作鬼）侯向紂致送好女就是見諸文獻的典型例子。又如甲骨文中所見的「周方國」，曾三番四次遭受商的打擊，於是便有致女於商的例子：「……周氏嫀。」（《合集》1086）

　　商王可以取異族女子爲妻妾，其子嗣及臣屬也不例外。當是「贈婚」的濫觴，即把其所能支配的女子贈與某人爲配。「己卯卜，扶，三子取？」（《京人》3088）這是卜問爲子輩娶妻事；「己卯卜，王貞：雀受嬺？」（《合集》4156）這是卜問爲要臣娶妻事。徵諸後世典籍，屢見其例。如《左傳・僖公廿五年》記：重耳流亡至狄，適逢狄人伐廧咎如，獲其二女，納諸重耳，重耳自取季隗，以叔隗轉贈趙衰。

〔註25〕　姚孝遂〈商代的俘虜〉，載《古文字研究》第1輯384頁，中華書局，1979年8月。

〔註26〕　宋鎮豪〈殷墟武官大墓的年代和性質〉，載《文博》1988年1期；又〈商周干國考〉，載《東南文化》1993年5期。

與此同時，商王朝也把本族女子推向外族。當屬「賜婚」之始。中央王朝或出於褒賞的目的，或出於籠絡的政治目的，或出於懷柔政策的目的，或出於緩和彼此關係的目的，會把本族的女子賜給方國酋長和諸侯。據顧頡剛、高亨兩先生考證，《易》泰卦所云「帝乙歸妹，以祉元吉。」以及《詩·大雅·大明》所載「大邦有子，俔天之妹，文王厥祥，親迎於渭」說的是紂王嫁妹於周的史實〔註27〕。「賜婚」明顯帶有濃厚的政治色彩。

第三節　冥婚的啓示

所謂「冥婚」，就是民俗所謂的「嫁死人」（或稱「結鬼親」），是一種爲死者擇偶、嫁娶的活動。

先秦的典籍已有「冥婚」的記載。《周禮·媒氏》云：「禁遷葬與嫁殤者。」這是「冥婚」書諸竹帛的最早證據。

商代似乎已經有「冥婚」之類的禮儀，實在是後世「結鬼親」之原始形式。

甲骨文中有兩條很有趣的卜辭，記錄了貴爲武丁寵妃的婦好擇夫的占問：是嫁給湯，還是嫁給大甲呢？是嫁給祖乙，還是嫁給小乙呢？（《合集》2636，《庫》1020）特別有意思的是，卜辭分別使用了主動語態和被動語態兩種句式貞問，待嫁的婦好或作賓語，或作主語〔註28〕。好像透露出這樣的信息：婦好或者主動獻身，或者被迫就範。

宋鎮豪先生認爲卜辭在婦好死後所作〔註29〕。筆者倒以爲應在婦好病重時所作。因爲卜辭用的是將來時態，而並非現在時態，所以武丁非常關心自己的愛妃會不會眞的要做「冥婦」，也即一命嗚呼。

無論如何，這一點兒不影響我們探討商代「冥婚」之存在。

這兩條卜辭至少給我們兩點啓示：1、「冥婦」祇能在族內擇偶，而不能外嫁。這似乎是氏族內通婚的孑遺。2、「冥婦」擇夫祇限於直系先祖。這似乎昭示父子、祖孫之間可以共同享有一個妻子。

〔註27〕 顧頡剛〈《周易》卦爻辭中的故事〉，載《燕京學報》6期，1929年12月，後收入《顧頡剛選集》一書，天津人民出版社，1988年5月；高亨《周易古經今注》（重訂本），中華書局，1984年3月。

〔註28〕 譚步雲〈古漢語被動句「有」字式管窺〉，載《中山人文學術論叢》第一輯271～276頁，臺灣高雄復文出版社，1997年10月。

〔註29〕 宋鎮豪《夏商社會生活史》178頁，中國社會科學出版社，1994年9月。

　　雖然類似內容的甲骨文僅此而已,但其涵蓋的意義卻十分深遠。

　　結合其它甲骨文例徵之,可知商王族並不完全排斥族內婚。商史研究者通常認為,以「亞」為族徽、或稱為亞氏的方國與商有血緣關係。然而,商王的眾婦中竟有來自「亞」方者。例如「亞侯婦」、「婦亞弜」。這就證明商人同姓也可通婚,雖然彼此可能是較疏遠的宗親。

　　商代存在的這種現象也許正是上古婚俗的餘緒,似乎說明商人在倡導族外婚的同時,並不完全擯棄族內婚。如果我們回顧一下張光直先生的推論,對這個問題的理解也許會有啟發意義。

　　後世典籍尚有一妻而多夫的實例。其一,《淮南子‧泛論訓》載:「昔蒼吾繞娶妻而美,以讓兄……」「……孟卯妻其嫂,有子五焉,……」這是春秋戰國間事。其二,《搜神記》卷六載:宣帝時,燕代之間竟有三男共娶一女的奇事(亦見《棠陰比事》卷中及《初學記》卷十二)。結合考察當今尚存的兄弟共娶一妻的民俗現象,可以想像商代婚姻的某些形態。

第五章　詭秘的祭祀禮儀

古人對祭祀的重視，大大超出了現代人的想像。「國之大事，在祀與戎。」[註1] 商代也不例外。接近十萬片甲骨，大部分的內容均與祭祀有關。這爲我們瞭解商代的祭祀狀況提供了極大的方便。也許如此，甲骨文中關於祭祀的研究碩果累累。雖然商代人祭祀的對象數以百計，祭祀的儀式繁縟不堪，但經過了多年的努力，商代的祭祀禮總算有點眉目了。下面，筆者作一詳細的介紹。

第一節　隆重而頻繁的廟祭

一、祖廟、廟號和廟制

祖廟，也稱爲「宗廟」，西周晚期至春秋初期，天子的宗廟被稱爲「太廟」。宗廟也好，太廟也好，實際上就是供奉、祭祀祖先神主的場所。甲骨文裏沒有「廟」字，凡指「祖廟」，均作「宗」，例如「北宗」、「西宗」、「新宗」、「舊宗」等，其字形就像房屋裏放置著供奉神主的案俎。所以《說文解字》上說：「宗，尊祖廟也。」深得其旨。古文字中還有另外一個表示「宗廟」的字，作「宝」，則像房屋裏放置著神主。不過，在甲骨文中還沒發現這麼一個字。

甲骨文中有「大宗」、「小宗」、「亞宗」、「右宗」，都是宗廟群的泛稱，即合祭眾祖神的場所；又有特指各個祖先的宗廟，如「夒宗」、「父丁宗」、「祖乙宗」、「大乙宗」、「武乙宗」、「文武丁宗」等等，即單獨放置這些先公先王

〔註 1〕見《左傳・成公十三年》。

神主的地方。

　　至於「新宗」，因為有「舊宗」與之相對，很可能是新設立的宗廟。不過，也可能指「親宗」，《禮記》鄭玄的注釋裏說：「七者太祖及文王、武王之祧，與親廟四，……」孔穎達的注疏引《禮緯稽命征》則說：「唐虞五廟：親廟四，……」「親宗」殆與「親廟」同。在殷墟發現的宗廟建築群遺址為甲骨文提供了直觀的證據。這些建築，呈現出組合複雜、配置嚴密、左右對稱、南北呼應的特色。朱鳳瀚先生的研究指出，宗廟的設立有四個原則：1、直系先王可有獨自受祭的宗廟。2、直系先王的單獨宗廟可世代保存，不存在毀廟的制度。3、近世直系先王可增設宗廟。4、部分直系先王的法定配偶可設立宗廟。不過，我們現在還不大清楚受祭的先臣是否可擁有自己的單獨宗廟。至少到目前為止，甲骨文中沒有發現屬於先臣的「宗」。倒是某些自然神可以擁有自己的「宗」，例如：「嶽宗」、「河宗」、「戜宗」等〔註2〕。不過，有些學者認為「嶽」、「河」和「戜」是商先祖名〔註3〕，那自然神可否擁有「宗」則存在疑問。把「嶽」、「河」、「戜」看成自然神倒是可以省卻很多考證，然而，把它們視為先公先王就麻煩了，我們在世系圖表上還真找不到其位置。儘管有學者說「汙（河）」是曹圉（根國）〔註4〕。那麼「戜」呢？

　　通過對殷墟墓群的觀察，發現宗廟通常是與墓葬營建在一起的。宗廟的建造有一定的儀式。曾參加殷墟發掘的董作賓先生對這儀式有很細膩的描述：在都城重心「紫禁城」內，偏南的西北部，建造了幾座先王的宗廟，在開始，自然是先測出一個水平線，就是所謂「水溝」，其次，是用版築方法，把全部地面築平，然後畫出宗廟基址的範圍，就是畫在地上一個平面建築設計圖樣。在南向正房的基址下，中間挖一個坑，埋下一隻狗（也有埋五隻狗的）；南邊緣上，埋下牛羊；這算是「奠基」。埋完以後，就照著圖樣築起地面的一座臺子，擺列石礎，豎柱上樑。宗廟建成時，在南面中部正門兩旁，埋下兩個對面相向跪著的女子。正門之外，中間和兩旁分列埋下三個手中執戈、面向南方、跪著的衛兵。再往南，與中間衛兵有相當距離的地方，埋著面北跪著的一人，他右手持戈，左手持盾。再遠一點，有六個坑，分別埋著

〔註2〕 持此說者有孫海波、陳夢家、董作賓等，參閱島邦男《殷墟卜辭研究》（中譯本）219～241頁所引，臺灣鼎文書局，1975年12月。

〔註3〕 持此說者有郭沫若、于省吾、胡厚宣等，參閱島邦男《殷墟卜辭研究》（中譯本）219～241頁所引，臺灣鼎文書局，1975年12月。

〔註4〕 于省吾《雙劍誃殷契駢枝三編》9頁，1944年5月。

牛、羊、犬以及左右跪著的兩人，這大概是伺候祭祀的人和祭祀的犧牲。再往前，對著正門，直列三輛、橫列兩輛，共埋著五乘戰車，車旁埋著許多成年男子和幼小的男童。在宗廟基址之外，西部逼近廂房後屋基處，有南北成排成行的殺頭墓葬，身首同在一坑中。這大概是戰車旁的步兵。宗廟的地底，還埋下了許多祭器：武器有刀、戈、弓、矢以及與武器相關的礪石等；禮器有鼎、甗、斝、罍、簋、瓠、爵、壺、觶、卣、方彝以及大概是伺候庖廚的幼童和成年人等〔註5〕。宗廟過若干年也許會重新修建，但舊的宗廟依然繼續使用。甲骨文可證：「祖甲舊宗」，意謂祖甲的舊宗廟；「祖丁劦新宗」，意謂在新建的祖丁宗廟內舉行協祭。

　　帝王諸侯死後，在太廟立室奉祀，並尊以某祖、某宗的名號，就是所謂的「廟號」，它實際上是指王公諸侯死後所設神主的稱號。甲骨文告訴我們，商王及其配偶死後的廟號是以十天干（即甲、乙、丙、丁、戊、己、庚、辛、壬、癸）命名的。廟號是怎麼命名的，迄今為止至少有八種說法：1、生日說。這好理解：即把帝王出生的日子確定為廟號。此說源自中國古代的文獻，例如《白虎通・姓名篇》、《易緯乾鑿度》、《帝王世紀》、《太平御覽》等典籍都有類似的記載〔註6〕。2、死日說。這也好理解；就是把帝王歿世的日子確定為廟號。此說是董作賓先生提出來的〔註7〕。3、致祭次序說。為了確定祭祀的次序，所以必須給死去的帝王設立廟號。這是陳夢家先生的說法〔註8〕。重要的證據是「上甲、報乙、報丙、報丁、示壬、示癸」這幾個廟號的排列，井然有序，決不是「生日說」或「死日說」所能解釋的。4、卜選說。據李學勤先生研究，以天干命名的廟號源於對祭祀日的選定。文獻和甲骨文都表明，

〔註5〕董作賓〈殷代建築宗廟的隆重儀式〉，載《大陸雜志》第 1 卷第 10 期，1950年 11 月。

〔註6〕近年刊佈的花園莊東地甲骨，有名為「丁」的生稱，雖然關於「丁」的確切身份尚存異議，但商人以天干為名，確實可以在生前就確定的。參曹定雲〈殷墟花東 H3 卜辭中的「王」是小乙——從卜辭的人名「丁」談起〉，載《古文字研究》第 26 輯 8～18 頁，中華書局，2006 年 11 月；張永山〈也談花東卜辭的「丁」〉，載《古文字研究》第 26 輯 19～22 頁，中華書局，2006 年 11月。

〔註7〕見氏著〈甲骨文斷代研究例〉，中央研究院歷史語言研究所集刊外編《慶祝蔡元培先生六十五歲論文集》（上冊）327 頁，1932 年；又見〈論商人以十日為名〉，《大陸雜志》第 2 卷第 3 期，1951 年。

〔註8〕見氏著〈商王廟號考——甲骨斷代學乙篇〉，《考古學報》第 8 冊 11 頁，1954年；又見《殷墟卜辭綜述》404～405 頁，科學出版社，1956 年 7 月。

喪葬大典是要卜選吉日的。經占卜而確定下來的日子就是「廟號」〔註9〕。5、分類制度說。張光直先生的發明。在商代，廟號名甲、乙、戊、己者和廟號名丙、丁、壬、癸者分屬兩大政治集團，可以稱為「甲乙組」和「丁組」。廟號名庚、辛者則介於兩者之間，稱為「中間派」。這兩大政治集團以及中間派輪流執政。廟號所反映的就是政治上二分支派的「分類制度」（請參閱第二章第三節及第三章第一節之二、之三）。6、冠禮和婚禮說。男子的日干是冠禮時所取的「字（別名）」，該男子死後，就以他的「字」作廟號；女子的日干是出嫁時取的「字（別名）」，該女子死後，就以她的「字」作廟號。所以男性和女性的廟號都是不相同的。這是馬承源先生的創見〔註10〕。7、嫡庶制說。朱鳳瀚先生的說法〔註11〕。朱先生認為：廟號用以區別嫡庶，嫡系取偶數日干（乙、丁、己、辛、癸）為廟號；庶系取奇數日干（甲、丙、戊、庚、壬）為廟號。8、陰日陽日說。十個天干可以分成陰陽兩組：甲、丙、戊、庚、壬屬於陽日（或稱為「剛日」），乙、丁、己、辛、癸屬於陰日（或稱為「柔日」）。同理，十二地支也可以分為陰陽兩組：子、寅、辰、午、申、戌是為陽日，丑、卯、巳、未、酉、亥是為陰日。廟號的命名實際上體現了商人的陰陽思想。這是井上聰先生的新見〔註12〕。一言以蔽之：眾說紛紜。孰優孰劣，一時還難以定奪。不過，相當多的學者贊成李學勤先生的意見〔註13〕。我們知道，把天干與地支作有規律的搭配，是古代中國人編製日曆所運用的方法。因此，聯繫到商人天天、甚至一天數次舉行廟祭（祭祀祖先神稱為「廟祭」）的所做作為，也就容易理解為什麼廟號以十天干為名了。由於天干祇有十個

〔註9〕 見氏著〈評陳夢家《殷墟卜辭綜述》〉，《考古學報》1957 年 3 期 123 頁。步雲按：近來曹定雲、劉一曼二先生對李先生的「卜選說」作了辨正，證明所謂「卜選」乃選擇「葬日」，而「葬日」並非「日名」。詳參氏著〈殷人卜葬與避「復日」〉，載王宇信、宋鎮豪、孟憲武主編《2004 年安陽殷商文明國際學術研討會論文集》294～2298 頁，社會科學文獻出版社，2004 年 9 月。

〔註10〕 見氏著〈關於商周貴族使用日干稱謂〉，吳澤主編、袁英光選編《王國維學術研究論集》41 頁，華東師範大學出版社，1983 年 9 月。步雲按：此文未收入陳佩芬、陳識吾編《馬承源文博論集》（上海古籍出版社，2007 年 12 月）中，但收入〈王國維對商代貴族以日為名制度的科學預見〉一文，馬先生大概對前說有所修訂。筆者未見。

〔註11〕 見氏著〈金文日名統計與商代晚期商人日名制〉，《中原文物》1990 年 3 期。

〔註12〕 見氏著〈商代廟號新說〉，載《中原文物》1990 年 2 期。

〔註13〕 例如楊希枚、吉德偉等參閱〈論商王廟號問題兼論同名和異名制及商周卜俗〉和〈中國古代的吉日與廟號〉二文，載《殷墟博物院院刊》（創刊號），中國社會科學出版社，1989 年 8 月。

符號，而故去的王公諸侯不止十數，因此男性廟號前都附加區別詞，例如「大丁」、「武丁」和「文武丁（文丁）」；「盤庚」、「南庚」和「祖庚」等，以解決異代廟號相同的問題。但女性廟號前祇加「妣」字，並無區別詞。對這種現象，有學者推論「或與男權社會有關」。商代的王室世系圖清楚地表明：商的遠祖，從夒（帝嚳）到王亥，沒有所謂的廟號；從上甲（微）開始，商人纔使用廟號。於是有學者認為，商是在立國以後才實行廟號制度的。這很有道理。上甲到示癸的廟號如此整齊劃一，很明顯，他們的廟號是後來為廟祭的目的而追認的，而不大可能是在他們死後卜選的。那麼，自大乙（湯）的時候起，商王的廟號纔可能是通過占卜來確定的。換言之，商湯的時候就有占卜、就有甲骨文了。不過，我們現在還沒有發現大乙（湯）時代的甲骨文，這個推論得進一步驗證。

　　商代的廟號制度與宗廟、祭祀有關，那是不用懷疑的。可是，學者們透過研究廟號的設立、廟號的排列次序、王的廟號和妣的廟號的組合，竟發現了商代婚姻形態的秘密，進而推導出王位繼承的方式。這不能不說是廟號研究的深入發展。相信在未來的日子裏，通過正常的論爭，對廟號的解釋能得出一個接近真理的結論。

　　儘管許多學者稱商王的神主之號為「廟號」，可有的學者卻稱之為「謚號」。尤其是天干前的區別詞，更被視為死後追加的謚號，乃「謚法之濫觴」〔註14〕。實際上這已經牽涉到商代有無謚法的問題了。商王的「廟號」當然也是死後追加的，但是，它祇是一個宗廟標識，不一定如「謚號」般非嘉名莫屬。例如：我們可以說「大」是嘉名，但是「小」呢？例如「小甲」、「小辛」、「小乙」等，其中，「小甲」是直系先王。這就難以用「加美謚者均是直系先王」一語來搪塞了。此其一。後世所謂的「謚」，不限於帝王，是給故去的、有地位或有名望的人的稱號；而商代的廟號，非帝王及其配偶莫能擁有。此其二。後世「謚號」的確立不純粹為祭祀，雖然也許和祭祀有點關係；而商代廟號的確定則純粹為了廟祭（尤其是為了「周祭」）的目的。此其三。基於這三點，「謚號」和商代的「廟號」顯然有一定的區別，兩者不容混淆。當然，如果說「廟號」是後世「謚號」的雛形，「謚號」是「廟號」啟發下的產物，也許我們會贊成；但是，如果說商代已有謚法，那確實難以讓人首肯。

〔註14〕屈萬里〈謚法濫觴於殷代〉，載《中央研究院歷史語言研究所集刊》第 13 本，1948 年。

　　商王族以十干命名廟號，是一種獨特的統治家族的命名制，而且是中國特有的古代文化現象。

　　在方國（甚至周代某些諸侯國）給我們遺留下來的器物中，例如銅器，往往也鑴有以十干為名的廟號。倘若這些方國氏族與商氏族有血緣之親，那容易理解。事實上，部分使用同樣的廟號的方國氏族和商王室沒有血緣關係。很可能，他們深受商文化的影響，或者說，是商中央政府給予了他們這種權利。那麼，有沒有這種可能：他們使用的廟號也許就是商王室為先祖們確立的廟號呢？換言之，他們實際上祭祀的正是商王室的先祖呢？一般說來，氏族內部不會祭祀「非我族類」，除非是那些各氏族共同崇拜的英雄，例如：堯、舜、禹，等。因為他們奉行「神不歆非類，民不祀非族」。但是，有學者認為，方國在自己國內設立宗廟祭祀商氏族先祖，是臣服於中央政府的象徵〔註15〕。也有學者認為：上古祖先崇拜的祭祀權，是最高統治者所在氏族對其他氏族進行精神羈縻的王權政治核心部分〔註16〕。推測角度雖有不同，得出的結論卻是一致的。典籍中好像也透露出這樣的信息，例如《史記‧殷本紀》上記載，湯在滅夏之前曾四出征戰以增強勢力，其中討伐葛伯的理由是葛伯「不祀」。這裏的「不祀」，恐怕指「不祀」夏祖，否則很難解釋葛伯為何招致滅國之殃。如果這是事實，我們恐怕要重新考慮祀祖的實質（下面將繼續討論這個問題）。也有些學者認為，宗主國可以在方國設立宗廟，當出於監國的目的，譬如周原鳳雛的宗廟就是商人所建〔註17〕。這又是一種說法。

　　《孔子家語‧廟制》上說：天子七廟，諸侯五廟，大夫三廟，士一廟，庶人無廟。這大概是春秋的情況。商代的廟制如何？古人說：「殷五廟，至子孫六。」（孔穎達《禮記注疏》卷十二）但是，對甲骨文的考察證明這說法是不準確的。上文已經提到，諸王的神主可以並列於一宗之內，也可以一王有一王的祖廟。甲骨文中所見的一王一「宗」之數遠遠超出五。羅列如次：夔宗、大甲新宗、祖甲舊宗、祖丁宗、唐宗（大乙宗）、大庚宗、父甲宗、父丁宗、武乙宗、文武丁宗、祖乙宗、中丁宗、中祖乙宗。王的配偶的神主可以

〔註15〕張光直〈殷周關係的再檢討〉，載《中國青銅時代》，生活‧讀書‧新知三聯書店，1982年9月。

〔註16〕島邦男《殷墟卜辭研究》（中譯本）507頁，臺灣鼎文書局，1975年12月。

〔註17〕陳復澄、林小安〈周原鳳雛宗廟基址考〉，載《徐中舒先生百年誕辰紀念文集》269～273頁，巴蜀書社，1998年10月。

和王的神主同置一宗內：「己未卜，其塑父庚奭妣**濟**於宗？茲用。」（《合集》30303）意思是己未的這一天在宗廟內祭祀父庚和妣**濟**。也可以單獨立宗：「祐母宗。」、「妣庚宗」、「母辛宗」。可睹母權社會的殘痕。我們在第三章第一節中談到過「昭穆制」的問題，學者們認爲甲骨文的「大宗」、「小宗」相當於後世「昭」和「穆」。可是我們還看不出「大宗」、「小宗」的數目限於「五」或「七」之內。種種跡象表明殷代的廟制似無定法。

宗廟建在王都，那是毫無疑義的。但是，王在外出征戰時通常也舉行廟祭；這說明王都之外恐怕也建有宗廟或類似宗廟的場所。有些學者認爲，方國、封邑可能也建有宗廟，由商人掌管，作爲中央政府監管方國、封邑的據點。而王在外出征戰時，當把神主請出宗廟，置於駐紮地臨時設立的場所內以便祭祀 [註18]。

二、神主和祖神

神主就是供奉於宗廟的祭像。甲骨文以及商代的金文就稱之爲「主」。後來「主」又用作曾祖的稱謂 [註19]。春秋時代，神主用各類木材製造，例如《公羊傳》上便提到或用桑木或用栗木作神主（文公二年）。《論語・八佾》還具體談到上古製作木主的用材：「夏后氏以松，殷人以柏，周人以栗。」還有石製的神主，古文字就寫成「祏」。甲骨文中也有這個字。《說文解字》解釋說：「祏，一曰大夫以石爲主。」但《左傳・昭公十八年》載：「（子產）使祝史徙主祏於周廟。」證明許愼的說法不大準確。商代有沒有木質的神主，目前還難下斷言。不過有學者認爲，1985 年出土於殷墟後岡的十來件玉器就是神主 [註20]。如果此說可信，那麼，商代的神主是可以用玉來製造的。然而，學者們多主張這些玉器乃圭、璋一類的隨葬品 [註21]。儘管缺乏考古發

[註18] 參閱郭旭東〈商代征戰時的祭祖與遷廟制度〉，載《殷都學刊》1988 年 2 期；陳復澄、林小安：〈周原鳳雛宗廟基址考〉，載《徐中舒先生百年誕辰紀念文集》269～273 頁，巴蜀書社，1998 年 10 月。

[註19] 譚步雲《盞氏諸器▼字考釋——兼論「曾祖」原委》，載《容庚先生百年誕辰紀念文集》438～443 頁，廣東人民出版社，1998 年 4 月。

[註20] 劉釗〈安陽後崗殷墓所出「柄形飾」用途考〉，載《考古》1995 年 7 期。

[註21] 王輝〈殷墟玉璋朱書「戋」字解〉，載《于省吾教授百年誕辰紀念文集》64～67 頁，吉林大學出版社，1996 年 9 月；孟憲武、李貴昌：〈殷墟出土的玉璋朱書文字〉，載《華夏考古》1997 年 2 期（步雲按：此文又載孟憲武《安陽殷墟考古研究》一書，中州古籍出版社，2003 年 10 月）。

掘的實物，但我們還是可以根據「主」字的形體來判斷神主的形狀。殷商時代的神主當是上窄下寬、略呈圓柱形的物體，「主」體表面可能鑴有被祭祀的對象的名諱。許慎說：「主狀正方，穿孔中央達四方，天子長尺二寸，諸侯長一尺。」（《五經異義》）恐怕不適用於甲骨文。可以推想，商代的神主與後世我們所能見到的神主應該相去不遠。甲骨文和金文中還有一個「示」字。學者們認爲「主」「示」是同源的，那麼「示」也是神主形體的寫照。確實，《史記‧殷本紀》中所載的「主壬」、「主癸」，甲骨文正是作「示壬」、「示癸」的。而且，示和主的古文字形體也比較接近。不過，筆者倒是主張兩字乃同義異形詞。「主」像單個的神主之形，「示」則像放置了（許多）神主的案俎之形（此前已有學者論及，但意猶未盡）。「大示」、「小示」作爲稱謂也透露出這樣的信息：大的案俎（可能較旁系者爲大）陳列直系先祖的神主，所以「大示」用來指代直系先祖；小的案俎陳列旁系先祖的神主，所以「小示」用來指代旁系先祖。「大示」和「小示」如果理解爲神主就費解了。當然可以說那是神主之大者和神主之小者，可是，「大示」、「小示」是直系和旁系的統稱，並不是指單個的先祖呀！那麼，準確地說：「宔」像單個的神主置於屋中之形；而「宗」則像陳設著一系列神主的案俎置於屋中之形。無論如何，由於「主」和「示」兩字形近、義近，而且兩者俱與祖神的祭祀有關，所以均可以用來代表祖神，也可互相通用。

　　上面談到，有學者認爲，直系先王的宗廟不容毀掉。但某些神主，不管是直系還是旁系先王的神主，則有可能因某種原因被清除出宗廟。有學者認爲，甲骨文裏不見「廩辛」或「馮辛」的廟號，可能是因爲他違反了「父子直接繼承法」，所以把他的廟主給撤掉了〔註22〕。這是一種缺乏論證的說法。

　　神主，不外起著確立神格、提示禮拜的作用。神主通常放置在宗廟之中，這與它祇是祖先神的象徵、載體不無關係。實際上，祖先神不限於與祭祀者有血緣關係的祖先，那些曾與其祖先併肩作戰過、立下赫赫功勞的大臣也可以被奉爲祖神。那麼，在甲骨文中出現過的祖先神大致可分爲兩類：一類是高祖遠公，如高祖夒、𤎬、王夭、高祖亥、季、王恒，等等；另一類是上甲以下的近祖先公、先王、先妣及某些先臣，近祖先公如上甲、報乙、報丙、報丁、示壬、示癸，等；先王如大乙、大丁、大甲、大庚，等；先妣如示壬之妣庚、示癸之妣甲、大乙之妣丙、大丁之妣戊、大甲之妣辛，等等；先臣如

〔註22〕丁山《商周史料考證》147頁，中華書局，1988年3月。

伊尹（神主作「伊示」）、咸戊（或作「學戊」，即文獻之「巫咸」），等等。我們已經談過，自稟辛、康丁的時候起，祖先神就分爲嫡和庶兩系，嫡系稱爲「大示」或「大宗」，庶系稱爲「小示」或「小宗」。「大示」指直系的神主，「大宗」則指直系的祖廟；「小示」指庶系的神主，「小宗」則指庶系的祖廟。可見，「示」「宗」兩者還是有一定的區別。

　　祖先神廟裏有先臣的一席之地是一種非常奇特的現象。古代中國以崇拜血緣祖先爲尙，所謂的「不祀非我族類」，說的就是這種情況〔註23〕。上一小節已經約略討論過這個問題。當然那祇是處於從屬地位的方國侯伯是否設立「非我族類」宗廟乃至祭祀非血緣先祖的問題，並不涉及佔有統治地位的氏族祭祀他族先祖的問題。「伊尹」和「咸戊」非商族人氏是早有定論的了，可是，爲什麼這兩位外姓人氏可以享受商人的祭祀呢？通常的說法是，他們有功於商社稷。然而，我們發現，並非所有功蓋殷商社稷的外族臣屬都可以享有設立神主、接受祭祀的權利。舉例說，在武丁時的甲骨文中出現過的「師般」（典籍稱「甘盤」），或稱「亞般」，是武丁的重臣。甲骨文還有另外一個叫「夢父」（典籍作「傅說」）的人物，據說是代甘盤輔助武丁的賢臣。這兩人如同伊尹一樣，都不是商族人氏，也都於商朝有功，但死後都沒有立「示」，至少到目前爲止還沒有他們設有神主的證據。奇怪的是，如果學者們考證不誤，夢父倒是位可以享祀卻沒有立「示」的人物。迄今爲止，爲什麼非商族臣屬可以立「示」？立「示」的標準又是什麼？等等，仍然是難解之謎。也許這昭示著非血緣臣屬在王室中的地位有所下降。筆者大膽地揣測，如前所述，「示」是一系列神主的總稱。祇有世代享祀的先祖或先臣群體才能立「示」。拿夢父來說，因其有功於殷商社稷，所以能設立單個的神主受祀，而且通常配祀於其他神祇。但這種榮耀不能傳諸子孫，故此就不能立「示」。這確實表明非血緣臣屬在王室中的地位下降了。恐怕稟辛的情形也大致如此。

　　商人使用「主」、「示」兩字以代表祖神可無疑義，不過，甲骨文中還有另外兩個字：「且（祖）」和「匕（妣）」，學者們也認爲可代表祖神。確實，「且（祖）」和「匕（妣）」才是人們禮拜的實際對象，而「主」和「示」不過是祖神的象徵。但在現實生活中，前者成了親屬稱謂，後者則成爲神祇的代名

〔註23〕張永山先生有兩篇文章討論過「民不祀非族」的問題，讀者可參看氏著〈從卜辭中的伊尹看「民不祀非族」〉，載《古文字研究》第 22 輯 1～5 頁，中華書局，2000 年 7 月；又〈周原卜辭中殷王廟號與「民不祀非族」辨析〉，載《商承祚教授百年誕辰紀念文集》277～298 頁，文物出版社，2003 年 9 月。

詞。我們通過對「且（祖）」「匕（妣）」兩字字形的分析，也許能明白為什麼商人使用這兩字代表祖神。「且（祖）」「匕（妣）」的含義是什麼？大致有以下的說法：

1、「生殖器說」。論者謂兩字象男女生殖器形，即「牡」「牝」初字，是生殖崇拜的遺存。主此說者有郭沫若、高本漢等〔註24〕。

2、「俎、枇說」。論者謂字原象俎案、匕匙之形，借為祖、妣。主此說者有李孝定、喬健等〔註25〕。

學者多從「生殖器說」。現在看來，「且（祖）」像男性生殖器的形狀，當可相信；但「匕（妣）」就有疑問了。也許，李孝定、喬健兩先生的推論是對的：「匕（妣）」原像匕匙的形狀，借為「妣」。

三、祖先神祀典種種

古代中國的「祀典」是指祭祀的禮制。它包括所祭祀的對象、祭祀的時間（起訖、週期）、祭祀的地點、祭祀的具體儀式等等內容。

在傳世典籍中，有關商代祀典的記載，不是闕疑待問，就是語焉不詳。這一點已經在第一章裏談過了。

見於殷墟甲骨文的祀典，從「所祭祀的對象」來考察，有超自然神的祀典、自然神的祀典和祖先神（包括先臣神）的祀典；從「祭祀的先後次序」來考察，祖先神的祀典有所謂的「順祀」、「逆祀」、「周祭」等等，自然神和超自然神的祭祀先後次序則相對自由一些；從「祭祀的地點」考察，有所謂的「內祭」（也稱為「廟祭」）、「外祭」（也稱為「郊祀」），祖先神的祀典通常採「內祭」，超自然神和自然神則通常採「外祭」；從「祭祀的具體儀式」考察，則可以歸納為「饗」、「獻享」和「禱祝」（詳本章第三節）三大內容，事實上，商人的祭祀儀式可謂繁文縟節，光「用牲」的儀式就達二三十類之多。下面將逐項具體來談。

在這一小節裏，讓我們先討論對祖先神的祀典。

在甲骨文研究的初期階段，學者們就已敏銳地察覺甲骨文中商代祖先祀

〔註24〕郭沫若：〈釋祖妣〉10 頁，載《甲骨文字研究》上冊，人民出版社，1952 年 9 月；Bernhard Kalgren, *Some Fecundity Symbols In Ancient China. The Museum Of Fareastern Antiguities Bulletin* No. 2. 1930.

〔註25〕李孝定《甲骨文字集釋》0072～0073 頁，2679～2683 頁；喬健〈說祖示〉，載《大陸雜志》第 20 卷第 7 期 216～221 頁。

典的存在了。不過，祀典的具體內容卻還不甚了了。隨著研究的深入，商代祖先祀典的廬山眞面目才漸漸地顯露出來。

王國維先生身處的時代受甲骨文材料所限，因此以爲，商人在祭祀先祖的時候沒有固定的制度〔註26〕。

董作賓先生在親自接觸了大量的甲骨後發現，商人祭祀祖先，不僅有一定的程式，而且周密若合符節。

陳夢家先生指出，何時祭祀高祖遠公，何時祭祀先公先王，完全取決於時人的功利目的。前者多爲祈求風雨和年成的對象，後者則多爲祈求福祉的對象。

島邦男先生認爲祀典可大致分爲兩類：對先王、先妣的「內祭」和對自然神、高祖神、先臣神的「外祭」。所謂「內祭」，是指在宗廟內設祭；「外祭」是指在宗廟外設祭。「內」、「外」，甲骨文稱作「右宗」和「外」〔註27〕。

應該說，時下對祀典的研究較甲骨文研究的初期階段有了很大發展，至少精細了許多。祭祀祖先神的禮儀非常複雜，名目繁多。計有：「工典」、「五種祀典（周祭）」、「歲」、「酌」、「福」、「祜」、「告」，等等。

甲骨文所記載的高祖遠公的祭禮，多用尞祭，人概是焚牲之儀；其次則用「侑」、「帝」、「求」、「告」、「御」、「酌」、「戠」、「束」等。有時數種祭儀並舉，有時則單用一種。祭日一般不確定。對高祖遠公，可以單獨祭祀，也可以合祭。獨祭是特地單獨向某一位祖先致祭。合祭是同時向多位祖先致祭。合祭既可是先公先王近祖相配祀，也可以和先臣合祀。根據設祭場所的不同，高祖遠公的祭禮可分爲「內祭」和「外祭」二法。外祭的祭儀大致與內祭無異，但有若干種祭名不見於內祭，也就是說，外祭較內祭多出一些祭名，如：「沈」、「召」、「芈」、「酖」、「巫」、「廟」、「炆」、「禽」，等。

祭祀先公先王近祖的活動則較爲複雜，根據設祭場所的不同，也可以分爲「內祭」和「外祭」，但以「內祭」爲常見。有關的祭儀不下140種。對先公先王近祖，可以單獨祭祀，也可以合祭，通常則是「周祭」。單獨祭祀先公先王近祖，祭祀日比較確定，即甲日祭祀廟號名甲者，乙日祭祀廟號名乙者，餘此類推。當然也有例外的情況。

〔註26〕王國維〈殷周制度論〉，載《觀堂集林》卷10，中華書局，1959年6月。
〔註27〕見《殷墟卜辭研究》（中譯本）52頁，臺灣鼎文書局，1975年12月。

　　「合祭」通常分爲「順祀」和「逆祀」〔註28〕。商王在祭祀先王的時候，是按照世系和即位的順序致祭的。這在中國古代的禮制中被稱爲「順祭」或「從祭」。「順祀」是按先公先王世系的先後順序致祭；而不按世系和即位的順序致祭則稱爲「逆祀」，即逆先公先王世系的先後順序致祭。「順祀」和「逆祀」的祭祀日也比較確定。通常選定首位被祭祀的先公先王近祖的廟號爲祭祀日。

　　甲骨文中所見的祭祀絕大部分是順祀，尤其是「周祭（即五種祀典）」。但某種祭祀卻允許逆祀，例如「歲祭」。

　　雖然商人祭祀以順祀爲常，卻並不認爲逆祀有悖禮制。這與後世對逆祀的看法並不一致。

　　以上闡述的是祭祖祀典的一般情況。具體而言，商人對祖先的祭祀祀典主要有以下數種：

（一）周祭──五種祀典

　　五種祀典，或稱爲「五祀統」，或稱爲「周祭」，是指商王祭祀直系祖先的五種祭祀典禮，分別爲：「翌」、「祭」、「𢍜」、「劦（後世寫作『協』）」、「彡（後世寫作『肜』）」。在傳世文獻以及某些銅器銘文中，偶爾也可發現其中的某種祭祀典禮，例如「彡」、「祭」等。由於材料的欠缺，以前的學者均不知其所以然，以致把如此重要的禮制給忽略了。甲骨文的出土，終於讓人們有機會瞭解商代的這五種祭祀禮了。對周祭加以研究且卓有成就的大致有五位學者：董作賓、陳夢家、島邦男、許進雄、常玉芝。

　　首先發現甲骨文中存在五種祀典並進行研究的是董作賓先生〔註29〕。董先生在進行甲骨文斷代研究的時候，發現了王世與王世之間的祭祀典禮明顯存在差異，由此而發現了第五期的甲骨文上使用「翌」、「祭」、「𢍜」、「劦」、「彡」對先王先妣進行祭祀，「依其世次日干，排入『祀典』，一一致祭」，「秩序井然，有條不紊」。

　　這五種祀典，他稱之爲「五祀統」，並據以整理出各王的祀譜。陳夢家先生在周祭問題上與董先生有許多共同見解。不過，陳先生也是第一個對董先生的「五種祀典」提出異議的學者。首先他把「五祀統」改稱爲「周祭」。其

〔註28〕　參裘錫圭〈甲骨卜辭中所見的逆祀〉，載《出土文獻研究》30～32 頁，文物出版社，1985 年 6 月。

〔註29〕　董作賓《殷曆譜》，中央研究院歷史語言研究所專刊，1945 年 4 月。

次，他在先王、先妣的受祭數目和祭祀次序上也和董先生存在著分歧。最後，分期斷代方面，陳先生以「組」的概念取代了董先生的「貞人集團」概念，進而基本放棄了五期斷代法：精確的細分為九期，粗略的分為早、中、晚三期〔註 30〕。島邦男先生繼而對董先生和陳先生的研究提出辯難。無論是先妣的受祭數目，還是祭祀的次序；無論是周祭的週期，還是周祭祀首，島邦男先生都和董、陳二先生存在著分歧〔註 31〕。許進雄先生針對董作賓、陳夢家、島邦男先生之間存在著的分歧，認為「五種祀典」應以「翌祀」為首，而在先妣的受祭數目和祭祀次序方面，許先生也有自己獨特的觀點〔註 32〕。近年來對「五種祀典」進行研究並取得突破的學者是常玉芝先生。《商代周祭制度》〔註 33〕一書便是她多年研究成果的總結。

　　這裏，筆者把五家主要的分歧介紹一下：

（1）先王先妣的祀序

　　在商代，對直系先祖及其配偶的周祭井然有序。在哪一旬祭祀哪些先祖及其配偶有著嚴格的規定，這，就稱為「祀序」。正因為祀序有一定的規律性，五位對周祭素有研究的學者均排出了他們心目中的祭祀表。總體上，諸家的研究大同小異。分歧集中在第六、第七、第八、第九、第十一、第十二旬的祀序上。請看下表：

家別　　旬別	董作賓	陳夢家	島邦男	許進雄	常玉芝
第六旬	戔甲、祖乙、祖辛、祖乙奭妣己、<u>祖辛奭妣庚</u>	戔甲、祖乙、祖辛、祖乙奭妣己、<u>祖辛奭妣庚</u>	戔甲、祖乙、祖辛、祖乙奭妣己、<u>祖辛奭妣壬</u>	戔甲、祖乙、祖辛、祖乙奭妣己、<u>祖乙奭妣庚</u>	戔甲、祖乙、祖辛、祖乙奭妣己、<u>祖乙奭妣庚</u>
第七旬	羌甲、祖丁、南庚、祖辛奭妣甲、祖	羌甲、祖丁、南庚、祖辛奭妣甲、<u>祖</u>	羌甲、祖丁、南庚、祖辛奭妣甲、<u>祖</u>	羌甲、祖丁、南庚、祖辛奭妣甲、<u>祖</u>	羌甲、祖丁、南庚、祖辛奭妣甲、<u>祖</u>

〔註 30〕陳夢家《殷墟卜辭綜述》，科學出版社，1956 年 7 月。

〔註 31〕島邦男《殷墟卜辭研究》（中譯本），臺灣鼎文書局，1975 年 12 月。

〔註 32〕許進雄〈五種祭祀的祀周和祀序〉，載《中國文字》卷 6，24 冊，1967 年 6 月；又〈殷卜辭中五種祭祀研究的新觀念——加拿大安大略博物館的一版明義士先生收藏的龜背甲〉，載《中國文字》卷 9，35 冊，1970 年 3 月；又〈五種祭祀的新觀念與殷曆的探討〉，載《中國文字》卷 10，41 冊，1971 年 9 月。

〔註 33〕中國社會科學出版社，1987 年 9 月。本小節內容多出自此書。讀者諸君可參閱。

	丁奭妣庚、 祖丁奭妣辛	丁奭妣己、 祖丁奭妣庚	辛奭妣庚、 祖丁奭妣己、 祖丁奭妣庚	丁奭妣己、 祖丁奭妣庚	丁奭妣己、 祖丁奭妣庚
第八旬	陽甲、盤庚、 小辛、祖丁 奭妣己、祖 丁奭妣癸	陽甲、盤庚、 小辛	陽甲、盤庚 小辛、祖丁 奭妣甲	陽甲、盤庚、 小辛	陽甲、盤庚、 小辛
第九旬	小乙、武丁 祖己、祖庚、 小乙奭妣庚、 武丁奭妣辛 武丁奭妣癸	小乙、武丁 祖己、祖庚、 小乙奭妣庚、 武丁奭妣辛 武丁奭妣癸	小乙、武丁 祖己、祖庚、 小乙奭妣己、 小乙奭妣庚 武丁奭妣辛 武丁奭妣癸	小乙、武丁 祖己、祖庚、 小乙奭妣庚 武丁奭妣辛 武丁奭妣癸	小乙、武丁 祖己、祖庚、 小乙奭妣庚 武丁奭妣辛 武丁奭妣癸
第十一旬	武乙、文丁、 祖甲奭妣戊、 康丁奭妣辛	武乙、文丁、 祖甲奭妣戊、 康丁奭妣辛	武乙、文丁、 武乙奭妣戊、 文丁奭妣癸	武乙、文丁、 武乙奭妣戊、 文丁奭妣癸	
第十二旬	武乙奭妣戊、 文丁奭妣癸	帝乙、 武乙奭妣戊、 文丁奭妣癸			

　　表中標有下劃線的祖、妣是諸家分歧所在。第六旬，董先生排出了祖辛奭妣庚，島邦男先生則排出了祖辛奭妣壬，陳夢家、許進雄、常玉芝三位先生都排出了祖乙奭妣庚。第七旬，董先生排出了祖丁奭妣辛，島邦男先生排出了祖辛奭妣庚，並多出了祖丁奭妣己，陳、許、常三位則排出了祖丁奭妣己，少了祖辛奭妣庚。第八旬，董先生排出了祖丁奭妣己、祖丁奭妣癸，島邦男先生祇排出了祖丁奭妣甲，陳、許、常三位先生則無排出。第九旬，董、陳、許、常四家所排俱同，祇有島邦男先生多排了小乙奭妣己。第十一旬，董、陳所排同，均是武乙、文丁、祖甲奭妣戊、康丁奭妣辛，島邦男先生和許先生同，少了康丁奭妣辛，多了文丁奭妣癸，常先生則無排出。第十二旬，祇有董先生排出武乙奭妣戊、文武丁奭妣癸，陳先生另多出了帝乙一王，其餘各家均無排序。之所以存在這些分歧，基於兩個原因：1、某些先妣是否屬受祭對象，其祀序當否。2、武乙、文丁、帝乙能否入「周祭」。

　　（2）周祭祭祀的週期

　　所謂的「周祭週期」，是指完成五種祀典所需的時間。董作賓先生認為需要三十六旬到三十七旬，另外還有三十五旬和三十八旬的變例。陳夢家先生則認為需要三十七旬。島邦男、許進雄和常玉芝三位學者都認為需要三十六旬或三十七旬，但彼此之間對一週期內祭祀次序的安排卻不一樣。由於各家

排出的周祭祀序不同，自然造成周祭祭祀週期的差異。

（3）五種祭祀的祀首

在介紹五種祭祀的祀首前，顯然有必要介紹一下與五種祀典密切相關的「工典」之祭。

「工典」之祭，雖然諸家在祭儀方面並無異議，但對於其具體內容則看法不一。歸納起來約有以下數端：1、「工冊說」，即指《詩經·小雅·楚茨》「工祝致告」（由巫祝向神祇禱告）之意。代表學者有郭沫若、葉玉森、陳夢家、唐蘭等〔註34〕。2、「貢冊說」，即指把書有禱祝之辭的典冊獻於神祇。代表學者有于省吾、董作賓等〔註35〕。3、「示冊說」，代表學者李旦丘。李氏認為「工」「示」一字，而「示」與「置」通，所以「工冊」即指「納冊」、「藏冊」〔註36〕。4、「諸侯助祭說」，代表學者戴蕃豫。戴氏認為「工」乃侯名，因此是指諸侯助祭〔註37〕。

董作賓先生雖然採于說，卻有所修正。董先生認為，于先生的解釋基本正確，祇是對「典」的理解可商。「典」應是錄有殷人先祖先妣的名號、五種祭祀及祭日的祀典，而不是什麼「載有禱祝之辭的典冊」。島邦男先生贊同董先生這一修正，並進一步明確定義：「工典」，是在五種祀典分別舉行前的某旬第一日（甲日）內把這祀典奉獻給神的一種儀式。

簡單地說，「工典」是附於五種祀典之間的祭祀。那麼，五種祀典又是以什麼方式排列的呢？

「彡」、「翌」、「祭」、「𠬝」、「劦」五種祀典雖說周而復始地進行，但總有個先後次序呀！於是，何者為始何者為終就成為學者們爭論的焦點。

五種祀典的發現者董作賓先生認為，本來，五種祀典循環往復，若環無端，不大容易區分首尾。不過，當以「彡」為五祀之首，順次為「翌」、「祭」、「𠬝」、「劦」。理由是，1、五種祀典是祖甲創造的，那時候，每舉行一種祀典需時九旬，五種祀典合計需時四十五旬，一年之內是沒法完成的。因此，

〔註34〕郭沫若《卜辭通纂·考釋》63 頁，科學出版社，1983 年 6 月；葉玉森《殷墟卜辭前編集釋》2·69，1933 年 10 月；陳夢家〈古文字中之商周祭祀〉，載《燕京學報》19 期，1936 年 6 月；唐蘭《天壤閣甲骨文存·考釋》54 頁，北京輔仁大學，1939 年 4 月。

〔註35〕于省吾《雙劍誃殷契駢枝續編》，1941 年 8 月；董作賓《殷曆譜》上 3·9，中央研究院歷史語言研究所專刊，1945 年 4 月。

〔註36〕李旦丘《殷契摭佚》1 頁，孔德圖書館叢書第三種，1941 年 1 月。

〔註37〕戴蕃豫〈殷契亡口說〉，載《考古社刊》第 5 期 33 頁，1936 年 12 月。

「肜」和「翌」單獨舉行，而「祭」、「䒢」、「劦」則聯合舉行。先疏後密，以便在一年內完成祀典。甲骨文也提供了證據，「彡」和「翌」確實沒有聯合舉行之例。2、就祭祀的內容而言，也應定「彡」為五祀之首。「彡」是鼓樂之祭；「翌」是舞羽之祭；先用樂舞以娛祖妣。「祭」用肉；「䒢」用食（黍、稷）；次用肉食以享祖妣。末了是合祭：「劦」。祀典也就告一段落了。

　　陳夢家先生基本同意董先生的意見，他說，周祭的三種主要祭法是按照「彡」→「翌」→「䒢」→「彡」的次序，周而復始地舉行的。無怪乎島邦男先生批評為因襲了董氏的錯誤。

　　島邦男先生卻定「祭」為五祀之首，依次為「䒢、劦、彡、翌」，而「祭、䒢、劦」為一類，「彡、翌」為一類，兩類之間穿插「工典」。針對董先生的推論，島邦男先生舉出一些他認為是祖庚時代的五祀卜辭，質疑董先生的五祀始於祖甲的說法。他說，第一期祇行劦、彡、翌三祀，三祀皆以日稱之。這三祀是自成一類的祭祀。因此，第一期三祀的週期需三十旬，這樣與一個自然年的時間相差太多，所以為了使之接近自然年，時間必須加長。到了第二期，加上祭和䒢作為劦的前祀，成了五祀。結果延長了兩旬。而彡祀是由前夕祀、當日祀和明日祀構成為期三天的祭祀，那麼，彡祀的週期不是一旬而是三天〔註38〕。

　　許進雄先生同樣質疑董先生「先疏後密」的推測。基於這兩個原因：1、翌祀和前一祀典彡祀不論在任何週期中都是截然分開的。2、三個祀組在同一條卜辭中出現時，其順序是「翌」→「劦」→「彡」。所以許先生主張應以「翌」為祀首。

　　常玉芝先生認為許先生的研究最為可信。

　　由於在分期斷代理論、方法的理解和應用上，在材料的取捨上，學者們存在著歧見，所以，周祭問題上產生論爭自然無可避免。倘若要消除論爭，恐怕還得在甲骨文分期斷代理論和方法以及材料的抉擇方面求得共識。

　　除了五種祀典以外，商人對祖神的祭祀儀式還有許多，我們再舉一些常見的祀典為例子，以進一步瞭解商代祀典的概貌：

（二）祓祭

甲骨文中還有一種祀典，稱為「囗」。字與甲乙丙丁的「丁」同形。各家

〔註38〕島邦男《殷墟卜辭研究》（中譯本）113～115頁，臺灣鼎文書局，1975年12月。

多從商承祚先生釋爲「丁」〔註39〕；惟金祖同和楊樹達從吳其昌先生釋爲「方（祊）」，義爲祭祀宗廟〔註40〕。

陳夢家先生也從釋丁之說，但定爲武丁之兄的神主名，謂祭祀「帝丁」，與「兄丁」同〔註41〕。

董作賓先生別釋爲「日」，認爲是帝乙、帝辛時代對於近祖五世的祭祀禮〔註42〕。

金、楊二先生的見解新則新矣，卻欠缺推敲。陳先生的研究也許稍顯粗疏了點兒。董先生的研究有了進步，卻於釋字上略有紕漏。論述詳細而精闢者，恐怕莫過於島邦男先生了。

島邦男先生經過多方面的考察，發現「□」還是應當釋爲「丁」。文例證明，它作爲祭祀對象，有時指祖神，分別是武丁和文武丁；有時則指上帝，稱爲「丁示」或「示丁」，島邦男先生認爲，「丁」可用做上帝的別稱，是因爲「丁」與「帝」通；寫成「□」，是爲了與外祭的「帝（禘）」區分開來。而作爲祭名，當釋爲「禘」（周初作「啻」，後世作「禘」）。「丁祭」的祭神，祇限於武丁、祖甲、康祖丁、武乙、文武丁等直系五先王以及母癸、妣己、妣癸。「丁祭」，或寫成「升丁」，或寫成「宗丁」，通常則作「丁」；祭祀武丁、祖甲、康祖丁及母癸的場合作「丁」，祭祀妣癸的場合則祇作「升」。要言之，「丁祭」就是後世的「禘祀」。島邦男先生自認爲已經揭開千古聚訟的「禘禮」的秘密了〔註43〕。

金祥恒先生從「釋祊」說，卻認爲「祊」音讀如「報」，「祊示」即「祊宗」，「祊宗」指報祭上甲和三報（報乙、報丙、報丁）〔註44〕。頗有見地。

連劭名先生也釋爲「丁」，卻引《史記・龜策列傳》：「能得百莖蓍，並得

〔註39〕商承祚《殷虛文字類編》，決定不移齋，1923 年。

〔註40〕吳其昌〈殷虛書契解詁〉，載武漢大學《文哲季刊》3 卷 2、3、4 期，4 卷 2、4 期，5 卷 1、4 期，1934 年。金祖同：《殷契遺珠考釋》，孔德圖書館叢書第一種，1939 年 5 月；楊樹達：《積微居甲文說》卷上 27 頁，中國科學院，1954 年 5 月。

〔註41〕陳夢家《殷墟卜辭綜述》437 頁，科學出版社，1956 年 7 月。

〔註42〕董作賓〈爲書道全集詳論卜辭時期之區分〉，載《大陸雜志》第 14 卷 9 期 4 頁，1957 年 5 月。

〔註43〕島邦男《殷墟卜辭研究・禘祀》（中譯本）174～185 頁，臺灣鼎文書局，1975 年 12 月。

〔註44〕金祥恒〈卜辭中所見殷商宗廟及殷祭考〉（上），載《大陸雜志》第 20 卷第 8 期 249～253 頁，1960 年 4 月。

其下龜以卜者，百言百當。」為證，讀作「當」，考釋為占卜術語〔註45〕。則與祀典無涉。

（三）血祭

在傳世典籍中，血祭是常用的祭祀方式。最為大家耳熟能詳的例子是《孟子‧梁惠王上》所載以牛或以羊「釁鐘」的故事。商代也有血祭，證據就是「血」在祭儀之中的使用。甲骨文稱為「衁血」、「奠血」，就是以血為祭；或直接稱「血」，用作動詞，意思就是「血祭」。「血」字有時也和「冊」連用，可證商人殺牲取血以祭的事實〔註46〕。結合甲骨文中有關用牲的方式考察，商代存在著「血祭」似乎是毋庸質疑的（請參考本章第三節）。

有學者為「血祭」的存在提供了最為直接的證據。甲骨文有一個「彝」字，通常用作祭名，是指某種祭儀。這大概用不著討論。陳復澄、林小安兩位先生更進一步認為，「彝」是「以雞血血祭的會意字」〔註47〕。「血祭」的推斷應可信，但說是「使用雞血」則未免失於具體。目前為止，殷墟卜辭中還不見用雞為犧牲的例證（請參考本章第三節），況且，「彝」字所從祇是個「隹」的形體，為知非「雞」不可呢？因此，「彝」祇是血祭之意，至於用什麼犧牲，則應具體而定。有的學者發現，「血祭」得到了考古發掘上的證明，例如：江蘇銅山丘灣的商代社祀遺址就曾經舉行過「血祭」〔註48〕。如果推論不誤，這大概是目前僅存的商代「血祭」現場了。

當然也有學者否定甲骨文「血」字的考釋，這便從根本上否定了「血祭」的存在〔註49〕。

（四）碎物祭〔註50〕

有學者提出，在商代諸般的祭祀禮儀中，有「碎物祭」這種祭儀。所謂

〔註45〕 連劭名〈再論甲骨刻辭中的血祭〉，載《于省吾教授百年誕辰紀念文集》31～36頁，吉林大學出版社，1996年9月。

〔註46〕 連劭名〈再論甲骨刻辭中的血祭〉，載《于省吾教授百年誕辰紀念文集》31～36頁，吉林大學出版社，1996年9月。

〔註47〕 陳復澄、林小安〈周原鳳雛宗廟基址考〉，載《徐中舒先生百年誕辰紀念文集》272頁，巴蜀書社，1998年10月。

〔註48〕 俞偉超〈銅山丘灣商代社祀遺跡的推定〉，《考古》1973年5期。

〔註49〕 裘錫圭〈釋殷墟卜辭中𧗟 𧗟等字〉，載《第二屆國際中國古文字學研討會論文集》73～94頁，香港中文大學中國語言文學系，1993年10月。

〔註50〕 本小節參閱何崝〈商代卜辭中所見之碎物祭〉，載《中國文化》第11期，1995年春季號。

的「碎物祭」，就是在祭祀時，把獻給神祇的物品打得粉碎。考古挖掘發現，出土的祭祀器物中往往有支離破碎者，其中不少當然是自然損壞的，但相當部分則是當年的人為破壞。早在新石器時代，人們在祭祀中就故意毀壞祭品：不管是陶器、銅器、玉器、石器，還是牛、羊等的軀體。有商一代，人們似乎仍遵循著這種祭祀習慣，並最終使之成為一種禮儀。商代考古材料顯示：車馬、青銅器、陶器、卜骨均有被故意損毀者。更具意義的是甲骨卜辭上所表現出來的碎物祭：「車」轅折損，「鼎」身坼裂，「弓」弦截斷，「爵」形離析，用以代表器物名的文字筆劃竟然殘缺不全！進一步考察這些字的用例，更令人驚訝，多是用為祭名。卜辭的內容表明，商代的碎物祭應是施於至上神（包括「天、地、山諸神」）和商王室先祖的。目前的研究結果顯示，這種早期的碎物祭一直延至後世，秦漢之際仍有碎物祭的遺蹟。

關於碎物祭的施行目的，研究者推測：奉獻於神祇的物品具有神性，不能為凡人所觸摸，因此，為一般人的安全著想，便故意破壞祭品。另有學者推測：破壞祭品的外在形態，以便使它的虛幻形態進入冥府，奉獻給陰界的神靈〔註51〕。可是，既然祭品中有完整無缺者，兩種推測都並非無懈可擊。

綜合考察國內（例如某些少數民族所推行的天葬儀式）乃至世界各地的民俗材料，似乎可以肯定商代碎物祭的存在，那麼，也就意味著「碎物祭」的立論是成立的。不過，其起因仍有待探明。

第二節　形形色色的郊祀

與宗廟之祭相對的是「郊祭」。對超自然神和自然神的禮拜中國古代統稱為「郊祀」。因祭祀天地萬物多在郊外舉行，故稱。商代的「廟祭」也有舉行外祭的，例如對「高祖」和「先臣」的祭祀，所以商代的郊祀也包括某類「廟祭」，與後世郊祀稍有不同。而對上帝的祭祀也可以在宗廟舉行，宜乎稱之為「廟祭」。當然，商人的廟祭仍以「內祭」為普遍，而「郊祀」基本上都是外祭。

自然神指天地萬物的神祇，諸如：山川河流、叢林草莽、日月星辰、風雨雷電、雲虹雪雹，莫不是商人頂禮膜拜的對象。超自然神則祇有一個：上帝。

〔註51〕青海省文物考古研究所《民和陽山》53頁，文物出版社，1990年。

一、超自然神——上帝的祭祀

典籍中屢見「上帝」一語，例如：《尚書》、《禮記》、《荀子》、《墨子》等，用例數以百計。銅器銘文也恒見「上帝」二字。

超自然神的上帝，在甲骨文中多稱爲「帝」，偶爾稱爲「上帝」（僅三見），商代的銅器銘文亦見「上帝」的稱謂，如《𠂤其卣》，或簡稱「上」，通常和「下」連用。胡厚宣先生說：「下上之上必爲上帝，而下者或指地祇百神而言。」〔註52〕陳夢家先生也說：「上指上帝神明先祖，下或指地祇。」〔註53〕據島邦男的統計，署有「帝」或「上帝」的甲骨文超過四百片〔註54〕。祇佔十萬片甲骨中很少的一部分。

甲骨文的「帝」是孫詒讓考證出來的，字屬六書中的「象形」，可像什麼形狀卻見仁見智，莫衷一是。歸納起來大致有幾種說法：1、「花蒂說」。持此觀點的有吳大澂、王國維、郭沫若等。吳大澂認爲「帝」像花蒂之形，是花萼和花蒂的摹狀。王國維則認爲祇是「花萼」之形〔註55〕。2、「束薪說」。持此觀點的有葉玉森、明義士等〔註56〕。葉玉森認爲「帝」字下部象束薪之形，也就是「寮」字，禘祀用寮，故帝從寮；帝是王者，用寮祭天，所以帝上一橫代表天。3、「祭器說」。持此觀點的有內野台嶺、出石誠彥等〔註57〕。4、「標識說」。持此觀點的有森安太郎〔註58〕。

島邦男先生無奈地說：單從字形上去判斷「帝」的本義是相當困難的。這是很有代表性的看法。

「帝」或「上帝」有主宰自然和社會的權力，能別的神祇所不能（祇有《乙》3121一片所載的「河」例外）。祂令風雨雷電，降旱魃災異，支配年成

〔註52〕 胡厚宣〈殷代之天神崇拜〉，載《甲骨學商史論叢》初集第 2 冊 8 頁，成都齊魯大學，1944 年 3 月。

〔註53〕 陳夢家《殷墟卜辭綜述》568 頁，科學出版社，1956 年 7 月。

〔註54〕 島邦男《殷墟卜辭研究》（中譯本）186 頁，臺灣鼎文書局，1975 年 12 月。

〔註55〕 吳大澂《說文古籀補》附錄；王國維：《觀堂集林》卷 6〈釋天〉，中華書局，1959 年 6 月；郭沫若《甲骨文字研究·釋祖妣》（上冊），人民出版社，1952 年 9 月。

〔註56〕 葉玉森《殷墟書契前編集釋》卷 1，82 頁，大東書局，1933 年 10 月；明義士〈柏根氏舊藏甲骨文字·考釋〉44 頁，載《齊大學刊》6、7 期。

〔註57〕 見島邦男《殷墟卜辭研究》（中譯本）191 頁所引，臺灣鼎文書局，1975 年 12 月。

〔註58〕 見島邦男《殷墟卜辭研究》（中譯本）191 頁所引，臺灣鼎文書局，1975 年 12 月。

豐歉，裁決戰爭的勝負，操縱國家的治亂，甚至主宰生死疾病。陳夢家先生曾系統地總結為十六個方面：（1）令雨。（2）令風。（3）令𩁹（雲霞之氣）。（4）降艱。（5）降禍。（6）降潦。（7）降食。（8）降若（順、祥）。（9）若（允若）。（10）授佑。（11）授年、害年。（12）咎王。（13）佐王。（14）與邑。（15）官（憂）。（16）令〔註59〕。朱天順先生認為這十六個方面可以歸納為兩大內容：一是支配自然現象，以影響人間禍福；二是支配社會現象和支配社會統治者〔註60〕。按說，「上帝」具有如此之神威，人們應該對祂勤做禮拜纔是。然而，有關「帝」或「上帝」的祭祀卜辭卻難得一見。因此，許多學者（如董作賓、胡厚宣、陳夢家等）是完全否定商人祭祀「帝」（或「上帝」）的。近年有學者對這種現象做了有意思的推測。劉志慶先生認為：對祖先神的崇拜（世俗感情）逐步消解了對上帝的崇拜，「最後導致祖先崇拜終於壓倒了上帝崇拜，中國的宗教也沒有形成一神教而走向多神崇拜」〔註61〕。島邦男則是個例外。他舉出《通‧河井大龜》、《遺》935等幾片卜辭以證明「帝」（或「上帝」）也受祭祀；而且，甲骨文的「帝祀（禘祀）」就是「帝（上帝）」享祀於人間的明證。這裏援引島邦男先生的一段話：「……所謂帝祀就是以上帝為主神而祀之，並祀土神，且以嶽、河、契、王亥、上甲、祖乙等配祀的祭祀。」「至後世則稱之為『郊祀』。」〔註62〕島邦男先生認為，因為上帝為降雨、令風、授年、降儆的主宰者，所以「帝祀」的目的是為了「寧雨」、「寧風」、「寧儆」、「求年」、「求雨」。可謂很有代表性的一種說法。

如果島邦男先生的考證可信，那麼，以祖先神為配祀的超自然神的祭祀儀式可以在宗廟舉行，當然更常見的是在四鄙及地方舉行，所以才有「方帝」之稱。由於祀帝的文例不多，所以祭祀上帝的時間僅見「二月」、「九月」、「十月」、「十二月」。獻祭的犧牲僅有「犬」、「羊」，好像並非特別隆重。

島邦男先生所持「帝」受祭於人間的觀點也得到了部分學者的支持。例如王蘊智先生就是其中的一位。不過，王先生倒是主張：商人祭祀「帝」經歷了一段時間的改革，早先（武丁時期）是在祭祀與「帝」關係密切的方神

〔註59〕陳夢家《殷墟卜辭綜述》561～571頁，科學出版社，1956年7月。

〔註60〕朱天順《中國古代宗教初探》255～259頁，上海人民出版社，1982年。

〔註61〕參氏著〈論殷商時期的上帝崇拜和祖先崇拜〉，載李雪山主編《董作賓與甲骨學研究續編》82～86頁，中國社會科學出版社，2007年12月。

〔註62〕島邦男《殷墟卜辭研究》（中譯本）199～200頁，臺灣鼎文書局，1975年12月。

（例如四方神、土方神等）的同時也拉上「帝」一塊兒祭祀，然後（廩辛康丁時期）是利用祖神、先臣神「賓於帝」的機會祭祀，最後是把「帝」直接請進宗廟致祭，例如，「帝降」就是指「帝降於宗廟」〔註63〕。王先生所舉的例證較島邦男先生多，也有一定的說服力。值得我們注意的是，王先生所列舉的某些提到祭「帝」的卜辭，往往也記有宗廟名。這或許是「帝」於宗廟受祭的確證。當然，上帝和方神等一塊兒受祭時，其祀典當在郊外舉行，即所謂的「郊祀」。

可是，話得說回來，「帝祀（禘祀）」到底所祀何物，歷來便眾說紛紜，孰是孰非，一時還難以遽下斷語。無論如何，從祭祀上帝的甲骨文數量上判斷，從其它神祇常配祀於上帝考察，「帝」（或「上帝」）作為超自然神是不大接受、甚至不接受人間香火的。這反映了時人對祂敬而遠之又無可奈何的心態。

「帝」在武丁時期還祇是至高無上的神祇的專稱，到了廩辛、康丁以後，就可以用以指帝王了，例如「帝甲」、「文武帝」等。暗示「帝」的神威大大下降，而人王的權威則大大上陞了。

二、自然神的祭祀

據陳夢家、胡厚宣二位先生的考證，在甲骨文中最常見的自然神有以下幾位：日、月、星、雲、風、雨、雪、虹、四方、東母、西母等。後來，陳夢家先生作《殷墟卜辭綜述》時，對自己的考證有所修訂，祇認為「日」、「雲」、「風」、「雨」、「東母」、「西母」等是自然神。

多神崇拜是人類社會早期所具有的共性，它體現了人類渴望征服自然的願望。諸如「風」、「雨」、「雷」、「電」等自然現象，與人類的生產、生活息息相關，而人類卻又無法駕馭，祇能將之神格化以寄託自己的理想。因此，甲骨文中載有自然神是不容爭辯的。不過，何者是神，何者不是，倒是仁者見仁，智者見智。下面我們就來討論討論。

（一）日神，甲骨文作「日」。日神神性兼具善惡，日象可昭示禍福，如：「出日」、「入日」——日出日落〔註64〕、「日晦」——日色昏暗、「日戠」—

〔註63〕 王蘊智〈試論殷墟時期上帝觀念的發展〉，載《徐中舒先生百年誕辰紀念文集》81～85頁，巴蜀書社，1998年10月。

〔註64〕 參宋鎮豪〈甲骨文中反映的農業禮俗〉，載王宇信、宋鎮豪主編《紀念殷墟甲

—太陽耀斑、「日食」等；日神可降災施祥；日神可操縱某些自然現象，如風雨、「天鳴」。商人祭祀日神的活動，通常在日象出現之際或之後舉行。活動內容包括殺牲（戠牛、歲牛、卯牛）、祀祝（侑、酚、祼）、焚燒（焚、尞）、沈玉（沈）等一系列儀式。日被賦予神格，乃陳夢家先生的創造〔註65〕。胡厚宣先生進一步發揮之〔註66〕。後來卻遭到島邦男先生的批駁：「以日爲日神的說法不免草率，……所舉證，沒有一個足以證明日神之有所存在。」〔註67〕的確，商代尚沒有「羲和」、「東君」之類的神名，這是事實；不過，甲骨文中卻有商人祭祀日象的記載，這也是事實。也許，商人如同世界上其他民族的人們一樣，對太陽心存敬畏以致禮拜之，儘管他們還沒有給予祂一個恰當的名分。

（二）「風」，甲骨文皆借「鳳」爲之。郭沫若先生說「鳳」是上帝的使者，風神配祀於上帝，故借「鳳」爲「風」。甲骨文中有四方風神，爲東方風神「劦」、南方風神「微」、西方風神「彝」、北方風神「殴」。祂們分別是東方神「析」、南方神「因」、西方神「夷（《山海經》作「韋」）」、北方神「伏」的使者（關於四方神，第六章第三節續有討論，此處不贅）。有意思的是，這塊載有這些神名風名的骨頭（《京津》520，即《合集14294》），剛發現的時候連郭沫若都以爲是假的，以致沒有收入到他的《殷契粹編》中。後來在殷墟所出土的甲骨中又發現了有同樣的神名和風名（《乙》4548，即《合集》14295），人們的疑慮終告消失。時隔五十餘年，松丸道雄先生又在日本發現了類似的甲骨〔註68〕。胡厚宣先生首先揭示這個神祇系統與《山海經》所載有所相合，其後楊樹達、陳夢家、曹錦炎、陳漢平等學者續有發明〔註69〕，使四方及四

骨文發現一百周年國際學術研討會論文集》362～365頁，社會科學文獻出版社，2003年3月；又氏著《夏商社會生活史》第八章宗教信仰之一、日神崇拜，中國社會科學出版社，1994年9月。

〔註65〕見氏著〈古文字中之商周祭祀〉，載《燕京學報》19期，1936年6月。

〔註66〕見氏著〈殷代之天神崇拜〉，載《甲骨學商史論叢》初集第二冊，成都齊魯大學，1944年3月。

〔註67〕島邦男《殷墟卜辭研究》（中譯本）230頁，臺灣鼎文書局，1975年12月。

〔註68〕關於四方風甲骨的材料及流布情況，請參閱松丸道雄〈介紹一片四方風名刻辭骨——兼論習字骨與「典型法刻」的關係〉，載王宇信、宋鎮豪主編《紀念殷墟甲骨文發現一百周年國際學術研討會論文集》83～87頁，社會科學文獻出版社，2003年3月。

〔註69〕胡厚宣〈甲骨文四方風名考證〉，載《甲骨學商史論叢》初集二冊，成都齊魯大學，1944年3月；楊樹達〈甲骨文中之四方風名與神名〉，載《積微居甲文

方風神的研究更加深入。商人祭祀風神的目的大致有二：一是求風、來風，有時兼及求雨；一是寧風，有時也兼求息雨。風神的祭禮雖無定法，但也用牲。求風、來風的祭牲牛、羊、豚、犬等，不一而足；寧風的祭牲則多是犬〔註70〕。如同日神一樣，島邦男先生也否定風神的存在〔註71〕。事實上，由於有典籍方面的佐證，甲骨文中關於四方及四方風神的記載應是可信的。筆者不知道島邦男先生是否因懷疑《山海經》的真確以致懷疑這些甲骨的內容。《山海經》存在文字上、尤其是關於四方神名及風名的訛誤倒是可以肯定的，不過，訓詁學家，例如郭璞、畢沅、郝懿行、俞樾，早就做過訂正的工作，而以孫詒讓所考最善。他認為，東南西北神名當分別作「折丹」、「鵜」、「因乎」和「石夷」，其風名當分別作「俊」、「狹」、「乎民」和「章」〔註72〕。當然，其名稱還是與甲骨文所載有些距離。倘若把《山海經》所載視為不經之談，那甲骨文中所謂四方神名及風神名自然不無可疑了。有學者以為四方神的名字「應是以草木禾穀生長的特點來命名的」，而風神也代表了四方「季風」〔註73〕。是饒有趣味的推測。不過，可能有點兒坐實了。

（三）甲骨文的雨神徑書為「雨」。商人祭祀雨神的目的和祭祀風神的目的相類，一是求雨，有時則與風神同祭；一是「去雨」（或作「退雨」、「寧雨」）。雨神之祭，當然可以直接施於雨神，如求雨，但更多的是借助於方神、土地山川動植物神或祖先神，如嚴重旱情下的求雨、造成澇災時的「去雨」。求雨的祭禮除了較常用的「侑」、「燎」、「歲」、「伐」、「酌」、「沈」、「卯」等儀式外，還舉行祈禱的歌舞活動，有「舞羊」、「作土龍」舞等，歌舞通常伴以奏樂；此外，倘若旱情十分嚴重，則舉行「焚巫尫」儀式，就是用人牲（通常為女性）作祭。「焚巫尫」的儀式上，還要宣讀禱告祝辭。求雨用人牲當無可疑，

說》，中國科學院，1954 年 5 月；陳夢家《殷墟卜辭綜述》241、589 頁，科學出版社，1956 年 7 月；曹錦炎〈釋甲骨文北方名〉，《中華文史論叢》1982 年 3 輯；陳漢平〈古文字釋叢〉，載《考古與文物》1985 年 1 期。

〔註70〕 參宋鎮豪《夏商社會生活史》第八章宗教信仰之二、氣象崇拜（二）風神與祭風，中國社會科學出版社，1994 年 9 月；又氏著〈甲骨文中反映的農業禮俗〉，載王宇信、宋鎮豪主編《紀念殷墟甲骨文發現一百周年國際學術研討會論文集》365～366 頁，社會科學文獻出版社，2003 年 3 月。

〔註71〕 島邦男《殷墟卜辭研究》（中譯本）232 頁，臺灣鼎文書局，1975 年 12 月。

〔註72〕 孫詒讓《札迻》卷三，「《山海經》郭璞注」條，光緒二十年籀廎刻本。

〔註73〕 王暉〈論殷墟卜辭中方位神和風神的蘊義〉，載王宇信、宋鎮豪、孟憲武主編《2004 安陽殷商文明國際學術研討會論文集》326～326 頁，社會科學文獻出版社，2004 年 9 月。

但是，所焚者一定是「巫尪」嗎？有些學者不禁疑惑〔註74〕。這源自對「烄」
字的理解。認爲焚「巫尪」的學者認爲「烄」字不從「交」而從「黃」，故字
讀如「尪」。事實上，「烄」字形體甚夥，確有從「交」從「文」者，那祇是
個雙腳交叉而立的人的形象。因此，所焚者不一定限於「尪」，恐怕也有別的
犧牲者。正如「薶（埋）」，既可從「牛」，便是「薶（埋）」牛；又可從「羊」，
便是「薶（埋）」羊。島邦男先生同樣不同意雨神的存在〔註75〕。在中國古代
的典籍中，的確是有雨神的，名叫「雨師」。《周禮・春官宗伯・大宗伯之職》
載：「以槱燎祀司中、司命、飌師、雨師。」後世或稱之爲「雨工」。而甲骨
文中，固然記載了求雨、去雨的祈禱或祭祀，卻眞的沒有「雨師」之類的神
在。換言之，「雨」能不能看作神名，似乎是値得進一步討論的。

　　（四）甲骨文的「土（社）」神，島邦男認爲，因其往往在「帝祀（禘祀）」
中出現，故尊崇的地位僅次於「帝（上帝）」，但神性卻較溫和，絕無「它年」、
「它我」的舉動。島邦男先生的看法得到了考古發掘上的證實。1959 年、1960
年和 1965 年，考古學者對位於江蘇徐州以北 17 公里處的銅山縣丘灣遺址進
行了三次挖掘，基本完成了這一商代文化層的清理。結果發現，這是一處商
代社祀遺存。整個遺址佔地約 75 平方米，遺址的中央放置著四塊未經加工的
自然巨石。石塊呈不規則形，下端爲楔狀，直埶土內。略作方柱形的一塊爲
中心，南、西、北三面各一塊環繞而立。四塊石頭的周圍埋葬著人骨 20 具、
狗架 12 具、人頭 2 個。人頭俱面向石座。考古學家推測：這四塊石頭是有意
識放置的，堆砌而成的石座就是祭壇，也就是商代的「社」。商代的統治階級
曾在這裏舉行過祭祀儀式。祭祀儀式上，人和狗被處死，就地掩埋〔註76〕。
然而，有相當一部分學者（如王國維、郭沫若、王襄、董作賓、傅斯年、于
省吾等先生）認爲「土」乃商人之祖「相土」，而不是「社」神。如此說來，
商承祚、葉玉森、陳夢家、胡厚宣、島邦男等先生所主張的「土（社）」神之
說也許還得經受驗證〔註77〕。

〔註74〕單周堯〈說烄炆〉，載《殷墟博物院院刊》（創刊號）165～168 頁，中國社會
　　　科學出版社，1989 年 8 月。
〔註75〕島邦男《殷墟卜辭研究》（中譯本）232 頁，臺灣鼎文書局，1975 年 12 月。
〔註76〕請參閱：南京博物館〈江蘇銅山丘灣古遺址的發掘〉，載《考古》1973 年 2
　　　期；俞偉超〈銅山丘灣商代社祀遺跡的推定〉，載《考古》1973 年 5 期；王宇
　　　信、陳紹棣〈關於江蘇銅山丘灣商代祭祀遺址〉，載《文物》1973 年 12 期。
〔註77〕參考李孝定《甲骨文字集釋》第十三「土」字條的有關引述，中央研究院歷
　　　史語言研究所，1991 年 3 月第五版。

（五）嶽神，就是山川之神〔註78〕。「嶽」的神威有「它年」、「它雨」、「它王」等，因此，祀「嶽」，通常爲了求雨、求年、求「勿它」。「嶽」的祀典多爲「寮」。甲骨文中，嶽字的形體很多，以致有些學者把它釋爲「羔」，即「昌若」、「帝嚳」或「昭明」，例如，羅振玉、王國維、商承祚、容庚、王襄、胡光煒、吳其昌、朱芳圃、孫海波、丁山、張秉權、楊樹達、聞一多、唐蘭等學者就是這樣考釋的。另外有些學者則釋爲「芈」，讀爲「鳴」，假借爲先公名：「冥」，例如，于省吾、陳夢家等學者就是這樣考釋的〔註 79〕。然而，甲骨文中別見上述先公先王名，作「止若」、「夒」、「季」，因此把「嶽」釋爲「羔」或「芈」，以爲先公先王名當有可商。近來也有學者認爲應是「舜」的古字〔註80〕。就此而言，可見探討中國遠古史是多麼的艱難。

（五）河，是商人最崇拜的神靈之一。島邦男先生收入《殷墟卜辭綜類》中有 520 例以上。作爲自然神，通常認爲即「黃河之神」。主此說者有董作賓、島邦男、赤塚忠、石田千秋、彭裕商等〔註81〕。河的神威可「它年」、「它雨」、「它王」、「祟王」、「授佑」等，因此，對祂的祭祀也就集中在「求年」、「祈雨」等方面上。也可以配祀於「上帝」。用於「河」的祀典有「報」、「御」、「往」、「告」、「取」、「寮」等近 20 種儀式。如同「土」、「嶽」，許多學者根據「高祖河」的文例把「河」確定爲商的先祖：「冥」（或「相土」），而不是河神。主此說者有郭沫若、吳其昌、于省吾、胡厚宣、楊樹達等先生〔註82〕。但是，

〔註78〕 孫詒讓《契文舉例》上 20，吉金盦叢書，1917 年；葉玉森《殷墟書契前編集釋》，大東書局，1933 年 10 月；陳夢家《古文字中之商周祭祀》，《燕京學報》19 期，1936 年 6 月；董作賓《中國古代文化的認識》，《歷史學報》8，1955 年 12 月；李旦丘《鐵雲藏龜零拾・考釋》，1939 年 5 月；島邦男《殷墟卜辭研究》（中譯本）220～224 頁，臺灣鼎文書局，1975 年 12 月。

〔註79〕 參考李孝定《甲骨文字集釋》第九「嶽」字條的有關引述，中央研究院歷史語言研究所，1991 年 3 月第五版。

〔註80〕 同注 47。

〔註81〕 董作賓《中國古代文化的認識》，《歷史學報》8，1955 年 12 月；島邦男《殷墟卜辭研究》（中譯本）216～220 頁，臺灣鼎文書局，1975 年 12 月；赤塚忠〈殷王朝における河「ㄏ」の祭祀とその起源〉，載《甲骨學》4、5 合並號，1956；石田千秋〈殷墟与洹河的关系——殷墟聖地考〉，載《殷墟博物院院刊》（創刊號）64～69 頁，中國社會科學出版社，1989 年 8 月；彭裕商〈卜辭中的土河岳〉，載《四川大學學報》叢刊第 10 輯《古文字研究論文集》，1982 年。

〔註82〕 參考李孝定《甲骨文字集釋》第十一「河」字條的有關引述，中央研究院歷史語言研究所，1991 年 3 月第五版。

島邦男先生認爲「高祖河」是「高祖」和「河」並稱，猶如「嶽、河、夒」例中自然神和高祖神並稱的情形一樣。近來葛英會先生也主此說〔註83〕。也許如此，有些學者調和兩派的意見，認爲「河」既是商先祖又是河神。主此說者有姚孝遂、肖丁等〔註84〕。近年羅琨先生也傾向於此說，但有所發明。對所有涉及「河」的卜辭進行考察後，她認爲：「卜辭中的『河』既有自然神——大河之神的神格，又有宗廟之主的性質，與『高祖』有對等的地位，沈妾祭河，顯然是河伯娶婦的濫觴，所以卜辭中享祭之河當即河伯。」根據典籍所述，「河伯原爲人，後來才被奉爲河神。」〔註85〕筆者以爲，羅先生說殆爲不刊之論。

（七）「雲神」，甲骨文作「雲」。陳夢家、胡厚宣兩位先生力主「雲」是雲神，有一定道理。如同其他神祇，「雲」可享祀於人間。祭祀「雲」的儀式常用「尞」，犧牲有豕、羊、犬，偶爾用酒。「雲」可配祀於上帝，稱「帝雲」。凡此種種，「雲」具神格應可相信。尤其是祭雲用「尞」，有著樸素的科學性。胡厚宣先生說：殷人求年祈雨，故亦祭雲。可謂切中肯綮。以前農民常在曠野焚田，爲的就是天降甘露。無奈島邦男先生仍持懷疑態度〔註86〕。

上述論及的諸神，儘管稍存分歧，但基本爲學術界所認同。其餘的「月」、「星」、「雪」、「虹」、「東母」和「西母」（詳見第六章第三節）等是否神格化，學術界還沒有取得一致的意見。而且材料比較零碎，證據也欠充分，這裏就從略了。這個方面，以陳夢家和胡厚宣二先生所論最詳，讀者諸君如有興趣，可參閱《殷墟卜辭綜述》、《甲骨文商史論叢·殷代之天神崇拜》、《甲骨文所見殷代之天神》等著作〔註87〕。

自然神的祭祀儀式通常在曠野舉行，有時也在封閉式的庭院舉行，例如伴有歌舞音樂的求雨儀式。

〔註83〕 葛英會〈外祭卜辭重讀與上古先王覓蹤（提要）〉，「紀念世界文化遺產殷墟科學發掘80周年考古與文化遺產論壇」論文，2008年10月29～31日，安陽。

〔註84〕 詳見姚孝遂、肖丁《小屯南地甲骨考釋》16頁，中華書局，1985年8月。

〔註85〕 羅琨〈卜辭中的「河」及其在祀典中的地位〉，載《古文字研究》第22輯6～12頁，中華書局，2000年7月。

〔註86〕 島邦男《殷墟卜辭研究》（中譯本）230～231頁，臺灣鼎文書局，1975年12月。

〔註87〕 陳夢家《殷墟卜辭綜述》，科學出版社，1956年7月；胡厚宣《殷代之天神崇拜》，《甲骨文商史論叢》初集2冊，1944年3月；又〈甲骨文所見殷代之天神〉，載《責善半月刊》2卷16期，1941年11月。

有學者認爲：如同典籍所記載的那樣，商人進行祭祀之禮是需要設立壇位的。在甲骨文當中，壇位有多個名稱，爲：「 （或『 』）」、「且（壇）」、「 」等。這些壇位，往往有一定的標識：「立中」。壇位多設立在「京」和「丘」，也設立在宗廟〔註88〕。

考古上的發現，證明上述說法有一定的根據。考古學家在某些個中商遺址（例如鄭州小雙橋遺址）找到了「祭壇」——東西長 50 米、南北寬 40 米、高達 12 米的高臺夯土型基址，發現了「燎祭遺跡」——由兩排石塊鋪成的燒土坑，還挖掘出人牲、獸牲、銅器、玉器等瘞埋的祭器〔註89〕。

第三節　與祀典相關的禮儀

一、饗禮〔註90〕

中國古代，「饗禮」是重要的禮制之一。根據典籍的記載，「饗禮」既隆而重之又極其繁瑣。「饗禮」除了滿足口欲之福以外，當是社交的方式之一；此外，「饗禮」常常和「祭禮」同時舉行，顯然，「饗祖」或「饗鬼神」無非是爲了祈福攘災的目的。筆者在前面已經談到過商代的典籍所保留的「饗禮」的資料，那幾乎無足道哉。那麼，甲骨文裏的「饗禮」材料又如何？

我們從甲骨文中得知，構成祀典的一項重要活動是「饗禮」，就稱爲「饗」。與後世典籍所載倒是不謀而合。隆重的饗禮通常在「宗（宗廟）」和「庭（宗廟的庭院）」舉行。

饗禮的參加者除了王族以外，還有「多子」——大臣或諸侯之類的人物（其中包括「多子族」，即大臣或諸侯的親族組成的隊伍）、「多尹（多君）」——商的朝臣和「多生」。

〔註88〕 連劭名〈商代祭祀活動中的壇位〉，載《古文字研究》第 22 輯 13～21 頁，中華書局，2000 年 7 月。

〔註89〕 宋定國〈商代中期祭祀禮儀考〉，載王宇信、宋鎮豪、孟憲武主編《2004 年安陽殷商文明國際學術研討會論文集》416～422 頁，社會科學文獻出版社，2004 年 9 月。

〔註90〕 本小節內容請參閱：宋鎮豪《夏商社會生活史》第五章，中國社會科學出版社，1994 年 9 月；裘錫圭〈甲骨文中的幾種樂器名稱〉，載《中華文史論叢》1980 年第 2 輯，許進雄《明義士收藏甲骨釋文篇》74 頁，加拿大多倫多皇家安大略博物館，1977 年；李純一〈關於殷鐘的研究〉，載《考古學報》1957 年 3 期。

　　饗禮盛大的陳設場面，甲骨文作「大宜」。「大宜」上的陳設物有「旅服（旅幣）」、「尊宜」、「尊禮」等。

　　饗禮包括飲酒禮。大祭後全體致祭者共同聯歡，以示與神同享。甲骨文作「享」、「饗酒」、「飲」。

　　「饗酒」者有王朝要臣、王的親屬、邊地的諸侯、商王朝各地群邑的官員、方國君長，等。

　　飲酒禮的地點通常是「大室」、「北宗」和「庭」。「大室」是商王處理日常政務、接受臣下朝見以及祭祀的場所。估計身份極尊貴者才能在此享受「飲」禮。「北宗」即宗廟，地方官員或邑子可在此行「飲」禮。「庭」又作「召庭」、「召大庭」。這是可以容納較多人的封閉式露天大廣場。地位平平之輩就在這兒「宴享」。

　　飲酒禮上，商人設席而「享」，「饗酒」者均席地而坐。甲骨文的「即」字和「鄉（饗）」字最為傳神，正像一（兩）個人跪坐在食器旁邊就餐。商代的遺址中出土過銅質、石質、甚至木質的「俎」、「案」，以及大批有著嚴格組合規則的銅製飲食器，如鼎、簋、觶、觚、爵，等。飲食器的組合實際上用以體現等級的合法性。以觚和爵的組合為例，根據考古的資料，竟有八個等列，最尊貴者（像王室的最上層人物）可以享用五十套的觚和爵；等而下之的末流貴族或中上層自由平民則祇能享用一套觚和爵。當然，同是貴族，在不同的時期有不同的「饗禮」等級標準。舉例說，在殷墟出土的飲食器的數量和組合就呈現出這種差異。同樣是貴族，第一期所能使用的器物有：鼎、甗、瓿、觚、爵等，數量有八件；第二期所能使用的器物有：斝、罍、卣、壺、觚、爵等，數量是十二件；到了第四期，所能使用的器物祇有：鼎、卣、爵，數量祇有三件。這些飲食器，可以充分讓我們想像到當時飲酒禮上觥籌交錯、杯盤狼藉的熱鬧場面。

　　商代的饗禮上還少不了「樂」。《禮記‧郊特牲》上說「殷人尚聲」，是很正確的。所謂的「樂」，實際上是器樂演奏、「舞」、「歌」三位一體。「以樂侑食」是中國古代食樂一政的禮制，用來體現尊卑貴賤的等級關係。「鐘鳴鼎食」說的就是這種情況。商代遺址的考古發掘中，飲食器和樂器、舞具、舞飾同出一穴有力地證明了這一點。商代「歌」和「舞」的具體細節，今天我們可要從《詩‧商頌》中細加玩味了，但商代音樂禮制的完善卻是可以通過甲骨文和考古發掘來認知的。據研究，甲骨文中出現的樂器共十八種之多，其中

有管樂、弦樂、打擊樂。管樂有「竽」、「龢」、「言」等；弦樂有「茲」、「效」等；打擊樂有「鼓」、「庸」、「鞀」、「磬」等。而在考古發掘中，樂器的種類有打擊樂、搖樂、管樂。打擊樂器包括「石編磬」、「玉磬」、「銅鼓」、「鐃」、「編鐃」、「鎛」、「皮面木鼓（鼉鼓）」等；搖樂包括「鐸」、「鈴」等；管樂包括「陶塤」、「骨塤」、「石塤」等。其中編鐃有兩件一套、三件一套、五件一套、十件一套等多種組合類型，最大的單個鐃竟重達 221.5 公斤；塤的形製有多種類型：無音孔、一音孔、三音孔、五音孔等。樂器的製作工藝水平之高，從一個角度反映了商代的音樂水平。古音樂專家曾對商代樂器進行過測音研究，認爲，商代樂器的製作、合奏和伴奏，證明當時已有標準音高和絕對音高的觀念，進而產生了半音觀念和五度協合觀念，中國古代音樂的「十二律體系」在商代已經基本確立。在中國古代，音樂總與舞蹈同在。甲骨文有「奏舞」一語，大概就是伴有音樂的舞蹈。商代的舞蹈形式是很豐富的。甲骨文見「舞」字。完全是一個人手持道具翩翩起舞的摹畫。在甲骨文中，舞蹈往往與祭祀共存。在祭祀某些自然神的時候，例如：河、嶽等，總離不開舞蹈。其中最爲常見的是求雨之舞，甲骨文這類文例相當多。人們還專門爲此造了個雨中舞蹈的象形字。這個字很可能就是後世「雩」的本字。《爾雅・釋訓》郭璞注道：「舞號，雩也。」而且進一步解釋說：「雩之祭舞者，籲嗟而請雨。」有時候，王還親自上場獻舞。甲骨文有占問王舞是否順利的記錄。可見王舞是件大事，否則也不會爲此而專門詢諸鬼神。另有學者考證，「萬舞」也是商族的傳統祭祀樂舞。在舊說中，「萬舞」曾被確定爲周人的祭祀舞蹈，例如《禮記外傳》、何休注《公羊傳》均持此說。然而，《墨子・非樂》卻認爲夏代已經有「萬舞」了。事實上，有不少卜辭記錄了商人在祭祀中舉行「萬舞」這樣的活動〔註91〕。「萬舞」是舞蹈者手執羽、籥、干、戚等器具，手之舞之、足之蹈之的舞種。「萬舞」的場面很壯觀：「萬舞洋洋」、「萬舞翼翼」、「萬舞有奕」，文獻中的這些描寫眞實地反映了「萬舞」盛大而熱鬧的場面。當然，商代的舞蹈並非全然爲了祭祀。典籍可證：《史記・殷本紀》上說紂王（帝辛）「使師涓作新淫聲，北里之舞，靡靡之樂，……」「北里之舞」是什麼舞蹈，現在已經很難考究了。但有三點可以肯定：1、它已經是有意識的創作了。2、它是純粹的娛樂性舞蹈。3、它是集音樂、歌曲、舞蹈於一身的綜合藝術。

〔註91〕 請參閱裘錫圭〈釋萬〉，載《中華文史論叢》第 2 輯，上海古籍出版社，1980年 6 月；王維堤〈萬舞考〉，載《中華文史論叢》第 4 輯 175～194 頁，上海古籍出版社，1985 年 11 月。

二、獻享

　　與祀典、饗禮密切相關的另一個儀式是獻享。獻享的主要方式是獻牲。獻牲的首要目的則是為了「饗神」，以求祈福禳災，次要目的則是為參加祀典饗禮者提供食物，即「自饗」。因此，無論是祭祀祖先神還是祭祀超自然神、自然神，獻牲總是免不了的，如果說彼此有什麼差異的話，恐怕祇是體現在犧牲的品種選擇、數量的多寡上罷了。

　　在傳世典籍中，偶有商代用牲的記載。例如《越絕書》有一則湯獻犧牛的故事。這可能是商代最早的用牲記錄。

　　殷墟甲骨文中記載的犧牲種類有：牛、豕、羊、犬、馬，較之後世所謂的六畜，獨獨少了「雞」。如果還要細分，則有：犅（公牛）、牡（泛指雄性犧牲，字從牛者指雄牛，餘此類推）、牝（泛指雌性犧牲，字從牛者指雌牛，餘此類推）、牲（犧牲的泛稱）、牢（經過專門飼養的犧牲，有牛羊馬三類：字從牛者指專門飼養的牛，字從羊者指專門飼養的羊、字從馬者指專門飼養的馬）、物（雜色牛）、豶（經過閹割的肥豕）、豭（牡豕）、豳（野豬）、豚（小豬）、騂（赤色馬）；此外還有：白牛、黃牛、戠牛（有黑色斑點的牛）、幽牛（黑色牛）、白豕、大豕、黑羊、禽羊（可能是得之於狩獵的野羊）、盧羊、白犬、盧犬，等等。其實，商代還以人為犧牲（這一點，留待下一節再詳細討論）。從甲骨文的記錄看，殷人在祀典中通常使用牛、豕、羊。可能地，後世使用「太牢」的習慣祇是繼承前朝的禮制罷了。其次是犬；用得最少的是馬。大概是因為犬常用於狩獵、看守，馬則常用於牽引、騎乘，俱是生產工具；其生產上的價值明顯大於祀典犧牲的價值。根據祭祀對象的不同，犧牲的種類也迥異。例如直系先祖（大示）通常用「牢」、「牛」，甚至有人牲；旁系先祖（小示）通常用「羊」，偶爾也有用「牢」、「牛」或人牲。又如：祭祀先妣，往往使用雌性犧牲。在祀典中，有時祇是用某一種犧牲，例如僅用「羊」或僅用「牛」；有時則是各種犧牲配合著使用，例如既用「牛」，又用「羊」。隨著祭祀對象的不同而使用不同的犧牲，實話說，這個問題還不是研究得很透徹。

　　祀典上所使用的犧牲數量一般沒有具體的限定。在卜辭中，數量最大的一次貞問竟然是上千牛，雖然不一定真的使用這麼多牛作犧牲，但平時用三五十則是等閑之數。屠宰這麼多的犧牲，一方面固然說明商代畜牧業之發達，另一方面則說明參加祀典的人數不可小覷。雖說祀典上使用的犧牲數量沒有

定數，但根據祭祀對象的不同，其用牲的數量也會隨之發生變化。例如：同樣是用「牢」，直系先祖（大示）的用「牢」數量必然多於旁系先祖（小示）；同理，同樣是用「牛」，直系先祖（大示）的用「牛」數量必然多於旁系先祖（小示）。如同「隨著祭祀對象的不同而使用不同的犧牲」的問題一樣，這個方面的研究仍不是很深入。

「饗神」的犧牲，根據時人的功利目的的不同有不同的處置方式，這一點，筆者已經在上一節中約略提過了，不過，其間的某些規律尚有待總結。就甲骨文而言，「饗神」犧牲的處置可以分為幾個步驟：1、殺牲，包括犧牲的殺後處理。2、獻牲前奏，殺牲和祭奠之間的某種儀式。3、獻享，把犧牲奉獻給神。

殺牲的手段林林種種，可能隨不同的神衹、不同目的的禱祝而取不同的宰殺手段。常見的有：「卯」，可能是把犧牲一分為二的手段；「刪」，可能是剁掉犧牲四肢的手段；「伐」，從字形上推測，可能是砍下犧牲頭顱的手段；「劌」，甲骨文寫成「歲」，即「劌」的本字，刺殺犧牲的手段；「戠」，就字形進行分析，可能是把犧牲捆綁起來砍殺的手段。

商人殺牲以後，並不是馬上把犧牲獻給神衹，而是還要履行某種程式，這裏我們姑且稱之為「獻牲前奏」吧！甲骨文中有幾個用作祭祀專稱的字，恐怕都和「血祭」有關：「刎」，甲骨文寫成「勿」，即「刎」的本字，大概是把犧牲的血濺滴在土地上；「衁」，把犧牲的血塗抹在器皿上或別的什麼地方，然後致祭〔註92〕；「率」，甲骨文字像鮮血飛濺的情狀，似是灑血以祭的寫照；「彝」，甲骨文像雙手倒提著一隻鮮血淋漓的禽類置於「示（放置神主、祭品的案俎）」上之形，血祭之意至為明顯。這四個祭名代表著四種血祭儀式。

獻牲也有多種形式：「侑」，甲骨文寫成「出」或「又」，即「侑」的本字，把犧牲和其他酒食一塊兒獻給神衹的禮儀；「薶（埋）」，甲骨文有多種形體，或從犬，或從牛，或從羊，等等，俱像把犧牲埋在土裏，意思就是指埋牲於土，字從牛者即埋牛，字從羊者即埋羊，餘此類推；「沈」，甲骨文有多種形體，或從牛，或從羊，意思是把犧牲沈於水中，從牛即沈牛，從羊即沈羊，餘此類推，通常用於祭祀河神的祀典；「燎」、「柴」和「焚」，「燎」，甲骨文

〔註92〕近來陳劍先生對此字重新作了考釋，認為字應當隸定為「氾」，用如「皆」，意義為「全；全部」，與「血祭」沒有關係。詳參氏著〈甲骨文舊釋「智」和「衁」的兩個字及金文「飘」字新釋〉，載復旦大學出土文獻與古文字研究中心編《出土文獻與古文字研究》（第一輯），復旦大學出版社，2006年12月。

寫成「尞」，即「燎」的本字，「燎」、「柴」和「焚」都是焚燒犧牲，也許燒成灰燼，也許祇是把它烤熟，以便用於宴享，通常用於祭祀嶽神、先公、先臣神以及祈雨的祀典；「福」和「酻」，「酻」可能就是後世的「酒」字，有學者認為它不是「酒」字，「應該是指一種傾酒的祭儀」〔註93〕，「福」和「酻」就是把犧牲和酒一塊奉獻給神的禮儀；「脅」，字也從「酉」，可能也和「福」、「酻」相當；「祼」，《說文解字》解釋說：「灌祭也。」大概就是《左傳・僖公四年》上說的：以包茅縮酒的禮神方式。不知道商代的「祼」是否如此。「束」，可能是把犧牲四肢捆起來奉獻給神的一種儀式。

　　獻享的另一種方式是獻玉。前面已經提過，古文字的「禮」就是把玉奉獻給鬼神的寫照。甲骨文中果然有把玉奉獻給「帝」、「河」、「大甲」和「黃尹」等神祇的記錄。有時甚至用成雙的玉（玨）致祭。甲骨文又有「巫」字，常用作祭名。羅振玉說：「象巫在神幄中而兩手奉玉以事神。」此說有據！《尚書・金縢》上說：「武王有疾，……周公立焉，植璧秉珪，乃告大王、王季、文王。史乃冊祝曰：『……爾之許我，我其以璧與珪，歸俟爾命；爾不許我，我乃屏璧與珪。』」用祭玉賂神，周初尚且如此！根據文獻的記載，投玉於河或埋玉於土是常用的獻玉形式。徵之甲骨文，在祭祀河神的時候，確實通常投玉於河，就稱之為「沈」。而考古發掘證明，「埋玉於土」的說法也並非虛妄，有一次竟出土了二百餘枚祭玉。甲骨文的內容還表明，在「尞」祭中也會使用玉，不知道是不是焚玉的禮儀。在葬儀中，玉常常是斂屍之物，是給鬼魂的奠禮，則屬於另一種獻玉形式。與奉獻酒食不同，獻玉的目的也許在於玉具有人們所想像的通靈性，可以起到把神祇和人類聯繫在一起的作用。

　　傳世文獻和甲骨文都表明，獻享還包括奉獻黍稷。甲骨文五種祀典中的「豆」大概就是奉獻黍稷的祭儀。《詩經・商頌》上說的「顧予烝嘗」，也是指向鬼神敬獻黍稷的祭儀。

　　除了犧牲、酒、黍稷、玉等，獻享所使用的物品恐怕還有別的一些什麼。可惜目前仍缺乏這方面的研究成果。

三、禱祝和立尸

　　與祀典相關的還有一種禮儀：禱祝。古代的祭祀，無論其形式如何，究

〔註93〕　朱鳳瀚〈論酻祭〉，《古文字研究》第 24 輯 87～94 頁，中華書局，2002 年 7月。

其實質不外祈福禳災。因此，祀典的一個重要的組成部分，就是禱祝。甲骨文的「祝」字和「御」字都像一個人匍匐在地，迎「示」而拜。而常用作祭名的「賓」字，則是一個人跽伏於宗廟之內的形象。還有兩個經常出現在祭祀卜辭中的「告」字和「召」字。兩個字都從口，恐怕與言語大有關係，意義當接近於禱祝。另一個「衣」字，也是祭名，它的後面通常接先祖名，可能是「親近」、「依靠」的意思。有學者認爲，甲骨文的「米」可能用作「類」。「類」是祈禱的方式之一，典籍可證：《禮記・王制》有「類乎上帝」；《周禮・肆師》有「類造上帝」。甲骨文的「米」殆用如此〔註94〕。商人禱祝的內容很多，甲骨文給我們提供了豐富的材料（參閱第六章第一節）。不過，商人的禱祝可能和後世不大一樣，它是以提問的方式來表達的：「有災禍嗎？」「沒有災禍嗎？」「神會降福嗎？」「神不降福嗎？」諸如此類。當然，禱祝也可以採用非疑問語氣表述，例如「占」。甲骨文的「占辭」是表祈使語氣的，通常是復述卜辭的正面內容，表達所期望實現的理想。舉例說：某一條卜辭問「會下雨嗎？不會下雨嗎？」如果祈禱人希望下雨，那麼，「占辭」就將是「會下雨的」；如果祈禱人希望不下雨，那麼，「占辭」就將是「不會下雨的」。不過，並非所有的卜辭都附有「占辭」，就目前所知，早期（武丁時代）和晚期（帝乙、帝辛時代）的卜辭通常附有「占辭」。「占辭」通常是由王陳述的（參閱第六章第一節）。

古人的祭祀活動中，有一項重要的「立尸」的禮儀。所謂「尸」，指祭祀的神像，古時候，「尸」可以由活生生的人充當；「立尸」，就是設立神像（包括由人裝扮者）的儀式。《禮記・曾子問》引述了孔子關於「祭成喪者必有尸」的闡述，以說明祭祀「立尸」的重要性。商代有沒有「立尸」之禮呢？早在五十年代，饒宗頤先生就持肯定態度。他指出，卜辭有「立尸」、「賓尸」的記錄，證明「殷有卜尸之禮」〔註95〕。近來有學者繼續申述這個觀點。例如，曹錦炎先生談到了甲骨文中有「延尸」的文例，應相當於古代典籍所謂的「陳尸」之禮。曹先生又談到了「尸主」的問題。他認爲，並不是每一位先王（或每一次）的祭祀都需要陳設尸主，設與不設是通過占卜來決定的。尸主有時由他族首領（或族人）充當，有時則由本氏族人充當。雖然在「延尸」——就是尸禮——的問題上彼此的看法一致，但對「延尸」的具體理解，曹先生

〔註94〕連劭名〈商代禮制論叢〉，載《華學》第二輯 24 頁，中山大學出版社，1996年 12 月。

〔註95〕饒宗頤〈殷代貞卜人物考〉卷五，294～295 頁，1959 年 11 月。

與饒宗頤、沈建華、連劭名等先生則存在著小小的分歧。饒、沈、連三位都認爲甲骨文的「延尸」與典籍的「延尸」同，即把尸引進祭祀場所的一種儀式〔註96〕。與「延尸」、「立尸」相關的活動是「賓」，「賓」就是導引、迎接「尸」的過程。葛英會先生認爲「賓」當從郭沫若說讀爲「儐」〔註97〕。通常，這個角色是由「祝」，也就是「巫」充當的。但是，甲骨文告訴我們，王不止一次地擔當「祝」任，尤其是在「歲祭」中〔註98〕。葛英會先生在考察了相關的卜辭後，認爲商代「王儐」的禮制是在祖庚、祖甲的時候才出現的，凡涉及王室宗廟的祭祀，都由「王儐」，因此，葛先生斷言：「王儐之禮，祇通行於商，到周代，據禮書記載，儐尸之禮皆由宗人承當之。」〔註99〕關於「尸禮」，還有另一種說法，甲骨文中有「屮子」、「又子」之類的文例，「子」讀如「尸」，「屮子」、「又子」實際上就是「侑尸」或「侑祀」，是「尸禮」的反映〔註100〕。這個提法從正面支持「尸禮說」，無疑有積極的作用。但是，所舉例證涉及到一大批帶有「子」字的卜辭的釋讀問題，從而影響到對這些卜辭的內容的理解。相信在不久的將來，勢必引起一些爭論。

第四節　令人毛骨悚然的葬儀

葬儀毫無疑問與祭祀有著密切的關係。《尚書・盤庚》上說：先祖可以降罰於子孫，自然是死而成爲鬼神才有這種威力，所以便要祭祀，所以便要有葬儀。那是一點兒也不能馬虎的。但是，它既是祭祀的一個構成部分，又有著本身的某些特點。在這一節裏，我們詳細討論這個問題。

傳世典籍，例如：《禮記》、《儀禮》、《墨子》等，對喪葬禮儀有著詳盡的記錄。當然多是後世葬儀的反映，但於商代葬儀的內容也間有提及。爲便於

〔註96〕請參閱：沈建華〈卜辭所見賓祭中的尸和侑〉，載《華夏文明與傳世藏書——中國國際漢學研討會論文集》，中國社會科學出版社，1996年11月；曹錦炎〈說卜辭中的延尸〉，載《徐中舒先生百年誕辰紀念文集》54～56頁，巴蜀書社，1998年10月；連劭名〈殷墟卜辭所見商代祭祀中的「尸」和「祝」〉，載《徐中舒先生百年誕辰紀念文集》61～65頁，巴蜀書社，1998年10月。

〔註97〕葛英會〈說祭祀立尸卜辭〉，載《殷都學刊》2000年1期。

〔註98〕連劭名〈殷墟卜辭所見商代祭祀中的「尸」和「祝」〉，載《徐中舒先生百年誕辰紀念文集》61～65頁，巴蜀書社，1998年10月。

〔註99〕葛英會〈說祭祀立尸卜辭〉，載《殷都學刊》2000年1期。

〔註100〕常正光〈卜辭「侑祀」考〉，載《徐中舒先生百年誕辰紀念文集》27～31頁，巴蜀書社，1998年10月。

與甲骨文進行比較，有必要把言及商代葬儀的文字輯集如次：

服喪：《禮記‧喪服四制》記武丁服喪期間，三年不言。

葬地：《禮記‧檀弓下》：夏、商、周三代葬於北方北首。

葬具：《禮記‧檀弓上》：殷人使用棺槨。

棺槨陳放：《禮記‧檀弓上》：殷人把棺槨停放在兩楹柱之間，賓客分列兩邊。

隨葬品：《禮記‧檀弓上》：殷人用祭器。

犧牲：《禮記‧檀弓上》：殷人尚白，使用白色的犧牲。

喪葬時間：《禮記‧檀弓上》：「日中」是殷人殯葬的時間。

這祇是後人的追述，是否向壁虛構，且讓我們放到甲骨文中檢驗一下。

一、葬儀管窺

甲骨文中雖然沒有喪葬的具體描寫，可是，涉及喪葬的文字卻確實存在。卜辭屢屢見貞問「死」的文字，可推測出商人對生死的關切程度。甲骨文另有一個和「死」同義的「殪」字，非常寫實，像死人被安放在棺木內。人死了自然入土為安。甲骨文這個可隸定成「𣎆」的字，可能就是後世的「葬」字。掩埋於草叢之中，這是「土葬」。甲骨文有一個「𢼍」字，就是後世的「微」字。有學者考證，字像杖殺老人之形，是古代的葬俗之一，之所以這樣做，無非有利於新生命的誕生。另外還有一個「塹」字，像用手撿回山谷裏被啃光了肉的屍骨，則反映了「朽其肉而葬之」的葬俗﹝註101﹞。這種「委之於塹」的葬俗就是「露天葬」。不過，這類內容的甲骨文實在有限（不足五十條卜辭），不足以讓我們瞭解商代的喪葬制度。幸好我們可以仰仗殷墟以及其它商代遺址的發掘資料。

商代葬俗雖形態各異，但氏族、家族群葬的特徵特別突出。例如河南羅山天湖一處墓葬，其中有十座中型井槨墓分佈在墓地中軸線上形成「父蹬子肩」的格局，顯示了社會的父父子子的宗法觀念﹝註102﹞。

商代墓葬以頭東腳西的朝向居多。例如西安老牛坡的商代墓地有墓葬 38

﹝註101﹞ 許進雄〈文字所表現的葬俗〉，載《中國文字》新 2 期 161、165 頁，藝文印書館，1980 年 9 月。

﹝註102﹞ 河南省信陽地區文管會、河南省羅山縣文化館〈羅山天湖商周墓地〉，載《考古學報》1986 年 2 期；信陽地區文管會、羅山縣文管會〈羅山蒜張後李商周墓第三次發掘簡報〉，載《中原文物》1988 年 1 期。

座，其中21座的墓主採頭東腳西的朝向，或稍偏南北〔註103〕。但殷墟的墓葬朝向卻似乎視地位的高下而異。或頭北腳南，或頭東腳西，以頭北腳南爲主流。

商代的葬姿大體取三類：仰身直肢、俯身直肢和屈肢葬。仰身直肢葬式從上古一直沿用至今，爲我們所熟悉。而俯身直肢葬式，有學者認爲「是商代民族的一種葬法」〔註104〕。據統計，在殷墟墓地中，採俯身葬葬式的墓葬約佔總數的 25～30%，是常見男性的葬式。但是，爲什麼部分男性採用這種葬式，迄今仍沒有合理的答案〔註105〕。但偃師二里頭卻發現一例面朝下作跪伏狀葬姿的墓葬。似是階級壓迫下的強死者。

商代殮葬用「井形槨」。「井形槨」用原木劈削而成，槨底槨頂平鋪，四壁臥疊，四角交叉咬合，俯視作「井」字形。內或置木棺和邊箱。入葬時，棺槨上有的覆蓋白地黑線彩繪織物帳幔，有的塗抹朱砂，或紅黑黃三色彩繪或紅黑兩色彩繪。當然，這祇限於貴族或高層民眾使用，多數普通平民也許祇能「赤條條」地躺臥土中。據統計，1958～1961 年間殷墟發掘的墓葬中有8%無任何葬具。孩童則通常納於甕中而葬。這是原始社會乃至夏商的葬俗。

商代還盛行「腰坑葬俗」〔註106〕。考古學家發現，殷人的墓地中央，往往掘有一個長方形或橢圓形的小洞穴，裏面埋著狗。於是，學者們把它們稱之爲「腰坑葬俗」。後來，在殷王畿以外，例如湖北黃陂盤龍城、山東益都蘇埠屯以及山西靈石旌介村等商代遺址都有發現。實際上，在周代的墓葬中也有孑遺，學者們認爲是商葬俗的沿襲。

貴族們重厚葬。因此他們的墓中往往有大量的銅器、陶器、玉器、車馬具等隨葬品，甚至施以禽獸殉、人殉（詳下文）。其口中還含有貝或蟬形玉石〔註107〕。一般的平民通常沒有隨葬品。

殷商的墓葬，根據大小的不同和隨葬品的豐儉有無，大體上可分爲四等：

〔註103〕〈西安老牛坡商代墓地的發掘〉，載《文物》1988 年 6 期。

〔註 104〕李濟〈俯身葬〉，載國立中央研究院歷史語言研究所《安陽發掘報告》第 3 期，1931 年 6 月。

〔註105〕孟憲武《安陽殷墟考古研究》59～65 頁，中州古籍出版社，2003 年 10 月。

〔註106〕參井上聰〈再論腰坑葬俗的文化意義〉，載王宇信、宋鎮豪主編《紀念殷墟甲骨文發現一百周年國際學術研討會論文集》642～646 頁，社會科學文獻出版社，2003 年 3 月；又氏著〈殷墓腰坑與狗巫術〉，載《華東師範大學學報》1992 年 5 期。

〔註107〕高去尋〈殷禮的含貝與握貝〉，載《中研院院刊》第 1 輯，1954 年 6 月。

（一）帶墓道的大墓。殷墟目前發現了 14 座。當是商王和高級貴族的寢陵。
（二）中型豎穴墓。殷墟目前發現 30 座。當是族尹、糦臣等的墓葬。（三）淺小豎穴墓和利用廢窖、廢井埋葬的墓穴。有 534 座。當是自由民和部分奴隸的墓葬。（四）殺殉穴。有兩種類型：1、埋入主人墓中的「墓中墓」。2、埋在主人大墓周圍的小墓。

　　在殷墟的墓葬中，相當部分為「異穴並葬」墓。「所謂『異穴並葬』墓，即兩個墓穴較緊密地並葬在一起，墓穴的方向一致。」這些「異穴並葬」墓，可能是後人有意識這樣處置的。考古學家發現，在安陽大司空村、殷墟西區和南區三處墓地有將近 1/2 為「異穴並葬」墓。「異穴並葬」墓中的骨骸通常一仰一俯或一仰一屈，俯者男性，仰者女性。因此，考古學家推測，這種墓葬是商代的夫妻並葬墓〔註 108〕。這種夫妻並葬的葬儀一直影響至後世，以致形成「夫妻同穴」的禮儀。

　　以上是商代葬儀的大概情況。而殷墟王陵的發掘，則為我們提供了瞭解商代王族葬儀的更為詳盡的資料：

　　殷墟的侯家莊西北岡是盤庚遷殷後的帝王陵園。這裏共躺臥著盤庚以下的十一位君主（除了最後一位帝辛，即紂王）。1934 年 3 月～1935 年 8 月，主持發掘的中央研究院史語所人員在侯家莊的西北岡共進行了第十、第十一和第十二次發掘，發現了十個大墓（當時據說有十一個大墓）。第十次發掘分東西區進行。西區共發現四座大墓：三座呈正方形，一座呈亞字形，邊長均達二十米。東區發現小墓六十三座。第十一次發掘仍分為東西區進行。也是在西區發現四座大墓：一座呈亞字形，三座呈方形。東區發現小墓四百一十一座。第十二次發掘依然分東西區進行。西區發現大墓三座，假大墓一座；東區發現大墓二座，小墓七百八十五座。大墓中之最大者佔地 1,200 平方米；最小的也佔地 300 平方米。西北岡的大墓雖遭盜挖，仍出土了不少價值連城的隨葬品。陶器有白陶罍、塤、帶軸罍及高約一米的灰陶器。石器有刀、戈、斧、戚、龍、虎、牛、梟、饕餮、龜、魚、蛙、蟬、皿、幾、人像等。銅器有高約 60～73 公分的鹿、牛方鼎、蟬紋圓鼎、及許多小鼎、觚、卣、角、斝、尊、鐃、瓢、勺、鈎、盤、方彝、人面具、刀、戈、矛、胄、弓、矢、車馬飾等。玉器有琮、璜、象、虎、魚、人冠飾、珮飾等。另外還有儀仗：龍、鳥飾杆、虎飾杆；樂器：鼓、磬等；雕花骨、象牙、蚌飾、綠松石等。大墓

〔註 108〕孟憲武《安陽殷墟考古研究》51～59 頁，中州古籍出版社，2003 年 10 月。

均有墓道直達墓室，大的四道，小的兩道。亞字形墓的墓室也呈亞字形。墓室中央附一方形小坑，四周牆隅附長方形小墓八座，各埋一人一犬。人全軀跪姿，執戈，中央一人持玉戈，其餘的都持銅戈；犬則蜷曲伏人旁。小墓多是殺頭或全軀人殉坑，另外則是車馬坑、動物殉坑（如象坑、鹿坑、羊坑及其他鳥獸坑）。如此大規模的墓穴，如此豐富的隨葬品，如此精心安排的埋葬方式，證明殷墟西北岡一帶確實是盤庚及其繼任者的寢陵。

　　然而，有部分學者認為盤庚、小辛、小乙的陵墓不在西北岡，而在後岡。也許，早期看來，後岡作為王陵是合適的：離王宮很近，處於王宮東南洹河的高岡上。但是，後來武丁發現，這處地方比較狹小，過於靠近洹河，地勢不夠開闊，向北又沒有太多發展的空間。因此，他決定建立一個新的陵區。這個新陵區就是西北岡。這裏是一片開闊的高地，有充分的發展餘地，隔河與王宮相遙望。在婦好死的時候，他就已經有這個打算了，衹是那時侯新陵區大概還沒規劃好，所以婦好衹能葬在小屯。而武丁自己，則歸葬於西北岡。此後，六代八王和重要的王室成員全都埋葬在這兒。西北岡王陵所顯示出來的規模和氣派遠非後岡王陵所能企及，正好證明西北岡王陵是興盛的武丁之世的產物〔註109〕。

　　也許，這個問題的爭論還得持續一段時間，直到我們發現強有力的證據為止。不過，這個爭論並不影響我們探討西北岡王陵的修築概況。

　　儘管挖掘人員看見的俱是劫後餘物，儘管王們的軀體俱已灰飛煙滅，我們還是不難想像出三千年前王室盛大的葬儀。於是有學者這樣推測〔註110〕：

　　　　葬儀的序曲是冥宮的營造。無論是亞字形的墓壙還是正方形的墓
　　　　壙，都位於十二米的地底深處。墓穴四壁直立，墓底平坦。墓底造
　　　　一墓室，或成亞字形，或方形。墓室中堆木成槨，槨中放置棺木。
　　　　墓的四面各有墓道：東西北三面墓道是臺階，連接墓底；南面墓道
　　　　是寬而且長的斜坡，直達墓室。每一個大墓的建造，工程之浩繁，
　　　　耗費之巨大，完全超出我們的意料之外。這裏插一句，殷墟的第十

〔註109〕請參閱曹定雲〈殷代初期王陵試探〉，載《文物資料叢刊》10，文物出版社，
　　　　1987年3月80～87頁；楊錫璋〈安陽殷墟西北岡大墓的的分期及有關問題〉，
　　　　載《中原文物》1981年3期；鄭振香《殷墟婦好墓》，文物出版社，1981年
　　　　12月。
〔註110〕參董作賓〈殷代建築宗廟的隆重儀式〉，載《大陸雜志》第1卷第10期，1950
　　　　年11月。

二次發掘共雇工五百人，工作了幾近四個月才告完成，於此可想三千年前的修建工程了。這也表明，墓壙是預先營造的。也許是墓主生前就建好了的，也許是在墓主病危時建造的。

第二部曲是在墓室的周圍佈置守衛的崗位。在墓室的四面四隅及中央設置墓坑，分別埋一人一犬，凡九人九犬，作王的守衛。中央持玉戈者當是守衛的首領。

第三部曲是把王的靈柩送進墓室。沿著南面的墓道，王的靈柩徐徐而進。放置棺木的靈牀早就準備好了。柱礎是白石雕刻而成的虎、梟、牛頭。安放好棺木，隨即封蓋外槨。殉葬武士的銅胄（相當於今天的鋼盔。短的可罩至髮際，長的及頸。額上作虎、牛、羊、獸面形，頂上有管。）、弓、矢、戈、矛、干盾都放置在墓室左右；武士的頭顱十個一排，埋在四面墓道之內；王享用的物品，如：鼎、白石碧玉等，則分列於墓道之中。整個過程，當伴隨著禮樂之聲。因爲墓道之中遺留了雕花骨塤、銅鐃、石磬、鼉鼓等樂器；還有送葬的儀仗，墓道壁上留下的旗幟的痕跡就是明證。安葬完畢，便層層加土，施以版築，直至地面。

葬儀的終曲是構築環繞著冥宮的殉葬小墓。在墓室中的殉葬武士恐怕是王的貼身侍衛，陵墓外還有別的殉葬武士及各種職業的殉葬者。陵墓的南面，東西方橫列著十個一排、五排至十排爲一區的方坑，每個方坑中埋著十個擺列整齊的、砍下來的頭顱。他們的軀幹則錯雜地埋在附近的長方形大坑中。部分人的身旁或有小刀，或有銅斧，或有礪石。王的親信忠臣均攜帶著他們自己使用的精美銅器全軀獨立埋葬；地位稍次的左右侍者也都如此：騎士伴著馬，御人伴著車，射手伴著弓矢，樂人伴著鐃，庖丁伴著飲食禮器。殉葬的除了人以外，還有王生前鍾愛的珍禽異獸：大象、猴子、鹿、犬、扭角羚、鯨魚以及不知名的鳥類。至此，王的整個葬儀大致完成了。王室的葬儀大致如此。那麼，王室之外的人們的葬儀又如何。

貴族的葬儀可能稍遜於王，但也免不了窮奢極侈。很能體現他們身份的當數墓塚的修建。從貴族的寢陵規模推測，多半也是生前就修竣了的。其規模大小，取決於墓道的多寡。墓塚分別闢有四墓道、二墓道或一墓道。上面我們已經提到，王陵有四條墓道。王妃、高級朝官或地方諸侯的墓塚可以修

建兩條墓道。地位稍低者的墓塚則祇能有一條墓道。至於殉葬物、葬具，筆者已經在前面談過了，此處從略。

這裏順便談談喪葬儀中「殷人尚白」的問題。裘錫圭先生在甲骨文中找到了殷人尚白的一些證據。他說，殷人尚白之說在目前很難得出公認的結論，但是，殷人至少相當重視白馬。他指出，在卜辭中指明毛色者惟有白馬，而且還占問即將出生的馬崽是否白色。於此可證白馬在殷人心目中的位置是何等重要〔註111〕。可先前，黃然偉先生是徹底否定「殷人尚白說」的〔註112〕。他認爲，在犧牲毛色的取捨上，殷人並無特別的好惡。在許多卜辭上，經常發現就犧牲的毛色進行貞問，或黃或白，或黑或黃，或紅或黑，如果尚白，似無必要選擇別的顏色。因此，如果黃說可信，殷人在喪葬禮儀上用白牲就存在疑問了。不過，考古發掘發現，殷人在葬具顏色的取捨上確實有一定的傾向性。1958～1961年殷墟挖掘的302座墓中，有葬具的約佔1/3，其棺槨的顏色以白色、灰色居多，個別塗有彩繪。

古漢語裏，「墓」、「塚」、「墳」在名實上有些區別。「墓」「不樹不封」，所以「平曰墓」；「塚」和「墳」或樹或封，所以「封曰塚，高曰墳」。中國古代的典籍，例如《禮記‧檀弓》，記載：「古者墓而不墳。」意思是指上古修墓，以不隆出地面爲時尚。這個「古」不是確指，難以說是哪個朝代。殷商距離《禮記》創作的時代應當算是很「古」的了，可有的學者推測，商代已經有「墳」或「塚」了〔註113〕。考古的發現，爲這種推測提供了證據。河南羅山天湖M41墓口就有墳塚封土的殘痕。雖然商代修「墳」或「塚」不一定很普遍，但至少說明《禮記》所載於商不合。

考古發掘表明，王陵之上是房子的基址，可能就是甲骨文的「宗」，按照典籍的命名，應該稱爲「享堂」。另有學者認爲是「寢」〔註114〕。當以前說爲是。陵墓之上修建房子，一方面可以避免陵墓日曬雨淋，起到一定的保護作用；另一方面，則方便時王祭祀、宴享。

〔註111〕裘錫圭〈從殷墟甲骨卜辭看殷人對白馬的重視〉，載《殷墟博物院院刊》（創刊號）70～72頁，1989年8月。
〔註112〕黃然偉〈殷人尚白說質疑〉，載《大陸雜志》第31卷第1期，1965年7月。
〔註113〕高去尋〈殷代墓葬已有墓塚說〉，載《臺灣大學考古人類學刊》第41期，1980年。
〔註114〕商言〈殷墟墓葬制度研究述略〉，載《中原文物》1986年3期。

二、人祭與人殉

「人祭」和「人殉」是兩個不同的概念。前者指把人當作犧牲用於祭祀先祖、先妣和天地神祇，以求神靈賜福禳災；後者指把人當作殉葬品，隨從其主子到另外一個世界去，照樣侍候主人。但在作為犧牲這一點上，兩者卻是一致的。而且，在考古發掘中發現的「人牲」，很多情況下難以區分是用於「殉」還是用於「祭」。因此，我們把「人祭」和「人殉」放在一塊兒討論。

在傳世典籍中，「人殉」、「人祭」的存在鐵證如山。例如《墨子・節葬下》：「天子殺殉，眾者數百，寡者數十。將軍大夫殺殉，眾者數十，寡者數人。」這是「人殉」。又如《左傳・昭公十年》：「秋七月平子伐莒，取郠，獻俘，始用人於亳社。」這是「人祭」。當然，這畢竟是春秋時代使用人牲的情況。

商代又如何？由於有大量的考古材料的佐證，甲骨文研究中關於人殉和人祭的問題總算解決得比較透徹。

上世紀三十年代，吳其昌先生發表了第一篇關於「人祭」的文章。他據《前》1.18.4 一條卜辭「卯牢」和「伐人」並用以祭祀武丁，認為：「卯」在辭中用為「殺」，可無疑義，則「伐」也祇能釋為「殺」。因此，這是殷代使用人祭的確證。

其後，「人祭」「人殉」的專題論文至少超過二十萬言。例如姚孝遂、彭適凡、金祥恒、楊昇南、黃展岳、商言、孟憲武、王浩等先生均深入探討過這個問題，但若論全面、論精審，則莫過於羅琨先生的《商代人祭及相關問題》一文〔註115〕。

這大量的研究文字至少讓我們知道了商代人殉人祭的概貌：

（一）數量

在盤庚遷殷後的二百多年內，人殉人祭的總數量目前我們還不得而知。但是，人殉人祭的數量之大卻令人瞠目結舌。

根據考古發現，有學者報告說：從殷墟中發掘出來的人殉人祭遺骸多達3,684 具，再加上難以復原的遺骸、不能確定的數字，總數接近 4,000〔註116〕。其中，安陽侯家莊 HPM1001 就發現了 225 具；武官村 MKGM1 也發現了 79具，加上人殉人祭坑中的遺骸，凡 305 具。有的學者的統計數字更嚇人：光

〔註115〕載《甲骨探史錄》，三聯書店，1982 年 9 月。
〔註116〕胡厚宣〈中國奴隸社會的人殉和人祭（上篇）〉，《文物》1974 年 7 期。

是西北岡的 14 座大墓，殉人數就達 3,900，加上中小型墓葬、基址、祭祀遺址的殉人數，總數在 5,000 以上〔註 117〕。甲骨文的記載進一步證實了人殉人祭的驚人數量。《續補》1904 記錄了用人 500 的貞問。雖然這並非殺殉的確切數目，但學者們的確發現了多達 1,922 條（其中 1,145 條未記人數）的卜辭鑴有貞問殺殉記錄。有學者估算，這 1,922 條卜辭的內容表明約有 12，952 名無辜者死於人殉或人祭。以下是商言先生製作的人祭、人牲明細表〔註 118〕：

王　　世	年代（公元前）	卜辭條數	用人數量
武丁	1,339～1,281	1,006	9,021
祖庚、祖甲	1,280～1,241	111	622
廩辛、康丁 武乙、文丁	1,240～1,210	688	3,205
帝乙、帝辛	1,209～1,123	117	104

　　通過這份表格，我們可以清楚地瞭解到各個時期的使用人祭、人牲的情況。似乎，在使用人祭、人牲上也體現著各王世之間禮制的不同。帝乙、帝辛時期的數量最少，祖庚、祖甲時期次之；武丁時期的數量最龐大，而廩辛、康丁、武乙、文丁時期稍遜之。這與各王世之間是否實施「周祭」制度的情況相一致。好像確能說明祖甲改革的史實。

（二）殺殉的方式

　　從考古發現來說，大多為集體殺殉，而且往往是人畜同殉；少數為活埋。

　　而考察甲骨文，殺殉的方式則呈現出多樣化的趨勢。有「㭬」：血脂之祭；有「毇」：宰割刀剁；有「戠」：對「僕」和「屯」施以斷首；有「伐」：對「羌」

〔註 117〕黃展岳〈我國古代的人殉和人牲〉，載《考古》1974 年 3 期。

〔註 118〕商言〈殷墟墓葬制度研究述略〉，載《中原文物》1986 年 3 期。各家的統計不完全一致，例如姚孝遂的統計為：武丁時期的用人卜辭凡 379 條，用人牲數 5,418，不記數者 247 次；祖庚至文丁時期的用人卜辭條數 277，用人牲數 1,950，用人不計數者 189 次；帝乙、帝辛時期的用人卜辭條數 32，用人牲數 75，用人牲不記數者 29 次，見氏著〈商代的俘虜〉，載《古文字研究》第 1 輯，中華書局，1979 年 8 月；李少連也有與此相異的統計，詳氏著〈人殉人祭與商周奴隸制〉，載《全國商史學術討論會論文集》（《殷都學刊增刊》），1985 年 2 月。表中武丁的在位年代為董作賓等先生所釐定。今天最新的研究成果表明：武丁在位的大致年代應在公元前 1,250 年至公元前 1,192 年之間。據夏商周斷代工程專家組《夏商周斷代工程 1996～2000 年階段成果報告》88 頁，世界圖書出版公司，2000 年 10 月。

施以斷首；有「焚」、「尞」：焚殺人牲；有「薶」：活埋人牲；有「沈」：溺斃人牲。這些殺殉方式，有用於「殉」的，也有用於「祭」的。

（三）殺殉的對象

殺殉的對象，各家的說法不盡相同。胡厚宣先生認爲有：羌、伐、臣、執服、奚、戕、女、妾、姬婢、女巫、方國伯長，等等；姚孝遂先生認爲有：羌、大、互、夷等三十類；羅琨先生認爲有：人、羌（姜）、夷（尸）、奚、而、伐、戕、執、印、垂、臣、僕、芻、屯、巫、被俘的敵方首領、焚祭的人牲、女性犧牲等十九類。

（四）殺殉對象的來源

殺殉對象不外乎三個來源：1、貢納。方國諸侯的朝貢品。2、俘獲。戰爭的俘虜。3、豢養的奴隸。

（五）殺殉的目的

人殉人祭用於祭典當無疑義。而據羅琨先生的研究，人祭用於以下的祭典：1、禳災之御祭。2、獻俘和告執的祭典。3、祈年。4、對山川土地所用的人體。5、求雨。6、行於建築物的人祭。

人殉人祭之風，以武丁時最盛，而在帝乙、帝辛時頹落。大概因爲早期尚須借助神力以加強統治，後期則迫於對勞動力的需求。

雖然傳世典籍告訴我們古代存在使用人牲的事實，雖然大量的考古材料證明了殷代確實曾用人爲牲以事祭祀，雖然甲骨文的「伐」、「反」、「戕」等字分明是殺人的圖像，雖然甲骨文屢見「用人」若干、「用羌」幾何的祭祀卜辭，但還是有個別學者質疑商代存在人牲。島邦男先生就是一個典型的代表。他說，持人牲論者都不過是出於字釋上的臆說，殷代使用人牲的證明是不存在的。針對上述賴以立論的證據，他逐項「檢討」。首先，他認爲春秋時存在過人牲不等於商代也有此等行徑；其次，針對考古所發現的人骨即被埋置的人牲的說法，他認爲「不外是推測之辭」；再次，他指出，甲骨文中的「反」、「戕」、「奚」等字均沒有用如本字的例子；最後，「用人」「用羌」之用，他強調說，應當理解爲使用的用，不能釋爲砍殺，否則，殺三五之數尚可理解，殺上百之數則令人迷惑了[註119]。島邦男先生的觀點，今天看來是難以成立的。

〔註119〕島邦男《殷墟卜辭研究》（中譯本）332～339頁，臺灣鼎文書局，1975年12月。

不過，人殉或人祭，可能存在非暴力手段的情形。也就是說，某些殉葬或祭祀的人牲也許是主動赴死的。其間並不存在一個殺戮的過程。這裏有些證據。考古發現表明：殉葬的人牲當中，部分保持著完整的軀體，而且，這些人牲的身份特殊，或是臣屬，或是武士，或是嬪妃，俱是王公們的近親、近臣或親侍。很明顯，這類主動赴死的人牲與遭受殺戮的人牲是不一樣的。這種現象反映了「殉」的不同：殉葬制度下的「殉」和殉葬風俗下的「殉」。人祭的情況也相仿彿。當然其中許多是被強行剝奪了生命的，但也不排除部分是帶著侍奉神靈的榮耀而主動捐軀的。那麼，我們在考察人殉、人祭現象的時候，似乎應當把這個因素考慮進去。

第五節　軍禮的初步研究及其它

在中國古代的典籍記載中，軍禮是非常重要的禮儀。《禮記・祭統》「禮有五經」條鄭玄的注說：「禮有五經，謂吉禮、凶禮、賓禮、軍禮、嘉禮也。」在班固的《漢書・藝文志》中，記有《軍禮司馬法》百五十五篇。王應麟《漢藝文志考證》說：「古者司馬法，即周之政典也。」（卷二）然而，周乃至前朝的軍禮情況如何，典籍盡付闕如。祇有署名漢・孔鮒的《孔叢子》略有提及。如果孔書的記載是真實的，那漢以至於前代的軍禮實際上分成「天子親征之禮」和「命將出征之禮」兩大儀典。

天子親征之軍禮的內容及程序如下：1、征伐應自天子出。2、每年的孟春，天子在朝上賞軍師武人，簡練俊傑，任用有功，命將選士。3、在社所宣誓，「以習其事」。4、太師在祖廟卜筮，選擇吉日齋戒告於郊、社稷、宗廟。5、天子把征伐的事由告社，祀用特牲，並祭祀上帝、祖先，請出神主，置於主車之上。6、所經名山大川，皆祭告。7、將戰，太史卜期三日。8、軍隊列於軍門宣誓，宣讀誓誥。9、禱戰克於上帝。10、既克，史擇吉日再禡於所征之地，紫於上帝，奠祖。11、在剛日簡功行賞，罰戮犯令者。12、歸捷，舍於國外三日，齋，用特牛至祖廟致祭，神主復位。13、大享。

至於命將出征之禮，內容及程序如下：1、天子命將出征，必須「親潔盛服，設奠於祖以詔之」。2、接受天子詔命，「大將先入，軍吏畢從，皆北面再拜稽首而受」。3、「天子當階南面命授之節鉞。」4、當大將接受節鉞完畢，「天子乃東面向而揖之」，表示不再親自坐陣指揮（頒令）。5、天子「告大社冢宰執蜃（盛放著胙肉的器皿），宜於社之右，南面授大將，大將北面再拜稽首而

受之」。6、出征時不進行「類」的祭祀，獲勝也不進行「禡」的祭祀。7、作戰的場所，如果有大的山川，則進行祈禱，企求在「五帝」的護佑下獲勝。8、獲勝則「振旅覆命，簡異功勤，親告廟告社，適朝禮也」。因爲將士們「介冑在身，執銳在列」，所以可以不拜君王。9、如果戰爭失利，就要「駏騎赴告於天子」。10、天子則「素服，哭於庫門之外三日；大夫素服，哭於社，亦如之」。如果是「亡將失城，則皆哭七日」。11、天子派使節迎接軍隊，告訴將帥不必請罪。12、將帥親自編織草繩，把自己捆綁起來，袒露右臂進見。

以上記述均出自〈問軍禮〉篇（卷六）。所載儘管簡略，也可以讓我們約略瞭解古代軍禮實際上有多麼的繁複！

也許因爲文獻的匱乏，儘管有甲骨文在，但一直以來商代軍禮的研究都鮮有學者問津。近年，張永山先生終於憑藉殷墟甲骨卜辭、西周金文和傳世文獻等材料對晚商的軍禮進行了初步的復原〔註 120〕。據張先生的研究，甲骨文、西周金文所載與《孔叢子》中所記載的軍禮暗合者略有數端，例如：在祖廟祭祀祖先和天地神祇，請出神主及安放，歸捷的祭祀及神主復位，等。而出土文獻所載殺俘祭祖之類的儀式，又對典籍的缺佚有所補苴。

如上文所引，雖然「軍禮」位列「五經」之一，不過，這方面的材料不多，研究也少。因此，筆者把此項內容置於祭祀儀典一章中，實在是權宜之舉。

在此之前，已有學者就某些附屬於軍禮的儀典進行過有益的探討。以下將作詳細介紹。至於「藉田禮」和「烝嘗禮」，本非軍禮的一部分，但因篇幅太小以致不便另闢專章，所以也一並在此節闡述。

一、獻俘禮〔註 121〕

古代的「獻俘禮」，雖然包括了祭祀、殺殉等內容，但是，它原來可能屬於「軍禮」的範疇。

在先秦的文獻裏，常常提到一種「獻功」、「獻捷」的禮儀，狹義上指獻納戰俘；廣義上則是指一整套慶功的典禮，包括「廟社告祭」、「獻俘」、「作

〔註 120〕 參氏著〈商代軍禮初探〉，載中國社會科學院考古研究所編《二十一世紀的中國考古學——慶祝佟柱臣先生八十五華誕學術文集》468～478 頁，文物出版社，2006 年 2 月。

〔註 121〕 本小節內容請參閱：高智群〈獻俘禮研究（上）〉，載《文史》第 35 輯，中華書局，1992 年 6 月；〈獻俘禮研究（下）〉，載《文史》第 36 輯，中華書局，1992 年 8 月。

樂」、「宴飲」、「大賞」等一系列活動。不過，這項十分重要的禮制早就亡佚了，禮書中沒有留下詳細而系統的記載。前人也沒有給予太多的關注。因此，「獻俘禮」的來龍去脈一直闕如。直到 1992 年，高智群先生發表了第一篇關於「獻俘禮」的專論，人們才察覺中國古代有這麼種禮制。

關於「獻俘禮」的源流，高先生有過很精彩的研究。他認為，典籍所謂的「獻俘禮」起源於原始社會民族戰爭的慶功儀式。舊有的一些與戰爭有關的宗教巫術和慶祝活動在這個階段逐漸固定化和規範化，成為氏族內共同遵守的原始儀式。這種慶功儀式通常包括以下內容：

（一）祈禱：在戰爭之前向鬼神祈求禱告，奉獻祭品犧牲，舉行占卜。

（二）獻俘：原始民族把戰爭的勝利歸功於神力的支持，所以在戰爭結束後殺俘祭神，用活人的軀體和鮮血饗神。獻俘實際上包括「獻人」和「獻馘」兩種形態。

（三）祝捷：原始民族在征戰得勝後，往往舉行節日般的狂歡活動。

原始社會的戰爭慶功儀式的進一步演變遂成為階級社會的一種禮制。至遲，在甲骨文時代，「獻俘禮」業已形成。

據高先生的研究，「可以肯定，商代的獻俘活動已經具備周代獻俘禮的主要內容，祇是表現形態更加殘酷野蠻，帶有更多的原始文化殘餘而已。」商代的獻俘活動大致包括幾個方面的內容：

（一）郊迎師旅

軍隊凱旋歸來，要在郊外或宗廟向王奏捷。而王或大臣親赴郊外犒勞軍旅，接受獻捷。甲骨文中某些「逆羌」、「逆執」卜辭指的就是這種郊迎禮儀。「逆羌」、「逆執」卜辭表明：

1、商代主要在國郊或宗廟大門迎接師旅和俘虜。地點的選擇當視軍隊戰績而定。

2、戰績輝煌，商王會親自迎接軍旅和俘虜，這不僅是對將士的犒勞，而且同時是將士獻俘的活動。如果戰績一般，可能就由一般的大臣代王接收。

3、商對外用兵，必先整飭軍旅，甲骨文稱為「振旅」。軍隊凱旋，也當舉行「振旅」之禮以整頓士卒。這種禮儀一直沿用至周。

（二）獻俘

甲骨文的「獻俘」、「見俘」以及「見僕」就是獻俘活動。獻俘活動通常

在宗廟、社舉行。這有個理由。商周兩代在出兵前均舉行隆重的儀式，其中一個內容就是「釁主」和「遷主」：在祭祀後把神主遷出宗廟，置於車中隨軍出征。班師回朝，就要舉行儀式把隨軍神主送回宗廟安放（參閱第六章第一節之二〈貞卜法的復原〉）〔註122〕。通常，在儀式上就舉行獻俘殺祭。

甲骨文的獻俘還可以稱爲「以羌」、「入羌」、「來羌」或「以執」、「來僕」等等。這類卜辭部分指貢納，部分則是指獻俘。其區別的原則有幾條：

1、這類卜辭往往用「獲」這麼個字眼。顯然，「羌」、「僕」之類乃戰爭所獲。

2、「羌」、「僕」之類倘若爲「伯」，則是敵酋無疑，也應該是戰利品。

3、如果獻「羌」、「僕」的是征戰連年的王朝屬臣，則所獻者當是俘虜。

顯然，到了商代，獻俘禮的演變路程已經走完了最後一步，後世的獻俘禮則是在這基礎上完善的。

「獻俘禮」之所以能夠成爲階級社會的禮制，自然有著其內在的原因：

1、獻俘禮具有鞏固等級制度，維護王朝統治權威的作用。

2、獻俘禮具有加強同少數民族軍事鬥爭的作用。

儘管高先生的著作對獻俘禮的研究是宏觀的，商代獻俘禮可能祇是他軍禮研究其中一個初步的探索，但也讓我們略知商代獻俘之禮的梗概了。

時隔十七年，蔡哲茂先生又對這種儀典進行了更爲深入的研究〔註123〕。蔡先生認爲：王在南門或宗門迎接軍旅，通常因征伐地點而異，而不是像高先生所說的「視戰績而定」；獻俘前，有「振旅」的儀式，和典籍的記載頗相一致；神主先於俘虜進入宗廟，而不像高先生所說的那樣含糊；王接受戰俘後，在宗廟告祭先祖，訊俘然後殺之，則對高先生的失誤有所修正，並補其未述。

就甲骨文的考察而言，商代的軍禮，尤其是獻俘之禮，對《孔叢子》所載有所充實。例如，商代的遷主儀式並非祇在天子親征的戰事中舉行。又如，商代可能存在訊俘、殺俘的禮儀，而典籍似乎沒有這樣的記載。再如，王遠離王宮迎接凱旋歸來的軍旅，分明比後世天子更爲體恤將士。

〔註122〕陳復澄、林小安〈周原鳳雛宗廟基址考〉，載《徐中舒先生百年誕辰紀念文集》269～274 頁，巴蜀書社，1998 年 10 月。

〔註123〕參氏著〈商代的凱旋儀式──迎俘告廟的典禮〉，載荊志淳、唐際根、高嶋謙一編《多維視域──商王朝與中國早期文明研究》235～245 頁，科學出版社，2009 年 1 月。

《孔叢子》中的某些軍禮記述，譬如「天子親征」、「戰事失利」等，目前學者們還未能從甲骨文中一探究竟（當然也可能有所闕如），也許，我們可以循著高、蔡二先生的研究路子一直走下去，進一步完善商代軍禮的研究。

二、大蒐禮〔註124〕

另一個屬於軍禮範疇的儀式是大蒐禮。大蒐禮就是田獵的禮儀。在古代，田獵其中一個重要的目的是為了演練軍隊，檢閱軍隊的作戰能力。《周禮・大宗伯》上說：「大田之禮，簡眾也。」「簡眾」即檢閱師眾，也稱為「簡兵」。參加大蒐禮的軍旅必須排出「振旅」的軍陣。《周禮・夏官司馬》「大司馬之職」條上說：「中春，教振旅，……遂以蒐田。」甲骨文已經有「振旅」的陣法，與後世典籍相合。商代的大蒐禮通常舉行焚田活動，和《禮記・郊特牲》說的「季春出火，為焚也，然後簡其鼓鐸旗物、兵器，修其卒伍。」可能大體相同。田獵還有另外一個目的：就是向鄰國炫耀武力，有時甚至進入鄰國，大肆劫掠奴隸。田獵類甲骨文常見「（獵）獲羌（人）」的記錄，與「獲鹿」、「獲虎」一個意思。如同「獻俘禮」，商代的大蒐禮可能也舉行某種祭祀活動。田獵前，通過占卜方式請求神靈庇佑；田獵結束後，則向神祇奉獻獵獲物，禱謝神恩。因此，田獵活動務求有所獲，抓不到飛禽走獸，就抓幾個羌人充數。大蒐禮結束後，還有飲酒活動。這和「獻俘禮」的犒軍毫無二致。

商代大蒐禮的參加者主要是國家的精銳部隊，即，甲骨文所說的「左、中、右」三師。

三、藉田禮和烝嘗禮〔註125〕

所謂「藉（或作『籍』）田禮」和「烝嘗禮」，是指圍繞著農業生產所形成的一整套的禮制。中國古代，「藉田禮」和「烝嘗禮」是很重要的禮儀，通過典籍得知：從春耕到秋穫，天子都要參與一系列的祭祀儀式，以祈求風調雨順，五穀豐登，進而當然是希望人民安居樂業，社稷長治久安。以《呂氏春秋》為例，可以瞭解這種禮儀在先秦已經相當地規範而且完備。這裏僅引

〔註124〕本小節內容請參閱：連劭名〈商代禮制論叢〉，載《華學》第2輯29～30頁，中山大學出版社，1996年12月。

〔註125〕本小節內容請參閱：宋鎮豪〈甲骨文中反映的農業禮俗〉，載王宇信、宋鎮豪主編《紀念殷墟甲骨文發現一百週年國際學術研討會論文集》361～401頁，社會科學文獻出版社，2003年3月。

述其中孟春、孟夏、孟秋和孟冬涉及天子的相關儀典為證，以便讓讀者明瞭古代「藉田禮」和「烝嘗禮」儀典的約略情況。〈孟春紀·孟春〉：「是月也，天子乃以元日祈穀於上帝。乃擇元辰，天子親載耒耜，措之參於保介之御間，率三公、九卿、諸侯、大夫，躬耕帝籍田。天子三推，三公五推，卿、諸侯、大夫九推。反，執爵於太寢，三公、九卿、諸侯、大夫皆御，命曰『勞酒』。」〈孟夏紀·孟夏〉：「是月也，天子始絺。命野虞出行田原，勞農勸民，無或失時，命司徒循行縣鄙，命農勉作，無伏於都。」〈孟秋紀·孟秋〉：「是月也，農乃陞穀，天子嘗新，先薦寢廟。命百官始收斂，完堤防，謹壅塞，以備水潦，修宮室，坿墙垣，補城郭。」〈孟冬紀·孟冬〉：「是月也，天子乃裘，命有司曰：『天氣上騰，地氣下降，田地不通，閉而成冬。』命百官謹蓋藏。命司徒循行積聚，無有不斂，附城郭，戒門閭，修楗閉，謹關籥，固封璽，備邊境，完要塞，謹關梁，塞蹊徑，飭喪紀，辨衣裳，審棺槨之厚薄，營丘壟之小大、高卑、薄厚之度，貴賤之等級。」「是月也，大音飲蒸，天子乃祈來年於天宗。大割，祠於公社及門閭，饗先祖五祀，勞農夫以休息之，天子乃命將率講武，肄射御，角力。」這套嚴謹有序的禮儀有的一直延續到後世。如現存的北京先農壇，就是明、清兩代皇帝祭祀先農諸神、太歲諸神並舉行親耕的地方。

　　「藉田禮」和「烝嘗禮」起源很早，現在所知，最早的典籍記載為《詩經》。據說作於成王時代的〈周頌·臣工〉，就記錄了王在慶祝豐收之前將進行烝嘗之禮的情況。另一首詩歌〈小雅·天保〉更是直接談到王在祖先宗廟舉行包括烝嘗之禮在內的祀典：「禴祠烝嘗，於公先王。」毛傳：「春曰祠，夏曰禴，秋曰嘗，冬曰烝。」〈周頌·豐年〉所述最為詳細：「豐年多黍多稌，亦有高廩，萬億及秭。為酒為醴，烝畀祖妣，以洽百禮。降福孔皆。」說的是：黍、稻穫得了大豐收，數以億萬計的糧食裝滿了高高的糧倉，人們釀了美酒，敬獻給祖先，以盡禮節，祈求祖先大大地降福。至於《禮記·祭義》，則具體談到了天子諸侯所進行的「藉田禮」：「是故昔者天子為藉千畝，冕而朱紘，躬秉耒，諸侯為藉百畝，冕而青紘，躬秉耒，以事天地山川社稷先古，以為醴酪齊盛。於是乎取之，敬之至也。」可見周代的「藉田禮」已相當完備了。

　　那麼，商代是否也存在類似的禮儀呢？連劭名先生在探討商代禮制的時候，闢有「籍禮」一章述及〔註126〕。據連先生研究，「籍田」的概念已見於甲

〔註126〕連劭名〈商代禮制論叢〉，載《華學》第 2 輯 20～24 頁，中山大學出版社，1996 年 12 月。

骨文，寫作「耤」。甲骨文中所見的「劦田」，當指協於公田，乃井田制度的體現。劦田活動開始之前，當有一個王頒布藉令的儀式。甲骨文有「囧」字，是商王位於商都南郊的籍田。籍禮包括「耤田」儀式，商王往往親自耤田，或者令婦代勞。

應該說，連先生的研究有開創之功，但略嫌簡略。其後，宋鎮豪先生在這方面做了更爲深入的探索。

宋先生通過對甲骨文的考察，發現後世「藉田禮」的某些儀式實際上是商人早已制定了的。例如天子親行祭祀，親耕藉田，就爲後世所採用。此外，甲骨文中還有「王令寢農省田」，「令眾人劦田」，「令尹作大甽」；「王立黍」「立梁」「刈黍」「觀耤」等一系列活動的占卜，當然，爲數最多的占卜內容卻是祭祀百神以祈福禳災，目的祇有一個：求取豐收。收穫季節結束，王還要舉行烝嘗禮，把「米」、「粱」等敬獻於宗廟，以感謝祖先庇蔭。不過，甲骨文不使用「烝」的概念，而用「登」取代它。

顯然，商代是有著類似於藉田禮和烝嘗禮的儀典的，儘管我們還不是太瞭解具體的規程。也許，宋先生四、五萬字的長篇大論，祇不過是開始了這方面研究的序曲。隨著新材料的發現及研究，未來我們可能對商代的藉田禮和烝嘗禮有更深入的認識。

第六章　神秘的商代方術

　　古漢語的「方術」是一個涵括很廣的概念，諸如天文、曆法、算術、地理、方技等，莫不屬於「方術」研究或涉及的範疇。可以說，古之「方術」既有科學的成分，又有迷信的成分。二者糾纏在一塊兒，確是「剪不斷，理還亂」。在《周禮》中，類似占卜、方技等方術內容又被寫進書中，成為禮制的一部分。我們這裏討論的「方術」的內容，是根據固有的定義而確定的。《後漢書‧方術列傳》把方術分為四類：1、卜筮之術。2、陰陽推步之術。3、五行占驗。4、雜占巫術。古人為什麼把這些占卜活動列入方術的範疇呢？那是因為「方」就是「方向」、「方位」的意思，而「方」是由神祇掌管的。既然有神祇，就離不開祭祀；既然祭祀神祇，就離不開祈福攘災；既然需要祈福攘災，就離不開未雨綢繆，預測吉凶。而「卜筮」、「陰陽」、「五行」、「雜占」多多少少都和「方」和神祇有些關係，所以上述四端被納入方術之中也就不無道理。就目前的認知水平而言，殷代方術已有這四個方面的內容了。也就是說，後世的方術可能都是從商代的方術發展起來的。

第一節　貞卜鉤沈

　　歷史文獻中保留的貞卜術材料，可以說，是相當豐富的。例如十三經之一的《易》就是其中的集大成者。另一部經典《周禮》則在占卜程序、參與占卜活動的人員構成等方面有詳盡的描述。如果典籍中多少保留了殷商時代貞卜的真相，那我們要做的工作就祇是把它放到甲骨文中驗證一下而已。然而很遺憾，如第一章所述，號稱為商代的典籍是沒有多少占卜的記載的。退而求其次，拿商以後的典籍與甲骨文進行互證，卻發現殷商的占卜別有一方

天地。

在商人的祭祀活動中，貞卜是必不可少的禮儀之一。諸如祭祀的對象、祭祀的方式、祭祀的後效，他們無不貞問占卜一番。今天我們所能看到的甲骨文中，貞卜祭祀類占了很大一部分。可見貞卜在祭祀活動中的重要位置。當然，商人是事無巨細都要占卜一番的。因此，殷墟甲骨文中絕大部分是卜辭。這使我們有足夠的材料去揭開商代的貞卜術之謎。

一、貞人的復活

我們都知道，中國古代有所謂的龜卜和蓍占。龜卜就是使用龜殼進行貞占。事實上，根據考古發現，骨卜和龜卜的歷史是同樣的久遠，然而，龜卜卻最終成為主流的占卜術。蓍占就是利用蓍草（不限於蓍草。蓍占祇是泛言而已）進行卜問。這是古人賴以決疑的最主要、也是最古老的手段。

殷墟甲骨文實際上就是商代人從事龜（骨）卜活動的產物。面對數量如此龐大、製作如此精美的甲骨，我們驚嘆之餘，不由得想：都有些什麼人參加這項活動呢？

根據《周禮‧春官宗伯（下）》的記錄，龜卜活動有眾多的參與者：（1）「大卜」，負責察看璺兆以決定吉凶；有時則決定占卜的事類。「大卜」的編制如次：下大夫二人。（2）「卜師」，負責灼龜，以使龜裂而出現璺兆。「卜師」的編制如次：上士四人。（3）「龜人」，負責收集來自各地的卜用龜，並根據用途的不同把龜分門別類。「龜人」的編制如次：中士二人、府二人、史二人、工四人、胥四人、徒四十人。（4）「菙氏」，準備燒灼用具的小吏，「菙氏」的編制如次：下士二人、史一人、徒八人。（5）「占人」，負責預測吉凶，並做好記錄，以便日後驗證所占是否準確。「占人」的編制如次：下士八人、府一人、史二人、徒八人。（6）「卜人」，負責就璺兆的走向作出預測。「卜人」的編制如次：中士八人、下士十六人、府二人、史二人、工四人、胥四人、徒四十人。

《周禮》的記錄未必全面，卻已經讓我們略知龜（骨）卜所耗費的人力物力了。這大概是周至春秋時期的情況。商代又如何？殷墟甲骨文沒有明確的記載。不過，既然是同一類活動，所用人力當相去不遠。這一小節裏，筆者著重談談《周禮》所失收的「貞人」問題。其它與貞卜有關的人員，將放到下一小節申述。

　　《說文解字》上說：「貞，卜問也。」（卷三卜部）那麼，「貞人」就是主持卜問的人了。在歷代的文獻中，均不見「貞人」的稱謂。「貞人」得以「死而復生」，全賴著名的甲骨學家董作賓先生。

　　稍有點甲骨學常識的人都知道，殷墟卜辭的前辭（或稱為「序辭」）格式通常是這樣的：「干支卜，某貞」。在卜和貞之間的那個字，先前的學者，如劉鶚、孫詒讓、葉玉森、郭沫若等，雖然都注意到了，或以為官名、地名，或以為與「貞」有關的事類，但都不得要領。1929 年的第三次殷墟挖掘，董先生他們在小屯村北「大連坑」南段得到大龜四版。董先生通過對一、二、四版辭例的反復比較，終於悟出了卜和貞之間的那個字是人名，也就是貞卜的主持者，於是董先生把他們統稱為「貞人」。1931 年 6 月，董先生發表了《大龜四版考釋》〔註 1〕一文，正式提出了影響深遠的「貞人說」，從而使死去三千年的「貞人」「復活」過來了。然而，董先生這個觀點在當時卻受到了某些學者的質疑，例如瞿潤緡的《大龜四版考釋商榷》〔註2〕、陳君憲的《貞人質疑》〔註3〕就是當年對立意見的代表作。後來，董先生又對肩胛骨骨臼上出現的「貞人」人名進行研究，發現他們原來還出任記事的「史官」。這個觀點及其論證的過程，全寫進《帚矛說》一文中。接著，董先生更發表了堪稱經典的《甲骨文斷代研究例》。根據甲骨上貞人們的名字共署一版的現象，董先生還提出了「貞人集團」的全新概念。儘管這個概念後來被改稱為「組」，但是，「貞人集團」說的創立，使甲骨文的分期斷代上陞到一個新的階段。「貞人說」從此更是顛撲不破。董先生的創見，贏得了學者們的高度贊賞。郭沫若先生說：「曩於卜貞之間一字未明其意，近時董氏彥堂解為貞人之名，遂頓若鑿破鴻蒙。」〔註4〕郭先生的話可謂代表了大多數學者的心聲。貝塚茂樹後來回憶說：他在北京的時候，某一天晚上見到唐蘭、徐中舒、劉節、吳其昌等學者，徵詢他們對「貞人說」的意見，眾人皆「表示贊成」〔註5〕。然而令人費解的是，七十多年後的今天，竟有人再度質疑「貞人說」！其立論的基礎就是徹底推翻「貞」字的固有考釋，另創新說：認為「貞」字不能作如是釋，而是

〔註 1〕　載《安陽發掘報告》第 3 期，1931 年 6 月。
〔註 2〕　載《燕京學報》第 14 期，1933 年 12 月。
〔註 3〕　載《國立中山大學文史學研究所月刊》第 2 卷第 1 期，1933 年 10 月。
〔註 4〕　見氏著《卜辭通纂·序》5 頁，科學出版社，1983 年 6 月。
〔註 5〕　鄭清茂譯〈甲骨學概說（上）〉30 頁，載《大陸雜志》第 17 卷第 1 期 23～30 頁，1958 年 7 月。

龜甲的象形，當釋作「圭」，即「卦」；那麼，「貞」前的那個字就不是貞人之名，而是卦名〔註6〕。這種提法，委實讓從事甲骨文研究的學者大大喫了一驚。事隔多年，也沒有聽到駁斥的聲音。也許，學者們覺得這衹是個常識性問題，用不著費心勞神吧！

對殷墟卜辭的研究表明，貞人，就是司職貞卜的專業人員。他們主持占卜儀式，按照王的旨意貞問（典籍上稱爲「命龜」），察看甲骨上顯示出的璺兆，從而得出對未發事件的推測，判別吉凶。他們有時甚至錄下貞卜的內容。與貞卜有關的事務，諸如龜骨的入藏，龜骨來源的記錄等，他們也要負責。殷墟發掘時，工作人員曾在開挖的坑中發現了一具臥於甲骨旁邊的屍骨，估計就是掌管甲骨的貞人。看來，董作賓先生稱他們爲記事史官顯然不無道理。商代職官表上應該給他們留一席之地。

貞人們充當著人類與神靈溝通的中介。這種身份特殊的人物來自何方，至今仍不很清楚。由於有些甲骨文和金文中鑴有與某些貞人姓氏相同的族氏文字或方國國名，所以有學者認爲部分貞人乃方國到商中央之服役者。近年，有學者重申：「貞人爲封國首領來朝職掌占卜祭祀之官。」〔註7〕筆者以爲，光憑氏族之名判斷貞人來自封國，證據略嫌不足。起碼，在眾多的貞人當中，並沒有囊括全部的「封國」，即使是那些明顯臣服於商的方國，甲骨文當中也未見有充任貞人者。換言之，如果一定要說「封國首領一般要來商王朝爲王服務，擔任貞人等官職」，那麼，這一百多個貞人豈非代表了一百多個封國？而五十餘個方國何以又未盡見於貞人者？我想，這個問題不解決，「貞人爲封國首領來朝職掌占卜祭祀之官」說仍有討論的餘地。我個人認爲，占卜這樣的大事，在商代有可能是由王室成員執行的。王親自占卜即證明了這一點。貞人之名可能衹是屬於其氏族的，甚至可能衹是屬於個人的。有時候，商王會親自充當貞人的角色。於此一方面可推想貞人地位之高，另一方面也可藉以瞭解商代曾施行政教合一的體制。

由於在商代的甲骨文中發現了「蓍占」，那麼，商代的貞人們也許精通多種占卜之術。當然，從事「蓍占」的也許另有其人（詳下文）。

〔註6〕黎顯慧〈「貞」字新釋〉，載《中國文化》11，1995年7月春季號。
〔註7〕李雪山〈貞人爲封國首領來朝職掌占卜祭祀之官〉，載王宇信、宋鎮豪、孟憲武主編《2004年安陽殷商文明國際學術研討會論文集》284～293頁，社會科學文獻出版社，2004年9月。

　　貞人們是那個時代的智者。他們知書識字，甚至可能上觀天文，下察地理。甲骨文的驗辭很多時候證明貞人們預測的準確性，可見他們非但經驗豐富，而且博學多才。因此，他們除了專事占卜以外，也許還像董作賓先生所說的兼任史官一職。在外出狩獵或發生戰爭的時候，貞人們還是隨隊參謀，時刻爲商王解惑釋疑。看來他們多少還懂點兒行軍布陣之法。

　　董先生在作《甲骨文斷代研究例》時，所見貞人不過近三十之數，經過郭沫若、陳夢家、島邦男、饒宗頤等學者拾遺補缺〔註8〕，今天在甲骨文中有名可考的貞人已達一百二十一名之多。足足增至四倍。臚列如次：（武丁時期）賓、㱿、爭、亙、吉、𡇡、韋、永、內、𢆶、屮、允（充）、㠱、箙、掃、共；（武丁附屬）旬、徉、邑、矦、己、嫀、桼、亞、㲋、中、征、軷、齒、戠、何、名、耳、御、樂、俤、卯、離、𦫵、臺、午、𠬝、𠂤、勺、扶、𡠐、丁、占、由、取、界、勿、吼、子、餘、我、徙、𭫍、史、𥄗、豕、車、衞、吏、衍、陟、定、㞷、㝱、𡨒、𡆥、專。（祖庚時期）兄、出、逐、中、冉（竹）、𡄈；（祖甲時期）喜、疑（矣）、大、冎、尹、行、旅，（祖甲附屬）即、洋、犬、涿（㳈）；（祖甲不附屬）先、堅、寅、𠦪、屰。（廩辛時期）何、寧、𡇡、㲋、彭、壴、口、狄、徉、逆、卯、𥿤、屯；（廩辛不附屬）教、吊、狀、大、暊、尤、狄。（武乙時期）歷。（帝乙、帝辛時期）黃、派、立、夊、𪍕、尒。

　　270年之間有如此之多的貞人服務於商王朝，可見占卜活動曾是一項多麼重要而又多麼平常的活動。

〔註8〕　步雲按：關於見於殷墟甲骨文貞人的總數，各家統計不盡相同。陳夢家爲120名（見《殷墟卜辭綜述》202頁，科學出版社，1956年7月），島邦男爲110名（見中譯本《殷墟卜辭研究》11頁，臺灣鼎文書局，1975年12月），饒宗頤爲116名（見《殷代貞卜人物通考》，香港大學出版社，1959年11月）。今綜合各家所列得121名。又徐義華謂饒氏「共得貞人142位」（見氏著〈商代的占卜權〉，載《商承祚教授百年誕辰紀念文集》253～266頁，文物出版社，2003年9月）。未見注釋，不知何據。檢饒氏書並無具體的統計資料，我點算系於「貞卜人物事輯」之下的貞人凡116位，即使加上20位「備考貞人」，也祇有136位。又李雪山謂「饒宗頤認爲有118人，存疑20人」（見氏著〈貞人爲封國首領來朝職掌占卜祭祀之官〉，載王宇信、宋鎭豪、孟憲武主編《2004年安陽殷商文明國際學術研討會論文集》284～293頁，社會科學文獻出版社，2004年9月）。不知道是我算錯了還是李先生算錯了。又李先生注饒書出版時間爲「1957」，殆筆誤。

二、貞卜法的復原

如前所述，中國古代的「貞卜」屬於方術中的「卜筮」類，它包括「龜（骨）卜」和「著占」兩種占卜方式。

在許多新石器晚期遺址裏——例如龍山文化晚期（距今約 4,000 年）的山西襄汾陶寺遺址、二里頭文化（早商）東下馮類型的山西夏縣東下馮遺址，等等——都發現了使用過的卜骨。卜骨的種類有羊、牛、鹿、豬等動物的胛骨。這些卜骨沒怎麼整治，上面也沒有文字，祇有一些鑽鑿的痕跡。同樣，把龜用於占卜的歷史也相當悠久，儘管龜占的使用範圍遠遠小於骨占。1987 年，在安徽含山凌家灘的一座新石器晚期（據陶片熱釋光測定爲距今 4,500 年左右）的墓葬中發現了一隻玉龜。經學者們研究證實：「這是一種最早期的龜卜方法。」〔註 9〕此外，在河南的舞陽賈湖遺址（裴李崗文化類型，距今 7,000 年以上）、山東和江蘇的一些大汶口文化遺址（距今約 5,000 年）也都出土了龜殼，有些還刻上類似原始文字的符號。可見文獻說黃帝、堯和禹知龜甲之文並非全然子虛烏有。同時也證明了有商一代使用龜骨占卜完全是前人貞卜術的繼承和發展。

結合文獻對甲骨文進行研究，商代的貞卜法總算比較瞭解了。大體上說，貞法包括「龜骨整治」、「鑽鑿」、「灼兆（卜）」、「貞」、「視兆」、「占」、「刻辭」、「塗飾」、「刻兆」等一系列的程序。

龜骨整治包括「取材」、「鋸削」、「刮磨」三道工序。

龜骨主要指龜甲和牛胛骨（偶爾也用牛肋骨）。此外還有少量的兕肋骨、鹿頭角、虎骨、人頭骨，等。前者多用作占卜，後者多用作記事。當然也有例外的，譬如牛胛骨的骨臼就用作記事；又如鹿頭角也見用爲占卜的。殺龜取甲、殺獸（人）取骨的具體細節今天已不甚了了。但有一點可以肯定，那就是，被剔去筋肉的龜、骨須經過特別處理以利保存。

以龜占卜多是用其腹甲，其次是背甲。這就需要把龜殼的腹背一分爲二。連接腹背的部分（俗稱爲「甲橋」，典籍上稱爲「𩨀」）通常留在腹甲上。再把「甲橋」的外緣部分鋸去，腹甲的鋸削就完成了。背甲的鋸削相對複雜點兒。往往還要在中脊處再鋸開爲兩半，末了還得削去中脊不平的地方，鋸削才算完成。胛骨也要經過鋸削。通常是鋸去骨脊和骨臼。

〔註 9〕 俞偉超〈含山凌家灘玉器和考古中研究精神領域的問題〉，載《文物研究》第 5 輯，黃山書社，1989 年 9 月。

　　經過鋸削的龜甲和骨頭才可以進行刮磨。刮磨實際上是把龜、骨的不平整處刮平磨光，以便於鑽鑿契刻。

　　整治後的龜甲和骨頭就可以用於鑽、鑿了。鑽、鑿是在龜甲和骨頭的背面進行的。鑽是鑽孔，鑿是鑿方。事實上，鑿出來的孔並不太方，即便是所謂的「長鑿」也是如此，更不用說是所謂的「圓鑿」了。鑿出來的方孔類似於橄欖形，不知道是不是受落後的工具所影響。就目前所掌握的情況而言，龜甲和骨頭上有單獨的鑽孔或鑿孔，也有鑿孔旁附有鑽孔的，即鑽、鑿並用。龜甲和骨頭上的鑽鑿沒有定數，少者幾個，多者一百幾十也是有的。在龜甲和骨頭上施以鑽、鑿，目的是有利於燒灼，使它們容易爆裂而出現璺兆。一直以來，學者們都沒有考察龜甲鑽鑿的先後次序問題；今天，終於有位學者對這個問題進行了研究，並得出了可信的結論。我們知道，龜腹甲是對稱的，上面有一道被稱為「千里路」的中軸線，古人就在中軸線的兩側施以鑽、鑿。那麼，先在左側還是先在右側鑽鑿呢？以前一直不甚了了。現在知道了，原來是先在左側、然後在右側施以鑽鑿的〔註10〕。不過，這是個不完整的結論。因為龜背甲和骨頭的鑽鑿次序如何還有待於研究。

　　以上的工作很可能是由「龜人」來完成的。

　　當需要使用龜甲或骨頭占卜時，首先得在鑽鑿過的孔上燒灼。怎麼個燒灼法？有學者認為是用「荊枝燃火」燒之；又有學者認為是以火炭灼之。無論如何，燒灼的目的是使龜甲或骨頭出現璺兆以推測吉凶。龜甲或骨頭裂開形成的璺罅很像「卜」字，而璺罅爆坼的聲音則接近「卜」的聲音，因此，灼兆實際上就是「卜」。甲骨文中，「卜」字通常位於用以表示日期的「干支」後。研究表明，商人有時是一天一卜，有時則是一天數卜；有時是一事一卜，有時則是一事數卜。有學者認為，商人遵循著「三卜」的禮制。所謂「三卜」，可以指使用三塊甲骨占卜同一事，也可以指三人同卜一事。商代遺址的考古發掘屢屢發現三塊一套的龜甲或胛骨，也證明了商代「三卜」的存在。「三卜」，甲骨文寫成「元卜」、「右卜」和「左卜」〔註11〕。「元卜」是首卜，然後依次為「右卜」和「左卜」。「三卜」的實行，完全出於功利的目的，好讓人們在

〔註10〕曹兆蘭〈龜甲占卜的某些具體步驟及幾個相關問題〉，載《容庚先生百年誕辰紀念文集》216 頁，廣東人民出版社，1998 年 4 月；又〈殷墟龜甲占卜的某些步驟試探〉，載《考古與文物》2004 年 3 期。

〔註11〕宋鎮豪〈論古代甲骨的三卜制〉，載《殷墟博物院院刊》（創刊號）138～150頁，中國社會科學出版社，1989 年 8 月。

盲目的推測中多幾個選擇。「三卜」之法一直沿用至春秋戰國時代，《尚書‧金縢》、《公羊傳‧僖公三十一年》、《禮記‧曲禮（上）》等典籍均有「三卜」的記載。過去人們以爲「三卜制」是周人的發明，殷墟甲骨文的發現，證明它是早已有之的占卜法。此外，在同一塊龜甲或骨頭上，商人往往就同一事進行多次占卜，然後在璺罅旁邊順次刻上占卜的次數。學者們發現，璺罅旁邊還有某些短語，例如：「大吉」、「茲不用」，等等。很明顯，如同三卜制一樣，多次占卜帶有功利目的。如果是「大吉」，當然無須一而再、再而三地占卜了；如果是「茲不用」，就說明這是一次無效的占卜，需要重新再卜一次了。

　　這項工作可能由「莁氏」和「卜師」共同完成的。

　　甲骨文的「貞」字，原先劉鐵雲以爲是「問」字。這在意義上倒是很接近的。後來孫詒讓認出來了，說，劉氏所謂「問」，應是「貝」，其實就是省略的「貞」字。「貞」就是「問」。《說文解字》上說：「貞，卜問也。」猶存古意。前些年國內外有些學者懷疑此說，明顯缺乏理據〔註12〕。《左傳‧桓公十一年》上說：「卜以決疑，不疑何卜？」也是說明占卜的目的乃爲了釋疑理惑。甲骨文中的「貞」字通常緊接在「貞人」的名諱後面；也有緊接「卜」字的，這是種省去了「貞人」名諱的甲骨卜辭。「貞」字後就是占問的內容，

〔註12〕這個問題曾引起激烈的爭論，請參閱下列著述：David N. Keightley, *Shih Cheng：A New Hypothesis about the Nature of Shang Divination*, paper presented to the conference「Asian Studies on the Pacific Coast」, Monterey, California, 17 June 1972；Paul L-M Serruys, *Studies in the Language of the Shang Oracle Inscriptions, T'oung Pao* LX. 1～3 （1974）, 21ff. David S. Nivison, *The「Question」Question, Early China* 14, 1989. Edward L. Shaughnessy, *The Composition of the Zhouyi, Ph. D. diss. Stanford University*, 1983. 高嶋謙一〈問鼎〉，載《古文字研究》第 9 輯，中華書局，1984 年 1 月；裘錫圭〈關於殷墟卜辭命辭是否問句的考察〉，載《中國語文》1988 年 1 期，英文版載 *Early China* 14,1989。以上各文均持「命辭非問句說」。王宇信〈申論殷墟卜辭的命辭爲問句〉，載《中原文物》1989 年 2 期；范毓周（Fan Yuzhou ），*Forum, Early China* 14,1989。；陳煒湛〈卜辭貞鼎說〉，載《文物研究》第 6 輯，1990 年 10 月；又〈從文獻記述看占卜的性質及其與禱祝的區別〉，載《中山大學學報》1991 年 4 期；又〈甲骨文「不」字說〉，載《第二屆國際中國古文字學研討會論文集》，香港中文大學，1993 年 10 月；又〈論殷墟卜辭命辭的性質〉，載《語苑新論》，上海教育出版社，1994 年 3 月；張玉金〈論殷墟卜辭命辭的語氣問題〉，載《古漢語研究》1995 年 3 期；唐鈺明〈甲金文詞義辨析兩則〉，載《第三屆國際中國古文字學研討會論文集》，香港中文大學，1997 年 10 月；朱歧祥〈殷墟卜辭的命辭是問句考辨〉，載《容庚先生百年誕辰紀念文集》，廣東人民出版社，1998 年 4 月。以上各文均持「命辭爲問句説」。

甲骨學家通常把這部分稱爲「命辭」（也稱貞辭），而把「貞」字前面的那部分稱爲「前辭」或「序（敘）辭」。「命辭」涵括很廣，大致可分爲十大類：1、年歲（農業）；2、天象（風雨）；3、旬夕（吉凶）；4、祭祀；5、征伐（方國）；6、田獵（漁牧）；7、疾病、夢幻；8、遣使、誥令；9、往來；10、婚嫁。應當指出的是，各家的分類並不統一。分得最細的是胡厚宣先生，共有二十二類；分得最簡單的是陳夢家先生，祇有六類。一條卜辭的貞卜，通常可分爲正面的貞問和反面的貞問，正面的貞問即對貞問內容的肯定，反面的貞問即對貞問內容的否定。學術界稱之爲「對貞」。當然，並不是每條卜辭均具「對貞」的形式。

從占卜程序方面考察，「視兆」應在灼兆之後。所謂「視兆」，就是貞人們根據璺罅的形態確定吉凶。

通過對甲骨文的深入研究，可以肯定貞問、視兆、判斷吉凶等工作是由貞人完成的。然而，《周禮》上卻白紙黑字地指明是由「大卜」和「卜人」負責的。顯然，占卜之道的分工是越來越細了。

「占」通常是由商王操作的，實際上就是王親自視兆並判斷吉凶。通常，王會得出有利的判斷；當然有時也得出不妙的判斷，以便能夠及時趨避之。這判斷反映在甲骨文上就是所謂的「占辭」。

這工作要是在後世就會交給「占人」去做。

爲了驗證占卜的準確性，整個占卜過程會被鐫刻在龜骨上。當占卜有了最後的結果，有關人員還得把它記錄下來。這份記錄，甲骨學家稱爲「驗辭」。一條完整的卜辭，應包括「前辭」、「命辭」、「占辭」、「驗辭」這四個部分；而把這四個部分刻寫到龜骨上就是「刻辭」。當然，「刻辭」還包括「序數字（或稱「紀數字」。指記錄占卜的次數和順序的數目字）」和「兆語（或稱「兆側刻辭」，紋兆旁邊一到三字不等的短語，即璺罅所暗示的吉凶、貞人採用是次占卜與否、璺罅清晰與否的記錄，例如「大吉」、「引吉」、「茲不用」、「不玄冥」之類）」的刻寫。殷墟的甲骨文，儘管個別的刻辭一片凌亂，但大體上還是有規律可尋的。如同鑽鑿先後次序的問題一樣，龜甲上記兆和刻辭的先後次序問題也長期爲學界所忽視。曹兆蘭教授指出，記兆是先在右側進行的；刻辭則有兩種情況，若是龜甲的反面，那麼古人就先在左側刻辭；若是龜甲的正面，那麼就先在右側刻辭〔註13〕。骨頭的刻辭又如何？胛骨上沒有中軸

〔註13〕見氏著〈龜甲占卜的某些具體步驟及幾個相關問題〉，載《容庚先生百年誕辰

線，難以判斷。倘若是肋骨，或類似肋骨的長形骨頭，刻辭就相當有規律：通常是先下後上依次鐫刻，辭與辭之間有時標上分隔線。筆者把這些分隔線稱爲「段落號」，是後世金文段落號的雛形〔註14〕。雖然龜甲上的記兆刻辭都很有規律性，且較簡單，但是，骨頭上的刻辭行款就複雜得多了。1928 年，胡光煒先生寫過一部《甲骨文例》〔註15〕，歸納爲 28 種行款。現在看來，胡先生的分類顯得過於繁瑣，某些類項也不能成立。後來，董作賓先生總結出龜甲契刻卜辭的規律是：「沿中縫（即所謂『千里路』——引者注）而刻辭者向外，在右右行，在左左行。沿首尾之兩邊而刻辭者，向內，在右左行，在左右行。」〔註16〕胛骨契刻卜辭的規律是：「凡完全之胛骨，無論左右，緣近邊兩行之刻辭，在左方，皆爲下行而左，間有下行及左行者。在右方，皆爲下行而右，亦間有下行及右行者。左胛骨中部如有刻辭，則下行而右；右胛骨中部反是，單亦有下行而右者。」〔註17〕李達良先生也專門研究過龜板的刻辭位置和次序，歸結爲十一式；刻辭的行文方向則分爲正例和變例兩大類：正例有六式，變例則有直行橫行二式。李先生還討論了文例的釋讀、簡省等問題。實際上是他的理論在實踐中的應用〔註18〕。陳煒湛先生則簡單明瞭地把甲骨的刻辭形式歸納爲單列直行、單列橫行、左行、右行四種〔註19〕。大致對甲骨文的行款作出了正確的描述。不過，前些時候在花園莊東地出土的甲骨，卜辭契刻的行款又有所不同。張桂光教授總結爲八種行款〔註20〕：1、迎兆刻辭。2、順兆刻辭。3、背兆刻辭。4、迎兆轉向刻辭。5、順兆刻辭轉向。6、繞兆刻辭。7、跨兆刻辭。8、圈兆刻辭。早期的甲骨學家把甲骨文稱之爲「書契」，並非全無根據。確實，甲骨文既有用刀「契（鐫刻）」的，又有用筆「書（書寫）」的。那麼，它們的關係如何呢？董作賓先生在卜用的牛

紀念文集》217～222 頁，廣東人民出版社，1998 年 4 月。

〔註14〕 譚步雲〈出土文獻所見古漢語標點符號探討〉，載《中山大學學報》1996 年 3 期；又載中國人民大學報刊資料中心《語言文字學》1996 年 10 期。

〔註15〕 中山大學語言歷史學研究所考古叢書之一，1928 年 7 月。

〔註16〕 見氏著〈商代卜龜之推測〉，載《安陽發掘報告》第 1 期，1929 年 12 月。

〔註17〕 見氏著〈骨文例〉，載《中央研究院歷史語言研究所集刊》7 本 1 分，1936 年 12 月。

〔註18〕 李達良《龜板文例研究》，香港中文大學聯合書院中國語言文學系，1972 年 7 月。

〔註19〕 見氏著《甲骨文簡論》46～51 頁，上海古籍出版社，1987 年 5 月。

〔註20〕 參張桂光〈花園莊東地卜甲刻辭行款略説〉，載王建生、朱歧祥主編《花園莊東地甲骨論叢》，臺灣聖環圖書股份有限公司，2006 年 7 月。

胛骨上發現了毛筆書寫的文字，又發現了某些僅僅刻了豎劃而沒刻橫劃的文字，於是認爲甲骨文是「先寫後刻」的〔註 21〕。後來，陳夢家先生質疑這種說法，他說：「書寫的字既然較刻辭爲粗大，且常與刻辭相倒，所以書辭並非爲刻辭而作的，更不是寫了忘記刻的。刻辭有小如蠅頭的，不容易先書後刻，況且卜辭所常用的字並不多，刻慣了自然先直後橫，本無需乎先寫了作底子。」〔註 22〕孰是孰非，陳煒湛先生評判說：「二說相較，當以董說爲長。」他又補充道：「當時恐怕大字是先寫後刻，小字則是直接刻的，⋯⋯就單字而論，⋯⋯書寫，一般總是從左到右自上而下，不管橫直圓曲，依次而書；契刻則不然，似乎是先刻直劃，然後再刻橫劃。」〔註 23〕契刻書寫的研究是個非常重要的課題。甲骨文的閱讀、甲骨的綴合、殘辭的補苴甚至甲骨的斷代都離不開對契刻書寫的理解。雖然這方面的研究所存在的問題已不太多了，但是，某些歧見還需要進一步研究以統一認識。

　　關於甲骨文的鑴刻，曾經引起過多種揣測。我們知道，龜甲獸骨異常堅硬，甲骨文是怎樣刻上去的呢？有些學者認爲用「小銅刀」或「碧玉刻刀」刻出如此精美而細小的文字簡直不可思議〔註 24〕。於是，有學者認爲，刻字前的甲骨「必然是經過酸性溶液的泡製，使之軟化的」〔註 25〕。然而，有些學者經過實驗證明，不管是含水較多的新鮮骨料還是已經乾硬的陳骨，完全無須軟化就可以使用青銅刀在上面刻字〔註 26〕。

　　至此，占卜的全過程算是完成了。然而，也許是出於美觀的目的，或出於隆而重之的目的，某些卜辭被塗上了朱砂或墨；某些墼釁則用刀加刻，目的可能是爲了使兆紋更爲清晰。這就是所謂的「塗飾」和「刻兆」。

　　有學者認爲，這兩項工作也是由貞人完成的。也有學者不同意，認爲另有其人。上文提到，貞人還負責甲骨的入藏和記錄等工作，骨臼上的文字多半是他們刻的，因此，有理由認爲貞人同時也是刻寫卜辭的書手。

〔註21〕　見氏著〈甲骨文斷代研究例・書體〉，載中央研究院歷史語言研究所集刊外編《慶祝蔡元培先生六十五歲論文集》上冊，1935 年。
〔註22〕　見氏著《殷墟卜辭綜述》15 頁，科學出版社，1956 年 7 月。
〔註23〕　見氏著《甲骨文簡論》52～53 頁，上海古籍出版社，1987 年 5 月。
〔註24〕　郭寶鈞〈一九五○年春殷墟發掘報告〉，載《中國考古學報》第 5 冊，1951 年 12 月。
〔註25〕　郭沫若〈古代文字之辨證的發展〉，載《考古學報》1972 年 1 期。
〔註26〕　參看趙銓、鍾少林、白榮金〈甲骨文字契刻初探〉，載《考古》1982 年 1 期；朱鴻元〈青銅刀契刻甲骨文字的探討〉，載《甲骨文與殷商史》第 2 輯，上海古籍出版社，1986 年 6 月。

　　非常有意思的是，使用龜甲或骨頭占卜，尤其是骨頭占卜，作爲新石器時期產生的巫術，並沒有局限於殷商王國之內，而竟然傳播到四面八方。周原甲骨明顯受到殷墟甲骨的影響當無疑義，遠離中原的少數民族地區、甚至遠東的日本、朝鮮、西半球的北美等地區都曾流行過骨卜。中國的古代文獻、考古發現以及民族學調查都充分證明了這一點。《三國志・魏志・東夷傳》載：「倭人……灼骨而卜。」在中國的東北和西南地區，多年來還盛行著「羊骨卜」。例如：彝族、羌族和納西族等民族的族人就是使用羊骨來占卜的〔註27〕；在朝鮮的咸鏡北道茂山邑虎骨洞、慶尚南道昌原郡熊川邑、日本的島根縣八束郡鹿島町古浦、神奈川縣三浦市的毗沙門和問口、新潟縣佐渡島千種、長野縣更埴市生仁等文化遺址，都出土了經過處理、燒灼的豬、鹿的胛骨、肋骨和頭角，其時代跨越了公元前 300～1,000 年〔註28〕；而時至今日，西伯利亞東北部的一些民族還有使用馴鹿或海豹的胛骨占卜的習慣；在北美的阿莎巴斯卡（Athabascan）和阿爾岡琴（Algonkin）部落，則有灼燒馴鹿、駝鹿等動物骨骼占卜的風俗。美國的人類學家克洛伯爾（A. L. Kroeber）認爲，這一類占卜方法是從東方向西方傳播的。其起源地是在中國。向東傳入日本、西伯利亞東北部，向西南傳入四川、貴州、雲南、西藏，到達南阿拉伯、阿富汗及印度西隅，直至歐洲、非洲北部〔註29〕。不過奇怪的是，如果說龜（骨）卜起源於中國的中原地區，然後傳之四方，那外地的占卜術也應該有龜有骨才是，可目前爲止，外地祇見骨卜而不見龜占（日本大概是個例外〔註30〕）。而後來的中國，則以龜占爲占卜的主要方式，骨卜卻逐漸消亡了。例如，近年出土的尹灣漢簡（西漢成帝年間）有《神龜占》、《六甲占雨》、《博局占》等術數譜，卻沒有骨卜之類的材料。事實上，直至戰國期間，龜占和骨卜還是並行不悖的，例如《包山楚簡》就是明證，卜具中既有「蓍」之類的物品，

〔註27〕林聲〈記彝、羌、納西族的「羊骨卜」〉，載《考古》1963 年 3 期；又〈雲南永勝縣彝族（他魯人）「羊骨卜」的調查和研究〉，載《考古》1964 年 2 期；汪寧生〈彝族和納西族的羊骨卜——再論古代甲骨占卜習俗〉，載《文物與考古論集》，文物出版社，1986 年 12 月。

〔註28〕李亨求〈渤海沿岸早期無字卜骨之研究——兼論古代東北亞諸民族之卜骨文化〉，（臺灣）《故宮季刊》第 16 卷第 1、3 期，1998 年。

〔註29〕 *A. L. Kroeber, Anthropology, Race, Language, Culture, Psychology, Prehistory , London, 1948.*

〔註30〕參傅羅文〈貞人：關於早期中國施灼占卜起源與發展的一些思考〉，載荊志淳、唐際根、高嶋謙一編《多維視域——尚王朝與中國早期文明研究》90 頁，科學出版社，2009 年 1 月。

又有「靈（龜）」之類的物品。這現象實在很值得研究。關於中外甲骨占卜的情況，李學勤先生有過初步的探討，讀者諸君可參閱〔註31〕。

　　事實上，以上介紹的衹是中國古代其中一種占卜法，也就是所謂的「龜（骨）卜」。中國古代還有另外一種占卜法，即「蓍占（與《易》數相類）」。多年以來，學術界以爲商人衹有「龜（骨）卜」一法。惟獨饒宗頤先生曾據甲骨文「巫」字推測商人也採用「筮」法〔註32〕。可謂卓有識見。直到張政烺先生揭示出見於商周兩代金文、曾被視爲特殊文字的數目字就是《易》數後〔註33〕，學術界才知道商代甚至新石器晚期已經開始使用「蓍占」。

　　據《周禮》記載，「占人」除了掌龜（骨）卜外，同時掌「蓍占」。不過，另有一類專事「蓍占」的小吏：「筮人」。限於材料的匱乏，現在還不大清楚商代的「蓍占」是由誰來主持的。可能貞人們身兼兩職，也可能確有「筮人」一類的專業人員。後世的某些材料證明，貞人們身兼兩職的可能性很大。據歷年出土的戰國時代的竹簡（例如1987年出自湖北省荊門十里鋪鎮王場村包山崗和1994年出自河南省新蔡葛陵村的楚簡）記載，在占問的時候，貞人們分明既用龜，也用蓍。卜具裏面，既有「黃靈（龜）」、「白靈（龜）」、「訓靈（龜）」等，也有「少籌」、「央蓍」、「㫃葦」等。前者用於龜卜，後者用於蓍占。

　　後來，學者們陸續在殷墟（例如1950年挖掘的「四磨盤遺址」、1973年挖掘的「小屯南地」）的一些甲骨和石器上又發現了以數目字組合而成的爻卦，於是進一步證明原來商人在使用「龜（骨）占」的同時也採用「蓍占」。當然，商人之於「蓍占」，衹能用「偶爾爲之」來形容。目前所見的商代「蓍占」遺物（包括商代的銅器銘文、石器銘文「筮數」），不超過三十之數。請參考下面宋鎮豪先生編製的、經過筆者擅自修改的殷墟甲骨筮數一覽表〔註34〕：

〔註31〕李學勤《比較考古學隨筆・甲骨占卜的比較研究》，香港中華書局，1991年10月。

〔註32〕參氏著《殷代貞卜人物通考》40～41頁，香港大學出版社，1959年11月。

〔註33〕見〈試釋周初青銅器銘文中的易卦〉，載《考古學報》1980年4期。

〔註34〕第二、三條材料的重卦名以及第六條材料是我據張政烺先生的文章擅自補的，見張政烺〈殷墟甲骨文中所見的一種筮卦〉，載《文史》第24輯1～8頁，中華書局，1985年4月；又見饒宗頤〈殷代易卦及有關占卜諸問題〉，載《文史》第20輯1～14頁，中華書局，1983年9月。《巴黎》24反的這條材料，饒先生認爲是單卦，因此讀作「六二六」；張先生則認爲是重卦，讀作「六一一六」此處從張先生。又《屯南》4352一條，曹定雲結合周原甲骨H11：

骨　料	分期	釋　文	資料出處	卦畫形	《周易》卦名參考	
					單卦名	重卦名
牛胛骨	一	上甲。 六六六	《外》448	☷☷	坤	
牛胛骨 （有灼痕）	三四	⋯⋯矢⋯⋯ 八七六五	《屯南》4352			既濟
牛胛骨	三	⋯⋯喪，亡災。吉 六七七六	《合集》29074			大過
牛胛骨 （同坑共出牛胛 骨三塊） （有鑿灼10組）	四	七八七六七六日 隗 八六六五八七 七五七六六六日 魁	《中國考古學報》 第5冊，圖版肆 壹：1，1951年。		上離下坎 上坤下離 上乾下坤	未濟 明夷 否
龜腹甲（有鑽鑿 灼、兆坼93組） （圖61）	五	慧九六 七七六七六六。貞 吉 六七八九六八 六七一六七九 友⋯⋯	《考古》1989年1 期，66～70頁， 又圖版捌。		上巽下艮 上坎下艮 上兌下兌	漸 蹇 兌
龜甲（背面）	一	弋 六一一六	《文史》20輯12 頁；又24輯8 頁；即《巴黎》 24反。			大過
牛胛骨	四	一一六六一五 九キ 六八八八六六	1996年出安陽劉 家莊殷代遺址。		上巽下兌 上坤下坤	中孚 坤

　　從上表看出，就「蓍占」的形式而論，商人所使用的「蓍占」與後世的「蓍占」有所不同，例如：商代的「卦」是由數目字「一」、「五」、「七」、「九」（奇數）、「六」、「八」（偶數）的「爻」所構成的，而後世的「卦」則由符號：「—」（陽爻）和「--」（陰爻）所構成。當然，符號「—」和「--」可能就

235 一辭讀爲「十六五」，認爲筮法使用數目字「十」，參看氏著〈新發現的殷周「易卦」及其意義〉，載《考古與文物》1994年1期；又《考古》所載一條釋文，據晁福林〈商代易卦筮法初探〉一文修訂，載《考古與文物》1995年5期。又最後一欄，據孟憲武《安陽殷墟考古研究》（中州古籍出版社，2003年10月）88頁圖一～2所載補入。「九キ」，後一符號原無釋，焦智勤讀爲「九七七」，爲單卦「乾」參氏著〈讀殷墟易卦卜骨一則〉，載《殷都學刊》（安陽甲骨學會論文專輯）16～17頁，2004年3月。步雲按：焦氏的考釋可能是正確的。

是由數目字「一」和「八」演變而成的。又如：商人也有六個爻的重卦，但卻有三個數字（爻）的單卦，及其變體：四個數字（爻）的重卦。

　　商代的「蓍占」使用什麼工具，迄今仍不大清楚。安陽殷墟曾出土過一組 38 顆紅、黃、白、綠四種顏色的小石子。結合河南舞陽縣賈湖新石器時代遺址所出藏於龜甲內的石子分析，考古學家認爲這些石子應是用作「蓍占」的工具〔註 35〕。如果此說可信的話，那麼，延至商代，石塊曾用爲「蓍占」的工具。後世的「蓍占」則可能不同時代使用不同工具，並無定法。《易經》和《說文解字》說是用「蓍」；《史記・龜策列傳》提到過用「筴」；戰國的楚竹簡提到過「蓍」、「策」、「葦」、「筭」之類的蓍占工具。就字形所體現的意義看，「蓍」、「葦」都是草本植物；「筴」、「策」、「筭」都與竹子密切相關。也許商代也使用過這類工具，祇是這類工具均不易保存，所以沒有發現罷了。有一點倒是可以肯定，根據卦爻的形象及其體現的意義，「蓍占」的工具估計是數量上不少於四的條狀物，與「算籌」相去不遠。

　　「蓍占」的出現，標誌著陰陽術數已經處於萌芽狀態了。

　　我們一直以爲，易數是周人的發明。世傳伏羲氏作八卦，不大爲人們所信；而史稱「文王拘而演周易，……」（司馬遷《報任安書》）倒是有根有據的。直到今天纔知道商人也懂「蓍占」一術，而且它的起源相當早。如果據《世本》所云：「巫咸作筮」，雖然我們不能確定「巫咸」是否爲商人，但筮法流行於商卻是不可懷疑的。那麼，易數到底是周人的發明還是商人的發明呢？當然，從時間方面考察，無疑可以確認爲商人的發明。可是，商人是以龜（骨）卜爲占卜的主要方式的，那有沒有這種可能：商人的「蓍占」乃「舶來品」，取自於周呢？我們可以給讀者諸君一點提示：在周原出土的甲骨文中也有易數。我們知道，周原甲骨文的時代早至帝乙帝辛期間。那就是說，周人很早就掌握了蓍占技術，而且，較之商人更樂於使用這種術數，才二百來片甲骨就有十二例。從形式上看，殷墟甲骨文和周原甲骨文的易數大同小異：都是使用數目字，都有六個數字的重卦、三個數字的單卦；所不同的是周原甲骨文易數沒有四個數字的重卦。當然也有這種可能，「蓍占」之術眞的是伏羲族的人們所創造的。因爲，它出現的時間確實已經超出了我們的想像。甚至有學者據「桀之釋湯，以筮定之」推測：「筮法或更早於龜卜」〔註 36〕。不

〔註 35〕孟憲武《安陽殷墟考古研究》89 頁，中州古籍出版社，2003 年 10 月。
〔註 36〕丁驌〈說周原契數〉，載《中國文字》新 5 期 28 頁，美國藝文印書館，1981
　　　　年 12 月。

無道理！考古上的發現正好透露出這種信息：新石器時期的遺物（例如陶器之類）往往鐫有一些符號，多是數目字。說明人類很早就對「數」有較深的認識。而「筮法」恰恰是「數」與「數」的組合，其規則當然較「龜占」容易掌握。這裏舉一個有啓發意義的例子：甘肅樂都柳灣出土的馬廠期（仰韶文化系統馬廠類型，或視爲馬家窯文化系統馬廠類型，距今約 3,800～4,000年）陶罐上有兩處「六六六六六六」符號。如果我們能證實這些是筮數，那筮數的起源眞的非常早，它既非商人也非周人的發明，而是古已有之的術數！

總之，甲骨文中著占的出現給我們提供了新的研究課題。它的起源、發展及其形式的變化等問題都很值得我們去思考。

占卜在什麼地方舉行的呢？根據文獻的記載，是在宗廟。劉寶楠《論語正義・公冶長》「臧文仲居蔡」條下說：「凡卜皆在廟，古藏龜亦於廟。」《史記・龜策列傳》上說：「高廟有龜室。」證之甲骨文，可知古說有據。甲骨文恒見「在大宗卜」、「在父丁宗卜」、「在祖乙宗卜」等的記錄。可謂鐵證如山！這是因爲古代的占卜活動和祭祀活動總是同時進行的。有疑問則問諸神靈，祇有向神靈致祭後纔能開始占卜。可是，商王在外出的時候也占卜的呀！難道商人的宗廟到處皆是？有學者推測：在遠離宗廟的地方，也要在設有列祖列宗的場所占卜。設有列祖列宗的場所多是行營（步雲按：也許是行宮吧！），占卜後的甲骨還得帶回殷都保存〔註 37〕，這很有道理。可見古人於占卜的地點祇說對了一半，至少在甲骨文時代就並非如此。

古人認爲，商人不會保留使用過的「龜」和「著」，而周人則保留。這是商周兩代占卜方式的迥異之處。《史記・龜策列傳》云：「略聞夏、殷，欲卜者乃取著、龜，已則棄去之。以爲龜藏則不靈；著久則不神。至周室之卜官，常寶藏著龜。」從殷墟的發掘來看，商人分明有意識收藏甲骨文以作檔案。例如著名的 YH127 坑、小屯南地 H24 坑和花園莊東地的 H3 坑，均出有大批的甲骨，可見太史公的話並不儘然。

除了「龜卜」和「著占」，學者們推測商人同時也使用「鳥占術」（見第一章〈尋覓傳世文獻中的商代禮制〉）和「星占術」（詳本章第三節〈五行學說探源〉）。這些推論，大大豐富了商代占卜術的內容。不過，目前就我們所瞭解的，這方面的材料還比較欠缺，要深入下去恐怕還需提出更多證據。

〔註37〕 陳復澄、林小安〈周原鳳雛宗廟基址考〉，載《徐中舒先生百年誕辰紀念文集》272 頁，巴蜀書社，1998 年 10 月。

第二節　日祭與日書的蠡測

「日書」是另一種占卜方式。在中國古代的方術範疇中，它恐怕屬於「雜占」一類。與「龜（骨）卜」和「蓍占」不同，「日書」是已經規範化、程式化的占卜。它較之「龜（骨）卜」和「蓍占」更機械，無須演示推算、無須預測，照章行事即可。占卜走到「日書」這一步，可以說已經窮途末路了。

何時行何事之吉凶宜否，古人俱訴諸文字以便選擇，這種文字就稱為「日書」。簡單地說，「日書」就是中國古代的擇日通書，也稱「黃曆」。自七十年代起，湖北雲夢睡虎地、甘肅天水放馬灘、安徽阜陽、湖北江陵九店等地陸續有「日書」出土。這就證明了「日書」至遲在戰國時期就出現了。

那麼，商代有沒有「日書」這麼種東西呢？饒宗頤先生認為，殷代雖無日書之名，而有日書之實。最重要的證據是「日祭」的存在。商人把一日劃分為五段食時以祭祀祖考。這種時段的劃分與「日書」中時段的劃分基本一致。其次是「卜日」的存在。李學勤先生很早就提出「廟號」是卜選出來的（詳見本章第一節），雖然此說未必準確，但甲骨文存在「選日」的內容卻是事實；饒先生更提出：凡重要事情必須卜日。這已經和後世的擇日極為相似了。最後，甲骨文中有吉日凶口的文例，吉日稱為「福日」或「羊（祥）日」；凶日稱為「叟（醜）日」或「言日」。其他還有「告日」、「禱日」、「魄日」、「正日」、「既日」等等，有點兒類似「日書」中的「良日」、「危日」、「破日」、「平日」、「定日」等等〔註38〕。

後來，又有學者繼續闡發饒先生的觀點，認為，甲骨文中存在著日書是不容置疑的。饒先生所列舉的甲骨文卜日日名固然就是明證，而且，還可以補充若干卜日日名作為新證據：「可日」、「言日」、「即日」、「遘日」、「職日」、「正日」、「至日」、「帝日」、「日」。除此以外，還有一些不帶日字的卜日日名：「往成」、「乍宗」、「協成」〔註39〕。雖然某些例子不無疑問，但是，其基本的觀點倒是可以肯定。

饒宗頤等先生的研究很有啟發性。我們不妨再列舉某些例證，來證明商人確實有擇日以決吉凶的價值取向。例如某些貞問生育的甲骨，竟視某些日子生產為不吉，視某些日子生產為大吉，還有驗辭為證。例如：「己丑卜，㱿貞：

〔註38〕見〈殷代的日祭與日書蠡測：殷禮提綱之一〉50～58頁，載《華學》第 1 期，中山大學出版社，1995 年 8 月。

〔註39〕連劭名〈商代的日書與卜日〉，載《江漢考古》1997 年 4 期。

翌庚寅婦好娩？ 貞：翌庚寅婦好不其娩？一月。」（《簠·典》116）大意是貞問婦好第二天庚寅日會不會分娩。又如：「□□卜，爭貞：婦妌娩，嘉？王占曰：其唯庚娩，嘉。旬辛□婦妌娩，允嘉。二月。」（《綴新》530）大意是說王經過占算，認為婦妌在庚日分娩才吉利，結果後來儘管在辛日分娩了，但也還是應驗了吉利。又如一些貞問「娶女」、「嫁女」的卜辭，也表現出強烈的擇日意向。就目前我們所能看到的卜辭而言，商王室無論嫁、娶，傾向於以二月為吉期，總是貞問在二月婚嫁吉否；舉行婚儀的時間，則傾向於以丁日為吉日，六十干支中僅不見「丁卯」，其餘「丁丑」、「丁亥」、「丁酉」、「丁未」、「丁巳」均可以選作吉日。

總之，饒先生所言殷代無日書之名而有日書之實是很正確的。由此我們可以知道日書的起源很早。

既然有所謂的「日書」，那就應該有具體的操作者。《史記》中有〈日者列傳〉，據此，我們知道「日書」的操作者就是「日者」。在漢武帝時期，「日者」的門派很多：諸如「五行家」、「堪輿家」、「建除家」、「叢辰家」、「曆家」、「天人家」、「太一家」，等等。遺憾的是，司馬遷原作的〈日者列傳〉後來散佚了，現在我們看到的〈日者列傳〉是唐代的學者給補上的。這就使我們難以瞭解漢代乃至前代「日者」的具體情況。商代有沒有專職「日者」，這很難說。不過，甲骨文擇日的內容都出現在卜辭中，那麼，很可能「日者」是由貞人兼任的。

實話說，饒宗頤等先生的研究僅僅是開了個頭。有關商代日書的種種情況依然有待探索。

第三節　陰陽五行探源

五行學說與貞卜在中國古代同屬方術之類。不過，「卜筮」、「陰陽」、「五行」、「雜占」四端之中，以五行與「方」的關係最為密切。

眾所周知，在戰國時代，才有所謂的五行學派及其學說。不過，殷商甲骨文所反映的某些內容已經與後世的五行學說頗有相合之處。

胡厚宣先生在作《殷卜辭所見四方受年與五方受年考》〔註40〕一文時，就敏銳地察覺商人隱約有類似後世的五行觀念。例如五方的觀念：求雨的卜

〔註40〕載《中國文化與中國哲學》，東方出版社，1986年12月。

辭、求年的卜辭以及四方風神刻辭〔註41〕，均提及東、南、西、北、中五方、五神。五方的重要性體現在商人生活的各個方面，大至求雨、求年、興建邦邑、宮寢、陵墓，小至物品的存放，都要選擇一定的方向。於是，商人不但掌握了辨別方向的方法，而且由此形成了宗教觀念乃至出現了隆重的祭方之禮。商人奉祀四方之神和四方風，既有祈年求雨的目的，又有禳災的願望，顯然，這種崇拜與農事活動及世俗生活密切相關。

　　四方當中，商人尤以東方為尊。這源於商人以東配春，「春分之日玄鳥至」（《逸周書・月令》），而商人則自以為是「玄鳥」的子嗣〔註42〕。

　　幾十年以後，相繼有學者進行這方面的研究，使我們對殷代五行現象的認知提高到一個新的水平。

　　學者們注意到，殷人的四方觀念與四時觀念密不可分，乃至於由此產生五行的思想。四方是空間的區分，四時是時間的區分。四時來自四方。春夏秋冬相當於東南西北。四時的變化更替代表著四時之間的相生相剋：春生夏，夏生秋，秋生冬，冬生春；秋殺春之生，冬勝夏之暑。用自然界的基本物質代表之，就形成了五行：春季草木萌生，當以木為代表；夏季炎熱如火，應以火為代表；秋季是收穫的季節，金屬工具發揮所長，應以金為代表；冬季嚴寒，水凝結成冰，故以水為代表。四方亦復如是。四方以中央為附，中央立於大地，則以土為代表〔註43〕。

　　更有學者從古代的天文觀察而論及五行交替的。朝代之間的彼此取代，緣自古人對天象的觀察，而五行相生相剋的循環正是五星天象啟示的產物〔註44〕。

　　甲骨文中更有「五臣」、「五豐（工）」之辭，有學者推測「可能是指五方的神祇」，神們都是上帝的臣正，所以稱為「帝五臣」、「帝五工」，有時簡稱為「帝臣」和「帝工」。「五臣」或「五工」當是四方之神祇加上大邑商的社

〔註41〕　參閱胡厚宣〈甲骨文四方風名考〉，載《責善半月刊》2 卷 19 期，1940 年 12 月；又〈甲骨文四方風名考補正〉，載《責善半月刊》2 卷 22 期，1940 年；又〈釋殷代求年於四方和四方風的祭祀〉，載《復旦學報》1956 年 1 期。

〔註42〕　高江濤〈殷人四方尊位探討〉，載王宇信、宋鎮豪、孟憲武主編《2004 年安陽殷商文明國際學術研討會論文集》327～333 頁，社會科學文獻出版社，2004 年 9 月。

〔註43〕　常正光〈殷代的方術與陰陽五行思想的基礎〉，載《殷墟博物院院刊》（創刊號）175～182 頁，中國社會科學出版社，1989 年 8 月。

〔註44〕　班大為〈三代的天文觀察和五行交替理論的起源〉，載《殷墟博物院院刊》（創刊號）183～188 頁，中國社會科學出版社，1989 年 8 月。

神之合稱〔註45〕。可證五行思想賴以產生及發展的五方及其方神的存在。

　　上文曾提及的「東母」、「西母」可能也和五方五神有某種關係，或許是五方的配偶。這裏可以提出一些證據供參考：甲骨文中還見「中母」和「北巫」；「中母」可能扮演兩個角色，一是先祖之妣，一是中方神之配，「北巫」之「巫」可以讀成「母」。這個神祇系統僅少了「南巫（或『南母』）」。祂們與「東母」、「西母」正好可以相配於五方五神。甲骨文還有一個重要證據：「方母」。筆者疑心祂是四方之母的統稱。

　　方神代表著「陽」，方母代表著「陰」，方神與方母相配，是陰陽五行思想漸臻成熟的標誌。在第五章第一節之一〈祖廟、廟號和廟制〉，筆者曾援引井上聰「廟號陰日陽日說」。倘若此說不誤，廟號的設定也體現著商人的陰陽五行思想。

　　近來有學者發現，卜辭中有表示陰陽對應觀念的文字：「澮」（水之陰）、「釿」（天色之陰）和「畬」（方位之陰）〔註46〕。顯然，商人是有陰陽的觀念的，雖然那時的陰陽未必等同於後世的陰陽觀念，但由空間的陰陽關係發展到抽象的陰陽理念，似乎從商代就開始了。

　　與陰陽五行學說關係密切的是「占星術」。如果說商代已經產生陰陽五行學說的話，那麼，「占星術」也許亦已誕生。有些學者正是這樣看的。商人對天象星宿的認識程度大大超出我們的想像。上世紀八十年代初期，陳邦懷先生發表了一篇文章，認爲商代金文的材料中已經有廿八宿的記載〔註47〕。但是，陳先生的意見並未引起學者們的關注。直到1994年，纔有學者附和陳先生的觀點〔註48〕，提出：甲骨文中也有廿八宿星名。其實，如果我們把目光投向戰國時代的器物，例如曾侯乙墓漆箱上的廿八宿星圖〔註49〕，就會發現，那時候的人們對廿八宿的認識非常深刻。因此，商人知道廿八宿並載諸甲骨文、金文那是一點兒也不值得大驚小怪的。研究者認爲，那時候，商人是把星宿和先祖一塊兒祭祀的，同時，他們從星宿的變化來解釋占卜以及與之相

〔註45〕 連劭名〈甲骨文「玉」及相關問題〉，載《出土文獻研究》239～243頁，文物出版社，1985年6月。

〔註46〕 沈建華〈釋卜辭中方位稱謂「陰」字〉，載《古文字研究》第24輯114～117頁，中華書局，2002年7月。

〔註47〕 見氏著〈商代金文中所見廿八宿星名〉，載《古史研究》1983年11月。

〔註48〕 沈建華〈甲骨文中所見廿八宿星名初探〉，載《中國文化》10，1994年8月秋季號。

〔註49〕 王健民等〈曾侯乙墓出土的二十八宿青龍白虎圖像〉，載《文物》1979年7期。

適應的人間禍福現象。也就是說,商人把星宿天象與天命緊密地聯繫起來了,並試圖改變於己不利的天命。由此,研究者斷定商代已經有占星之官,官名就叫做「保」。他們相當於後世的陰陽家,制定了一整套的星占觀念,並發展了占星之術。然而,傳世的文獻,例如《尚書》、《詩經》等,以及青銅器銘文,均沒有二十八宿的記載。因此,有學者認為:「二十八宿體系在中國創立的年代,就文獻記載而言,最早是戰國中期,但可以根據天文現象推算到公元前八至六世紀。」〔註50〕

雖然如此,與地域空間相對應的天域空間的確有可能引起商人的注意。這可以從甲骨文中看得出來。月亮的陰晴圓缺,星象的變幻多端,似乎全在商人的掌握之中。加之有地域空間作為參照物,我們完全可以推測:天域空間的四方觀念必將演變為廿八宿星象。「廿八」恰好是「四」的倍數,這不是挺明顯的嗎?

第四節　「儺」的推測

古代的「大儺」或「儺」,與祭祀密切相關,是後世道教跳神驅鬼儀式的濫觴。在古代的方術中,「大儺」或「儺」屬於巫術一類。「儺」的起源,一般僅追溯到《周禮・夏官司馬・方相氏》:「方相氏,掌蒙熊皮,黃金四目,玄衣朱裳,執戈揚盾,帥百隸而時難,以索室驅疫,大喪,先匶,及墓,入壙,以戈擊四隅,驅方良。」這段記載,揭示了舉行「儺」這麼種儀式主要為了「驅疫」,「驅方良(「方良」即「魍魎」)」等,儀式是由方相氏主持的。更重要的是,舉行這種儀式,必須「蒙熊皮,黃金四目,玄衣朱裳,執戈揚盾」。這為探討甲骨文中有否「儺」禮提供了一定的佐證。

唐建垣先生卻認為「儺」的起源相當早,可以直溯到黃帝時代,在甲骨文中就得到了證實。唐先生首先把甲骨文「高祖夒」的「夒」改釋為「猿」,「猿」後作「轅」,就是黃帝軒轅氏;然後據典籍所云「黃帝四面」以及甲骨文「闢」字推測黃帝作四面熊形面具之「儺」,即「大儺方相氏驅疫」。唐先生又認為,這起源於黃帝攻蚩尤的故事,日本的「能劇」可作佐證。「能劇」是一種以面具演鬼戲的戲劇形式。日本的文獻說「能劇」來自中國古代的「猿樂」,「能」「熊」古同,即指「有熊氏」;更有意思的是,日語「能」讀作「Noh」,

---

〔註50〕夏鼐〈從宣化遼墓的星圖論二十八宿和黃道十二宮〉,載《考古學報》1967
　　　年2期。

與「儺」音同〔註51〕。如果唐先生的推測可信，夏代乃至商代，一直存在著「儺」這麼種跳神驅鬼儀式。

郭寶鈞先生曾據《周禮・夏官》所載「儺禮」，推測商代已有「儺」的雛形。他引《史記・殷本紀》說：「帝武乙無道，爲偶人謂之天神，與之博。令人爲行；天神不勝，乃僇辱之。」這種行爲，他認爲，和後世「跳神」、「打鬼」、「打獅子」的性質是一樣的〔註52〕。言下之意，至遲在武乙時期，「儺」這種禮儀就存在了。

後來，饒宗頤先生曾據《世本》寫過一篇〈世本微作禓解〉〔註53〕，認爲商族之祖上甲微就有作禓（儺）的活動了。較之郭先生，把「儺」的產生時間又往前提早了上百年。文章也許流傳不廣，這個提法長期未引起注意。

爾後，饒宗頤先生發表了一篇更具震撼力的文章，明確宣告商代「儺」禮的存在〔註54〕。饒先生首先回顧了《世本微作禓解》中的重要內容：引《太平御覽》載《世本・作篇》佚文：「微作禓，五祀。」並詳細解釋了「🜲」字（孫詒讓、郭沫若釋「魃」。葉玉森釋「鬼」。今多從孫、郭釋）的字形、字義以及相關的文例。文中提供了一些重要的證據：例如隨縣曾侯乙墓棺槨上的漆畫圖案「執戈帶面具人像」，正是「🜲」的形象。饒先生的研究很有意義，既從文獻上、文字上，又從考古材料上論證了「儺」的起源相當早，而且延至商代便趨於成熟了。

一年後，王正書先生又根據甲骨文的「🜲」字再度論證商代「儺」禮的形態。「🜲」字在古代指戴面具，字又作「倛」或「類」，是古代儺祭的伴生物。「魃」在商代爲「終葵氏」，在周代爲「方相氏」，可能指製作「🜲」的族人，或作儺的族人。王先生的提法頗有道理，「魃」字在甲骨文中僅一見，作地名，當是「🜲」族。對唐、饒二先生所述有所補苴。王先生還列舉了出土於四川廣漢市三星堆商代祭祀坑的青銅面具作證，認爲這類物品除了實際用途外，很可能是「儺」禮的用具。雖然在殷墟還沒有發現類似的物品，但甲骨文的「🜲」字，分明在作「儺」禮。王文還列舉了新石器時代的良渚文化若干遺址（例

〔註51〕見氏著〈跳神大儺與黃帝〉，載《中國文字》新 12 期 167～180 頁，美國藝文印書館，1988 年 7 月。

〔註52〕見氏著《中國青銅器時代》157、159 頁，生活・讀書・新知三聯書店，1963年 7 月。

〔註53〕載《固庵文錄》89～91 頁，（臺灣）新文豐出版公司，1989 年 9 月。

〔註54〕見氏著〈殷上甲微作禓（儺）考〉，載《傳統文化與現代化》1993 年 6 期 32～35 頁。

如浙江反山、浙江瑤山等）所出神像、陶器紋飾以證明「儺」的起源很早。與唐建垣先生的文章相唱和〔註55〕。幾乎在同時，饒宗頤先生又寫了一篇文章，從另一個角度論證「🝔」的意義及其所反映的文化內涵〔註56〕。進一步肯定了「🝔」與「儺」之間存在著必然關係。

　　事實上，殷墟曾出土過青銅人形面具〔註57〕，儘管數量不多，而且其用途也有多種推測，但是，很難不讓我們猜想它和「儺」的某些聯繫。

　　看來，商代之存在著「儺」禮，不但有文獻、文字方面的證據，而且還有民俗、考古等方面的證據。應當是可信的。然而，商代儺禮的具體狀況如何，還有待進一步的考察。幸好「儺」的研究正如火如荼，爲商代儺禮的研究奠定了堅實的基礎。據饒宗頤先生統計，近些年研究「儺文化」的論著「垂二百篇」，成爲一時之顯學。那麼，我們期待著揭開商代儺禮秘密的一天。

〔註55〕 王正書〈甲骨文魖字補釋〉，載《考古與文物》1994年3月。

〔註56〕 見氏著〈四川縱目人傳說與殷代西南的地名——揭開卜辭奇字「魖」之謎〉，載《傳統文化與現代化》1994年2期。

〔註57〕 李陽生、段振美主編《世界遺產・中國——殷墟》129頁，中國對外翻譯出版公司，2008年9月。

第七章　商代禮制研究之前瞻

　　如果我們坝在撰寫一部《商代禮制》，毫無疑問當是煌煌巨著。但是，如果說我們已經穿越時空隧道，完整地重現三千年前的商代禮制，則未免言之過早。從上面的回顧文字中，恐怕不少讀者已經洞察商代禮制研究的薄弱環節。在這一章裏，筆者試圖就四個方面的商代禮制研究提出一些問題來與讀者共同思考。

第一節　傳世典籍研究的前瞻

　　在古史的研究方面，王國維先生曾提出著名的「二重證據法」，即傳世典籍與出土文獻相結合的研究方法。同樣，在商代禮制研究的方面也可以應用「二重證據法」。

　　在本書的第二章，筆者已經詳細地回顧了利用傳世典籍研究商代禮制的歷史，我們可以用四個字概括：成就斐然。主要表現爲典籍史料與甲骨文的互證上。但是，這並不意味著商代史料已經沒有任何的利用價值，恰恰相反，正因爲有了甲骨文，典籍所具有的潛在能量反倒給忽略了。如果我們眞的能最大限度地利用傳世典籍，所能取得的成績將更爲巨大。

　　那麼，在傳世典籍的利用上還有哪些工作可做呢？

　　首先可以考慮把載有商代史料的資料分類彙集起來。雖然說有關商代史蹟的材料非常零碎，正因如此，彙輯的工作纔更顯重要。當然這裏有一個去粗取精、去蕪存菁的過程。以前安徽省考古學會楚文化研究小組曾印行一本《楚史參考資料》（1980 年 6 月）供內部使用，其體例倒是可以借鑒。可能的話，把這些材料進一步弄成分類索引。

　　其次，應深化商代典籍的研究。王國維先生的學問不可謂不淵博，但他坦承《詩經》祇能讀懂一半，《尚書》祇能讀懂三分之一。於此可見《詩經》、《尚書》之佶屈聱牙，於此也可知現在我們對這些商代典籍的瞭解程度。隨便舉個例子：《詩經》中的《商頌》，研《詩》者通常認爲它們不是商代原有文獻，而是商人之後宋人的作品。如此說來，這些作品所能反映的商代禮制的價值便大爲降低了。《詩》、《書》之在過去和現在，都有見於出土文獻者。例如，古代有所謂的「壁中書」，還有漢人造的三體《書經》；今天則有「阜陽詩簡」。這些資料，無論對於考訂《詩》、《書》的成書時代，還是校勘傳世版本；無論對於詮釋《詩》、《書》的文字，還是探討其中所載的禮制內容，都彌足珍貴。新近出版的《尚書文字合編》，集中了《尚書》的各種文字。爲《尚書》的研究提供了極爲方便的條件。《詩》、《書》中有商代的文獻，固然值得我們再三研究；實際上先秦諸子的著作也不容忽視。近年來，陸續出土了大批諸子百家的著作，如：戰國楚竹簡本《老子》、戰國秦漢帛書本《老子》、漢簡本《孫子兵法》、漢簡本《孫臏兵法》、漢簡本《尉繚子》、漢簡本《晏子》、漢簡本《論語》、秦漢帛書本《戰國策》、《戰國縱橫家書》、《春秋事語》等。這些出土文獻，一方面，爲傳世版本提供了彌足珍貴的校勘材料，另一方面，則證實了傳世著作的眞確性，甚至再現久已散佚的著作的原貌。例如：《孫臏兵法》、《戰國縱橫家書》、《春秋事語》是逸書；《尉繚子》、《晏子》則曾被目爲僞託之書。眾所周知，上述的這些著作每每引述前朝逸事，自然也旁及商代歷史，於我們探討商代禮制幫助良多。尤其是那些久已散佚的典籍，可補既往之不足。對這類著作，我們可採取雙管齊下的辦法：既進行文獻本身的文字整理工作，又進行商代禮制材料的收集、研究工作。近時清華大學入藏了一批戰國竹簡，據說內容涉及《尚書》等典籍，甚至有編年體的史書〔註1〕。這無疑是天大的喜訊，將有利於我們整理、利用既有的典籍。

　　再次，是把這些史料與甲骨文作比較的研究。過去，甲骨文商代禮制的研究能取得輝煌的成就，很大程度上取決於與傳世典籍的比較研究。如「世系」，如「官制」，等等。同樣，傳世文獻中商代禮制的研究所取得的成果也得放到甲骨文中接受檢驗，以證眞僞。

〔註1〕 參李學勤〈初識清華簡〉，載 2008 年 12 月 1 日《光明日報》。步雲按：目前已刊《清華大學藏戰國竹簡〔壹〕》一冊（清華大學出土文獻研究與保護中心編、李學勤主編，上海文藝出版集團中西書局，2010 年 12 月第 1 版）。

最後，尤具意義的是，與甲骨文的比較研究，證明傳世典籍（包括出土所見版本）中商代禮制的眞實可信，從而可以促進傳世典籍中夏代歷史以至禮制的研究。

第二節　商代銅器研究的前瞻

過去，董作賓先生和丁山先生曾利用商代銅器銘文和甲骨文進行比較研究以探討商史，成效有目共睹。後來，學者們在研究商史以及商代文化等方面，也都注意到了商代銅器銘文的價值。例如：高明先生利用商代銅器與甲骨文互證考索商代族名就取得令人矚目的成績。他認爲銅器銘文使用繁體，甲骨文使用簡體，從而在六百餘例商代銅器所謂的圖形文字中找到與甲骨文相合者二百餘例。這二百多字大都是專名，對考察商代的氏族、方國、家族、地域等方面實在是不可多得的重要材料〔註2〕。這些都是成功的例子。其實，在利用商代銅器銘文與甲骨文互證方面還有太多的空白點。倘若能加以分類研究，所獲必豐〔註3〕。

現在，商代有銘銅器的材料相對集中，於研究極爲方便。羅振玉作《殷文存》時，收有銘器 755 件；王辰作《續殷文存》，收有銘器 1587 件。二書汰其誤收、重出者，商代有銘銅器逾二千。嚴一萍《金文總集》（1983 年）以及中國社科院考古所《殷周金文集成》（1984～1994 年）兩書所收更富，商代有銘銅器凡 4,372 件（未計入疑似之間者）〔註4〕。近年考古所的劉雨等學者復作補充，著錄 1985 年以來新見有銘器 2,600 餘件，臺灣的鍾柏生、陳昭容、黃銘崇、袁國華等學者也做了類似的工作，輯錄新見有銘器凡 2,005 件〔註5〕。數量如此龐大的文字資料，其研究價值一點也不亞於甲骨文。雖說商代銅器

〔註2〕見氏著〈「圖形文字」即漢字古體說〉，載《第二屆國際中國古文字學研討會論文集》9～28 頁，香港中文大學，1993 年 10 月。

〔註3〕筆者有專文討論這個問題，參譚步雲〈回眸與展望：殷墟甲骨文和商代銅器銘文比較研究〉，載王宇信、宋鎮豪主編《紀念殷墟甲骨文發現一百周年國際學術研討會論文集》32～37 頁，社會科學文獻出版社，2003 年 3 月。

〔註4〕譚步雲〈商代銅器銘文釋讀的若干問題〉，載《中山人文學術論叢》第五輯，高雄中山大學中文系，2005 年 8 月。

〔註5〕劉雨、盧岩《近出殷周金文集錄》，中華書局，2002 年 9 月第 1 版。劉雨、嚴志斌《近出殷周金文集錄二編》，中華書局，2010 年 2 月第 1 版。鍾柏生、陳昭容、黃銘崇、袁國華《新收殷周青銅器銘文暨器影彙編》，臺北：藝文印書館，2006 年 4 月初版。步雲按：是書所收截至 2005 年止。

銘文大多字數較少，一至數字不等，但也不乏長達三四十字的「鴻篇」。例如，《小子喬卣》器、蓋銘共計 47 字，《四祀邲其卣》銘長 42 字，《二祀邲其卣》銘長 39 字。字數較少的商代銅器銘文自有其價值，它們多是被學者們稱爲「圖形符號」、「族氏符號」、「族徽」的文字，其淵源可以上溯到原始社會的圖騰制度。於家族的起源、宗法、各氏族（或民族）之間的關係等方面的研究，具有不可低估的意義。如果有意識地把「族徽」相同的銅器集中起來研究，當有助於考察氏族內部的構成以及其宗法制度。許多年前，徐中舒先生已經這麼做了〔註6〕。這裏另舉一個例子：筆者曾把一組「盉」氏家族的商代銅器集中起來考察，結果發現了一個前所未見的家族稱謂：「主」，而這個「主」是用來指代「曾祖」的〔註7〕！這也許還是一個有待認可的探索，但筆者祇是想藉此再度提請學界重視這方面的研究。字數較多的商代銅器銘文則具有多方面的研究價值：1、祭祀。商代銅器銘文涉及的祭祀內容相當豐富，如祭祀的對象：祖先神、天帝等；如祭名：肜、衣、菁、劦、旅、裸等。2、賞賜冊封。可以據以考察諸侯朝見、賞賜、官稱等制度。3、征伐。可以據之考察方國諸侯與中央王國的關係。4、族譜。譬如，傳世器中有三柄很著名的商代銅戈，分別命名爲：「大且（祖）日己戈」、「且（祖）日己戈」和「大兄日乙戈」。三柄戈的戈銘都很像一份氏族家譜。王國維先生曾據之寫過一篇《商三句兵跋》〔註8〕，考證戈銘中的「大祖、大父、大兄」是祖、父、兄行輩中的年長者；而「大父」就是典籍所稱的「世父」。可以說，王先生的研究祇是初步的考察。後來，徐中舒先生不止一次使用過這個材料，以論證殷商的氏族組織制度〔註9〕。這個例子足以說明，如果我們要深入探討商代的宗法制度，這類器物就是最好的原始材料。又如，周，尤其是東周有很多「媵器」，它們是研究古代婚嫁制度的重要證物。那麼，商代的銅器中到底有沒有這類東西呢？這個問題倘若能夠解決，相信會給商代的婚禮研究帶來突破性的進展。

　　總之，商代銅器銘文有關禮制的內容是非常豐富的。祇要善加利用，必

〔註 6〕 見《徐中舒歷史論文選輯・四川彭縣濛陽鎮出土的殷代二觶》，中華書局，1998年 9 月。

〔註 7〕 譚步雲《盉氏諸器▼字考釋──兼論「曾祖」原委》，載《容庚先生百年誕辰紀念文集》438～443 頁，廣東人民出版社，1998 年 4 月。

〔註 8〕 載《觀堂集林》，中華書局，1959 年 6 月。

〔註 9〕 見《徐中舒歷史論文選輯・四川彭縣濛陽鎮出土的殷代二觶》；《徐中舒歷史論文選輯・論殷代社會的氏族組織》，中華書局，1998 年 9 月。

然大大拓寬禮制研究的道路。

　　此外，某些先周的銅器銘文也於研究商代禮制不無裨益，問題視乎我們如何利用它們而已。我們在前面已經談過，顧頡剛先生就曾利用周代的銅器銘文以證商代官制。這裏，我們不妨再舉一個例子以說明其可行性。《大盂鼎》是康王時的重器，銘文長達兩百多字。內容可與《尙書・酒誥》相媲美，其中談及「殷邊侯、田，雩殷正、百辟」等官員「率肆於酒」，「故喪師已」，乃至滅國。「邊侯、田、正、百辟」到底是些什麼官？爲什麼有些官名不見於甲骨文或傳世典籍？這些問題都有待解決。康王及其臣屬雖然不曾經歷有商一代，但去商不遠，當可閱覽商代的文獻，於前朝的事蹟也多有所聞。因此，《大盂鼎》的文字資料應無可疑。

　　還有，「周革殷命」，卻多方面因襲了商代的禮制。正如孔夫子所說：「殷因於夏禮，所損益可知也；周因於殷禮，所損益可知也。」〔註10〕如果我們能充分利用周代的銅器銘文，結合同期的文獻，整理出周代的禮制，那麼，也許可對商代禮制多有補苴。周代的銅器銘文多宏篇鉅製，其中涉及禮制方面的文字當不在少數，實在是整理周代禮制的絕好材料。何況，我們已經看到有關的研究成果了，譬如「官制」。我們說以後世的禮制逆推前朝的禮制仔存在一定的危險性，是指兩者相去日久的情況，譬如以戰國諸侯的禮制去演繹殷代的禮制就不一定恰當。因此不能一概而論。

　　既然周代的銅器銘文也是研究商代禮制的材料之一，那麼，我們是否也可考慮如島邦男先生那樣編撰類似《殷墟卜辭綜類》的《商代銅器銘文綜類》、《周代銅器銘文綜類》呢？這是研究銅器銘文乃至商代禮制、周代禮制的第一步。類似於《金文總集》和《殷周金文集成》那樣的集人成著作雖然彙集了商周兩代的銅器銘文，但對斷代研究卻不便。它們是按照器類來編排的，商代、周代以及春秋戰國器分置於各器類中，查起來得一類一類地找。使用起來總覺得不如《殷文存》、《續殷文存》那樣方便。因此，雖然現在已經有《〈殷周金文集成〉引得》之類的檢索工具書，但是，採用斷代的方式來編纂《商代銅器銘文綜類》、《周代銅器銘文綜類》就顯得特別地有意義。當然，某些器一時分不清時代，可以採取重見的方式，或附錄的方式編寫。

〔註10〕見《論語・爲政》。

第三節　商代其他器物研究前瞻

　　事實上，隨著考古工作的不斷展開，面世的商代文物日漸增多。除了青銅器以外，還有陶器銘文、玉石文字等。這類文字，因爲過去所見有限，未能引起太多的關注。今天，在甲骨文商代禮制研究進入新的時期，我們有必要把甲骨文以外的商代文字好好整理一番，以便與甲骨文作比較研究，相信對考察商代禮制大有幫助。這裏，筆者舉些實例來說明。

　　古代常常「禮、樂」並舉，顯示了禮制和音樂的關係密切。欲瞭解商代禮制和音樂的關係，除了借助於甲骨文、考古等材料外，我們不能不仰仗音樂方面的資料。例如殷墟所出的石磬文字，可能均是商代的樂律名，對研究商代的樂制不無幫助。故宮博物院所藏的三件商代編磬上鐫有銘文曰：「永啓」、「永餘」、「夭餘」。有學者考釋「永啓」是詠歌初啓，「永餘」是唱聲舒緩，「夭餘」是舞者側首而舞〔註11〕。不一定準確。根據後世的古樂器（例如曾侯乙編鐘）上往往鐫有樂律這一點，筆者認爲「永啓」之類倒可能是樂律。《詩・商頌・那》上說：「鞉鼓淵淵，嘒嘒管聲，既和且平，依我磬聲。」可知磬不但是商代的主奏樂器，還是各種樂器的定音器。那麼，磬文的正確解讀，當有助於揭開商代的樂制之謎。除了石磬銘文以外，商代還有別的有銘石器。例如1935年在殷墟侯家莊西北崗出土的一件石簋，簋上有一段銘文，記錄了當時舉行的仿「獻俘禮」的「獻禽」和「祭祀」活動〔註12〕。像這類東西，實在很值得我們認眞研究。

　　石器文字，應包括玉器銘文，例如玉戈、玉瓚、玉版上的銘文等。目前所見，頗有一些殷墟出土或傳爲殷墟出土的玉器。最爲有名的是現在藏於天津歷史博物館的《小臣鷹玉》，此玉據傳早年出於殷墟，玉上有文字十一個，內容是商王賞賜小臣鷹的記錄。像這類器物文字，對研究朝見禮制極有價值。另外有一件甲子表，是鐫刻在玉版上的。稱得上是中國歷史上最早的「日曆」，其字體，其排列組合，於考證商代的曆法有重要的參考價值。還有一件流失於海外的《觡玉戈》，銘文雖短，卻涉及商王室田獵、祭祀和賞賜等內容〔註13〕。出土於殷墟的《盧方玉戈銘》則是極其珍貴的方國貢納檔案記

〔註11〕　常任俠〈殷周古磬小記〉，載氏著《東方藝術叢談》56頁，上海文藝出版社，1984年6月。
〔註12〕　高智群〈獻俘禮研究（上）〉，載《文史》第35輯，中華書局，1992年6月。
〔註13〕　參閱：李學勤《四海尋珍》244～245頁，清華大學出版社，1998年9月。

錄〔註14〕。前些年在殷墟劉家莊和後岡出土的 20 餘件的朱書玉器最爲令人矚目，其內容目前仍處於探討階段，但已經有了一些初步的意見。學者們認爲與記事和廟號有關。相信不久的將來，這些器物會給商代禮制的研究提供新的證據〔註15〕。

　　高明先生曾對商代的陶器銘文進行了一些初步的整理和研究，認爲這些材料「也是研究商代歷史的珍貴史料」〔註16〕。這個意見無疑是非常正確的。這些陶器銘文，有些比殷墟甲骨文以及同時期的銅器銘文還要古老。其內容，可能涉及「田耕」、「族徽」以及器用三項。其中第二項內容對研究商代氏族或家族形態意義重大。

　　殷墟還出土了一些有銘骨器，是商人們當年的生活用器〔註17〕，例如：骨匕、骨版等。它們既不同於龜（骨）上的卜辭，又不同於龜（骨）上的記事刻辭。數量雖然不是太大，但文字涉及族名、方國名或私名等，常常可與金文、甲骨文互證，對研究方國、家族的形態和宗法制度不無幫助。

第四節　甲骨文商代禮制研究的前瞻

　　實話說，甲骨文商代禮制的研究仍有很多空白點，仍有很多尚待進一步證實的疑點，仍有很多「公說公有理，婆說婆有理」的討論熱點。相信讀者諸君在閱讀本書的過程中已經意識到了。個中原因不外兩個：一方面固然是甲骨文中還有許多未識之字。字且不識，遑論其它！甲骨文研究者現在還得花許多精力去考訂文字，顧不上研究其內容。另一方面則受到甲骨文文體的局限。甲骨文不像史書，面面俱到，具體而翔實。禮制也好，典章也罷，需要透過它的字裏行間去尋覓、考證。換言之，甲骨文提供給我們的商代禮制

〔註14〕見曹定雲〈殷墟婦好墓中人物關係綜考〉一文所引，載《考古與文物》1995年 5 期。

〔註15〕參閱：孟憲武、李貴昌〈殷墟出土的玉璋朱書文字〉，載《華夏考古》1997年 2 期（步雲按：此文又載孟憲武《安陽殷墟考古研究》一書，中州古籍出版社，2003 年 10 月）；劉釗〈安陽後岡殷墓所出「柄形飾」用途考〉，載《考古》1995 年 7 期；王輝〈殷墟玉璋朱書「𢦏」字解〉，載《于省吾教授誕辰100 周年紀念文集》，吉林大學出版社，1996 年 9 月。

〔註16〕參閱：高明〈商代陶文〉，載《殷墟博物院院刊》（創刊號）226～235 頁，中國社會科學出版社，1989 年 8 月。

〔註17〕見曹定雲〈論殷墟侯家莊 1001 號墓墓主〉一文所引，載《考古與文物》1986年 2 期。

信息並不是直觀的、具體的，無形中增加了研究的難度。

不過，甲骨文商代禮制研究也有其便利條件：1、材料相對集中。有《甲骨文合集》等各種甲骨文材料的彙編，無「文獻不足」之虞。2、材料容易檢索。現在已經有各類像《殷墟甲骨刻辭類纂》、《甲骨文字詁林》那樣的工具書，學者稱便。3、研究已有相當厚實的基礎。現在我們已經不必去做篳路藍縷的工作，尤其是識字、通讀之類。

下面，我們不妨就上面各章的分述提出一些問題來思考思考。

一、關於商代禮制的二分現象問題

殷墟甲骨文中所反映出前後各王禮制的歧異是一個不爭的事實。學術界對這個問題也沒有多少分歧。具體而言，二百七十餘年間禮制所呈現出來的前後差異相當明顯：祀典、曆法、貞卜、文字等，都有很大的不同。目前，學者們爭論的焦點集中在禮制不同的成因上，是一王行一王之禮制？抑或王室有王室的卜辭、非王室有非王室的卜辭？由這兩個問題又衍生出別的一些問題：為什麼一王可以有一王之禮制？是因為舊的禮制不敷使用？還是各王都喜歡標新立異？非王室的人們為什麼可以不循王制？禮制的不同反映了什麼樣的問題？這些問題，有的尚待解決，有的則需要深入探討。筆者以為，探討商代禮制的不同，應當更為廣泛地考察各種文化現象，而不是僅僅局限於甲骨文的研究。例如，墓葬有沒有反映出前後期的差異，人殉人祭有沒有前後期形式上的不同，各類器物有沒有呈現出前後期不同的形態，等等。這些問題解決好了，相信在甲骨文的研究方面可以起到相得益彰的作用。當然，這得有賴於考古學、人類學、器物學等各學科的專家學者共同努力。

二、關於宗法禮制的問題

因禮制的迥異，導致商王室的構成留下了某些疑問：所謂的「子族」、「多子族」應否包括在王室之中？答案倘若是肯定的，那麼，他們在王室中的地位如何？答案倘若是否定的，那麼，他們與王室的關係如何？

另外，王位繼承的形式，即繼承法的問題仍有待於深入研究，以期取得較為接近實際、較為一致的結論。尤其應當研究的是中央政府以外的方國諸侯的宗法狀況，那幾乎是一片處女地，等待著拓荒者。

還有，出現在祭祀卜辭上的「下示」，到底指代哪些先祖？其地位如何？

先臣神可以享祀，而且可以惠澤子孫，那麼，他們在王室中的地位如何？

諸婦在王室中享有怎樣的地位？嫡庶之間存在著什麼樣的關係？其親屬與王室構成什麼樣的關係？扮演什麼角色？

這些問題都值得我們深思。

三、關於婚姻禮制的問題

實話說，商代的婚禮在我們的印象中僅僅是一個輪廓。如果眞的要深入下去，恐怕還有許多工作要做。譬如，能否進一步描繪出商代婚禮的詳細情況？商代的婚嫁是否推行後世「媵」的制度？商代的平民們的婚姻禮制是怎麼個狀況？眞的祇有非婚結合嗎？商代既然存在內婚現象，明顯與外婚制相衝突，那又是怎麼一回事？這些問題都亟待解決。遺憾的是，甲骨文中確切地與婚禮相關的內容並不太多，欲揭開商代婚禮的秘密，也許得期待新的材料的發現。

四、關於祭祀禮制的問題

我們都感覺到，商代的祭祀禮制的研究是相當深入的。但是，這並不意味著這個課題已無用武之地。譬如說祭祀對象，就存在許多問題：「夒」和「大夒（太夒）」是一個先祖還是兩個先祖？如果「夒」就是「契」的話，那原來釋爲「契」的先祖又是誰？爲什麼典籍均有廩辛的廟號的記載，而甲骨文卻沒有廩辛的廟號？他到底能不能受祀？「兄辛」又是誰？「土」、「河」、「嶽」等到底是自然神還是祖先神？雲、風、雨、虹等自然現象是否已神格化並受到祭祀？商人是否祭祀上帝？又如「周祭」的問題，儘管其研究歷經數十年，有了長足的進步，但是，諸家在「祀序」、「祀首」等方面的意見分歧正好說明了這個課題的研究還有疑點，某些結論也許還得置於更多的材料中驗證。再如「與祀典相關的禮儀」方面，還存在一些有待解決的問題：爲什麼在已經取得天下的時候，商人竟奉祀外姓先祖神？饗禮是否如後世般存在一套繁瑣的禮儀？是不是爲不同的祭祀目的、不同的祭祀對象而取不同的犧牲，取不同數量的犧牲？如果是的話，具體的操作是怎樣的？殺牲的具體活動如何？獻饗前的禮儀是怎樣進行的？禱祝的禮儀如何？考古發掘表明，西北岡和後岡的大墓當是商王的陵寢，可是竟不見王的遺骸，如果是早已腐朽，可陪葬的人牲卻保存完好。這種現象是否暗示商王乃至商貴族（例如婦好）另有一套葬法？此外，軍禮已有初步的探索，尤其是「獻俘禮」的探討已比較深入了，那麼，商代軍禮是否如後世般重要而且完善呢？

五、關於方術的問題

商代方術的研究，以龜（骨）卜、蓍占的研究最爲深入；相對而言，陰陽五行、日書、儺等研究則相當浮泛，可以說，僅僅是開了個頭。顯然，這是今後努力的方向。即便是占卜之術，也不無可繼續研究者。例如：貞人們的眞正身份是什麼？他們來自何方？中國各地、世界各地的龜骨卜與商代龜骨卜的關係如何？爲什麼商代的數字卦祇有「一」、「五」、「七」、「九」（奇數）、「六」、「八」（偶數），而沒有「二」、「四」（偶數）、「三」（奇數）？「筮數」到底有沒有「十」的數目？蓍占和龜（骨）卜的關係如何？商代還有沒有「龜（骨）卜」和「蓍占」以外的占卜術？等等。

六、其他問題

通過上面的回顧，我們知道，後世的典章制度所涉及的某些禮制是甲骨文中沒有的，至少目前還沒有找到，例如：「冠禮」、「聘問」以及「宴享」的某些內容。那麼，這些禮制是否存在於商代就很值得研究。例如，我們在談「廟號」問題的時候，列舉了馬承源先生的推論：男子的「廟號」取自「冠字」（參閱第五章第一節之一〈祖廟、廟號和廟制〉）。倘若能進一步證明馬先生的觀點，那麼就同時證明了商代存在著「冠禮」。

另外，在傳世典籍中語焉不詳、或闕如的禮制，如「朝見禮」、「賓禮」等，目前僅僅是揭開了研究的序幕。

還有一些禮制，例如：「藉（籍）禮」、「大役禮」等，雖然已經有學者作了初步的探索，其形式也可以徵諸後世的文獻，但總覺得甲骨文的例證不足，不免讓人疑惑。這類研究，實在很有必要進一步深化。

實話說，儘管甲骨文已經研究了一百多年，可還是沒能窮盡其廣泛的內容。繼續深入地研究，說不準哪一天又填補了某一項空白！

尾 聲

　　甲骨文商代禮制的研究有著廣闊的空間，一百多年來，超過 140 位專家學者在這個空間裏縱橫馳騁，既作出了卓越的貢獻，又進行了有意義的探索，無可避免地也失敗過。這本小書就是要作這樣一個總結，筆者總覺得學力有所不逮，才情有所不足。如果這本小書能夠眞實、準確而且客觀地轉述了專家學者們的創見、成就以及失誤，那這本小書的目的也就達到了。

　　甲骨文商代禮制的研究是一個龐大的課題，其成果逾三四百萬言。但是，用董作賓先生的話來說：祇是略得門徑而已。因此，這本小書所能容納的內容是很有限的，所展示的祇不過是這個課題的梗概罷了。而且，禮制中的某些內容（例如「周祭」、「貞卜」等），即使是熟習甲骨者也感到有相當的難度；要深入淺出地介紹這些內容，於筆者眞是一個嚴峻的考驗。筆者想：這本小書如果能夠引起讀者們對甲骨文商代禮制研究的閱讀興趣，如果能夠爲讀者們塗抹出一幅商代禮制的草圖，如果能夠讓讀者們從中得到某種啓迪，如果能夠使讀者們窺探到商代禮制研究的堂奧，筆者也就頗感欣慰了。

　　在撰寫此書的時候，儘管筆者「如履薄冰，如臨深淵」，惶惶然不可終日，殫精竭慮，力求最好。書中也許還是不免疏漏，也許還是不免謬誤；內容也許還是不免枯燥；文辭也許還是不免艱澀。在這裏祇有向各位讀者表示我深深的歉意了。

附錄一：進一步閱讀的書目

一、商代禮制通論

1. 董作賓《殷曆譜》，中央研究院歷史語言研究所專刊，1945 年 4 月出版於四川李莊。

2. 胡厚宣《甲骨學商史論叢》（初集），齊魯大學國學研究所（四川成都華西壩）專刊，1944 年印行；1970 年再由香港文友堂書店印行；1972 年 12 月臺北大通書局再度影印，精裝二冊；1990 年上海書店收入《民國叢書》第 1 編。

3. 陳夢家《殷墟卜辭綜述》，科學出版社，1956 年 7 月。

4. 島邦男《殷墟卜辭研究》，弘前大學文理學部中國學研究會，1958 年 7 月印行。溫天河、李壽林譯本，臺灣鼎文書局，1975 年 12 月。又濮茅左、顧偉良譯本，上海古籍出版社，2006 年 8 月。

5. 郭寶鈞《中國青銅器時代》，生活·讀書·新知三聯書店，1963 年 7 月。

6. 張光直《中國青銅時代》，生活·讀書·新知三聯書店，1983 年 9 月。

7. 宋鎮豪《夏商社會生活史》，中國社會科學出版社，1994 年 9 月。

   以上爲著作，凡 7 種。

8. 王國維〈殷禮徵文〉，載氏著《觀堂集林》卷 10，中華書局，1959 年 6 月。

9. 陳邦懷〈續殷禮徵文〉，載無錫國學專科學校校友會《集刊》第 1 集，1931 年。

10. 董作賓〈殷代禮制的新舊兩派〉，載《大陸雜志》第 6 卷 1 期，1953 年 2 月。

11. 黃然偉〈殷禮考實〉，載（臺北）《國立臺灣大學文史叢刊》，1967 年。

12. 連劭名〈商代禮制論叢〉，載《華學》第 2 輯，中山大學出版社，1996 年 12 月。

    以上爲論文，凡 5 種。

二、爵位和官制

1. 董作賓〈五等爵在殷商〉，載《中央研究院歷史語言研究所集刊》6 本 3 分，1936 年 7 月。

2. 熊谷治講〈古代支那の奴隸と官制にっいこ〉，載《史學研究》58，1955 年 3 月。

3. 胡澱咸〈釋眾臣〉，載《科學研究》(《安徽師院學報》哲社版) 1957 年 1 期。

4. 島邦男〈亞の官職〉，載《甲骨學》6，1958 年 3 月。

5. 汪寧生〈釋臣〉，載《考古》1979 年 3 期。

6. 蕭楠〈試論卜辭中的師和旅〉，載《古文字研究》第 6 輯，中華書局，1981 年 11 月。

7. 韓峰〈商代臣的身份縷析〉，載《甲骨文與殷商史》第 1 輯，上海古籍出版社，1983 年 3 月。

8. 張永山〈殷契小臣辨證〉，載《甲骨文與殷商史》第 1 輯，上海古籍出版社，1983 年 3 月。

9. 裘錫圭〈甲骨卜辭中所見的「田」「牧」「衛」等官職的研究——兼論「侯」「甸」「男」「衛」等幾種諸侯的起源〉，載《文史》19 輯，中華書局，1983 年 8 月。

10. 陳建敏〈甲骨金文所見商周工官工奴考〉，載《學術月刊》1984 年 2 期。

11. 趙光賢〈殷代兵制述略〉，載《中華文史論叢》第 3 輯，上海古籍出版社，1985 年 9 月。

12. 林小安〈殷武丁臣屬征伐與行祭考〉，載《甲骨文與殷商史》第 2 輯，上海古籍出版社，1986 年 6 月。

13. 王貴民〈商朝官職及其歷史特點〉，載《歷史研究》1986 年 4 期。

14. 張亞初〈商代職官研究〉，載《古文字研究》第 13 輯，中華書局，1986 年 6 月.

15. 蕭良瓊〈「臣」、「宰」申議〉，載《甲骨文與殷商史》第 3 輯，上海古籍出版社，1991 年 3 月。

16. 葛生華〈我國夏商時期的官吏制度〉，載《蘭州學刊》1992 年 4 期。

17. 黃同華〈殷商之「臣」新解——兼析中國古代的扈從制度〉，載《黃岡師專學報》1992 年 4 期。

18. 董蓮池〈甲骨刻辭「卿史」與「御史」辯〉，載《松遼學刊》1992 年 4 期。

19. 范毓周〈甲骨文中的「尹」與「工」：殷代職官考異之一〉，載《史學月刊》1995 年 1 期。

20. 沈建華〈商代冊封制度初探〉，載《第二屆國際中國古文字學研討會論文

集》，香港中文大學，1995 年 10 月。

21. 李雪山〈卜辭「子某」之「子」爲爵稱說〉，載李雪山主編《董作賓與甲骨學研究續編》41～49 頁，中國社會科學出版社，2007 年 12 月。

22. 楊昇南〈甲骨文中的「男」爲爵稱說〉，載王宇信、宋鎮豪主編《紀念甲骨文發現一百周年國際學術研討會論文集》433～438 頁，社會科學文獻出版社，2003 年 3 月。

以上爲論文，凡 22 種。

23. 西島定生《中國古代帝國の形成と構造——二十等爵的研究》，東京大學出版社，1961 年 3 月。

以上爲論著，凡 1 種。

三、祭祀

1. 劉盼遂〈甲骨中殷商廟制考〉，載女師大《學術季刊》1 卷 1 期，1930 年。

2. 吳其昌〈殷代人祭考〉，載《清華週刊》37 卷 9、10 號《文史專號》，1932 年。

3. H. E. Gibson，*Divination and Ritual during the Shang and Chou Dynasties, The China Journal* Vol. XXIII No. 1. 1935.

4. 陳夢家〈古文字中之商周祭祀〉，載《燕京學報》第 19 期，1936 年。

5. H. E. Gibson, *Domestic Animal of Shang and Their Sacrifce, Journal of the North China Branch of the Royal Asiatic Society*, Vol. LXIX. 1938.

6. 陳槃〈卜辭中之田獵與祭祀關係〉，載《中央研究院歷史語言研究所集刊》10 本 1 分（未出版），1939 年。

7. 陳夢家〈射與郊〉，載《清華學報》13 卷 1 期，1941 年。

8. 森安太郎〈殷商祖神考〉，載《支那學》第 10 卷特別號，1942 年。

9. 小林市太郎〈高禖考〉，載《支那學》第 10 卷特別號，1942 年。

10. 楊樹達〈高禖說〉，載湖南大學《古文字學研究》講義本，1945 年。

11. 永澤要二〈中國古代に於ける鬼神の意味〉，載《福島大學文藝部論文集》1，1950 年 3 月。

12. 岡田芳三郎〈殷代に於ける且先の祭祀につぃこ〉，載《史林》33～5，1950 年 10 月。

13. 安居香山〈中國古代に於けるトと巫につぃこ〉，載《宗教文化》6，1951 年 6 月。

14. 陳夢家：〈商王廟號考——甲骨斷代學乙篇〉，載《考古學報》第 8 冊，1954 年 12 月。

15. 馬漢麟〈論武丁時代的祀典刻辭〉，載《南開大學學報》1956 年 2 期。

16. 趙光賢〈商族的上帝與祖先〉，載《爭鳴》1956 年 2 期。

17. 伊藤道治〈卜辭に見える祖靈觀念についこ〉，載（京都）《東方學報》26，1956 年 3 月。

18. 楊景鶴〈殉與人祭〉（上、中、下），載《大陸雜志》13 卷 6、7、9 期，1956 年 9、10、11 月。

19. 赤塚忠〈殷王朝における河「𣲜」の祭祀とその起源〉，載《甲骨學》4、5，1956 年 10 月。

20. 赤塚忠〈殷王朝にすけるの祭祀と中國にすける山嶽の崇拜特質〉，載《甲骨學》6，1958 年 3 月。

21. 胡厚宣〈殷卜辭中的上帝和王帝〉（上、下），載《歷史研究》1959 年 9、10 期。

22. 姚孝遂〈「人牲」和「人殉」〉，載《史學月刊》1960 年 9 期。

23. 凌純聲〈中國古代的龜祭文化〉，載《中央研究院歷史語言研究所集刊》31 本 1 分，1961 年。

24. 池田末利〈五祀考〉，載《東方宗教》17，1961 年 8 月。

25. 池田末利〈古代中國に於ける土地神の祭祀〉，載《東方宗教》21，1963 年 7 月。

26. 梁陰源〈也說「且」──神主象徵、牡器崇拜之殘存形態〉，載《大陸雜志》第 28 卷 11 期，1964 年 6 月。

27. 許進雄〈對張光直先生的《商王廟號新考》的幾點意見〉，載《中研院民研所集刊》19 期，1965 年春。

28. 林衡立〈評張光直《商王廟號新考》中的論證法〉，載《中研院民研所集刊》19 期，1965 年春。

29. 許倬雲〈關於《商王廟號新考》一文的幾點意見〉，載《中研院民研所集刊》19 期，1965 年春。

30. 張光直〈關於《商王廟號新考》一文的補充意見〉，載《中研院民研所集刊》19 期，1965 年春。

31. 彭適凡〈略談古代「人殉」問題〉，載《歷史教學》1965 年 8 期。

32. 黎正甫〈古代郊祀之禮〉，載《大陸雜志》第 33 卷 7 期，1966 年 10 月。

33. 許進雄〈甲骨卜辭中五種祭祀祀首的商討〉，載《中國文字》卷 6，22 冊，1966 年 12 月。

34. 許進雄〈五種祭祀的祀周和祀序〉，載《中國文字》卷 6，24 冊，1967 年 6 月。

35. 林巳奈夫〈殷中期に由來する鬼神〉，載（京都）《東方學報》41 冊，1970

年 3 月。

36. 許進雄〈殷卜辭中五種祭祀研究的新觀念——加拿大安大略博物館的一版明義士先生收藏的龜背甲〉，載《中國文字》卷 9，35 冊，1970 年 3 月。

37. 池田末利〈古代中國に於ける靈鬼觀念の展開——文字學の考察を主とい こ〉，載《中研院民研所集刊》30 本，1970 年秋。

38. 許進雄〈五種祭祀的新觀念與殷曆的探討〉，載《中國文字》卷 10，41 冊，1971 年 9 月。

39. 趙振清〈殷代宗教信仰與祭祀〉，載《輔仁學志》4，1971 年。

40. 金祥恒〈殷人祭祀用人牲設奠說〉，載《中國文字》卷 11，48 冊，1973 年 6 月。

41. 黃展岳〈我國古代的人殉和人牲〉，載《考古》1974 年 3 期

42. 陳其南〈中國古代之親屬制度——再論商王廟號的社會結構〉，載《中研院民研所集刊》35 期，1974 年 9 月。

43. 胡厚宣〈中國奴隸社會的人殉和人祭〉，載《文物》1974 年 8 期。

44. 于省吾〈略論甲骨文「自上甲六示」的廟號以及我國成文歷史的開始〉，載《社會科學戰線》1978 年創刊號。

45. 羅琨〈商代人祭及相關問題〉，載《甲骨探史錄》，生活・讀書・新知三聯書店，1982 年 9 月。

46. 楊昇南〈對商代人祭身份的考察〉，載《先秦史論文集》（《人文雜志》專刊），1982 年 5 月。

47. 黃展岳〈殷商墓中人殉人牲的再考察〉，載《考古》1983 年 4 期。

48. 馬世之〈商族圖騰崇拜及其名稱的由來〉，載《殷都學刊》1986 年 1 期。

49. 楊昇南〈商代人牲身份的再考察〉，載《歷史研究》1988 年 1 期。

50. 王慎行〈殷周社祭考〉，載《中國研究》1988 年 3 期。

51. 王浩〈商代人祭對象問題探論〉，載《文博》1988 年 6 期。

52. 井上聰〈商代廟號新論〉，載《中原文物》1990 年 2 期。

53. 朱鳳瀚〈殷墟卜辭所見商王室宗廟制度〉，載《歷史研究》1990 年 6 期。

54. 張玉強〈卜辭的殷人祭祖禮〉，載《殷都學刊》1993 年 1 期。

55. 朱鳳瀚〈商周時期的天神崇拜〉，載《中國社會科學》1993 年 4 期。

56. 林志強〈論卜辭河嶽之神格〉，載《福建師大學報》1994 年 2 期。

57. 國光紅〈殷商人的魂魄觀念〉，載《中原文物》1994 年 3 期。

58. 馮時〈殷卜辭四方風研究〉，載《考古學報》1994 年 2 期。

59. 鄭傑祥〈商代四方神名和風名新證〉，載《中原文物》1994 年 3 期。

60. 蕭春林〈殷代的四方崇拜及相關問題〉，載《考古與文物》1995 年 1 期。

61. 晁福林〈試論甲骨文堂字並論商代祭祀制度的若干問題〉，載《北京師範大學學報》1995 年 1 期。

62. 連劭名〈甲骨刻辭中的福祭〉，載《第二屆國際中國古文字學研討會論文集續編》，香港中文大學中國語言文學系，1995 年 9 月。

63. 連劭名〈再論甲骨刻辭中的血祭〉，載《于省吾教授誕辰 100 周年紀念文集》，吉林大學出版社，1996 年 9 月。

64. 劉志慶〈論殷商時期的上帝崇拜和祖先崇拜〉，載李雪山主編《董作賓與甲骨學研究續編》82～86 頁，中國社會科學出版社，2007 年 12 月。

65. 宋鎮豪〈甲骨文中反映的農業禮俗〉，載王宇信、宋鎮豪主編《紀念殷墟甲骨文發現一百周年國際學術研討會論文集》365～366 頁，社會科學文獻出版社，2003 年 3 月。

66. 王暉〈論殷墟卜辭中方位神和風神的蘊義〉，載王宇信、宋鎮豪、孟憲武主編《2004 安陽殷商文明國際學術研討會論文集》320～326 頁，社會科學文獻出版社，2004 年 9 月。

67. 羅琨〈卜辭中的「河」及其在祀典中的地位〉，載《古文字研究》第 22 輯 6～12 頁，中華書局，2000 年 7 月。

68. 連劭名〈商代祭祀活動中的壇位〉，載《古文字研究》第 22 輯 13～21 頁，中華書局，2000 年 7 月。

69. 宋定國〈商代中期祭祀禮儀考〉，載王宇信、宋鎮豪、孟憲武主編《2004 年安陽殷商文明國際學術研討會論文集》416～422 頁，社會科學文獻出版社，2004 年 9 月。

70. 葛英會〈說祭祀立尸卜辭〉，載《殷都學刊》2000 年 1 期。

以上均為論文，凡 70 種。

71. 常玉芝《商代周祭制度》，中國社會科學出版社，1987 年 9 月。

以上為著作，凡 1 種。

四、喪葬

1. 白川靜〈殷代の殉葬と奴隸制〉，載《立命館大學人文科學研究所紀要》2，1954 年 1 月。

2. 田居儉〈人殉奴隸制和孔丘的愛人思想——兼評柏青《駁孔丘反對殉人說》〉，載《歷史研究》1978 年 9 期。

3. 許進雄〈文字所表現的葬俗〉，載《中國文字》新 2 期，美國藝文印書館，1980 年 9 月。

4. 顧德融〈中國古代人殉人牲身份探析〉，載《中國史研究》1982 年 2 期。

5. 黃展岳〈殷商墓中人殉人牲的再考察〉，載《考古》1983 年 4 期。

6. 楊錫璋〈商代的墓地制度〉，載《考古》1983 年 10 月。

7. 孟憲武〈殷墟梅園莊幾座殉人墓葬的發掘〉，載《中原文物》1986 年 3 期。

8. 商言〈殷墟墓葬制度研究述略〉，載《中原文物》1986 年 3 期。

9. 楊寶成〈殷墓享堂疑析〉，載《江漢考古》1992 年 2 期。

10. 井上聰〈再論腰坑葬俗的文化意義〉，載王宇信、宋鎮豪主編《紀念殷墟甲骨文發現一百周年國際學術研討會論文集》642～646 頁，社會科學文獻出版社，2003 年 3 月。

11. 井上聰〈殷墓腰坑與狗巫術〉，載《華東師範大學學報》1992 年 5 期。

    以上均為論文，凡 11 種。

12. 孟憲武《安陽殷墟考古研究》，中州古籍出版社，2003 年 10 月。

    以上為著作，凡 1 種。

五、婚姻

1. 溫丹銘〈殷卜辭婚嫁考〉，載中山大學《文史研究所月刊》1 卷 5 期，1933 年。

2. 毛起鵃〈殷商時代的婦女婚姻及族制〉，載《中國雜志》1 卷 1 期，1947 年。

3. 王承裕〈試論殷代的「奚」、「妾」、「反」的社會身份〉，載《北京大學學報》（人文科學）1955 年 1 期。

4. 鄭慧生〈卜辭中貴婦的社會地位考述〉，載《歷史研究》1981 年 6 期。

5. 鄭慧生〈商族的婚姻制度〉，載《史學月刊》1988 年 6 期。

6. 鄭慧生〈商代媵臣制度〉，載《殷都學刊》1991 年 4 期。

7. 羅建中〈試論妾在商代的社會地位：兼與孫淼先生商榷〉，載《貴州師範大學學報》1993 年 3 期。

8. 胡新生〈商代「余子」類卜辭所反映的原始婚俗〉，載《山東大學學報》1997 年 1 期。

    以上均為論文，凡 8 種。

六、宴享

1. 宋鎮豪〈夏商食政與食禮試探〉，載《中國史研究》1992 年 3 期。

2. 張德水〈殷商酒文化初論〉，載《中原文物》1994 年 3 期。

3. 李元〈酒與殷商文化〉，載《學術月刊》1994 年 5 期。

    以上均為論文，凡 3 種。

七、宗法

1. 林義光〈論殷人祖妣之稱〉，載北京中國大學《國學叢編》2 期 1 冊，1932年。

2. 丁山〈宗法考源〉，載《中央研究院歷史語言研究所集刊》4 本 4 分，1934年。

3. 江紹原〈殷君宋君繼統制討論〉，載《晨報學園》981 號，1935 年。

4. 曾謇〈殷周之際的農業的發達與宗法社會的產生〉，載《食貨》1 卷 2 期，1935 年。

5. 董書方〈殷商家族制度與親族制度的一個解釋〉，載《食貨》3 卷 10 期 1936年 4 月。

6. 葛啓揚〈卜辭所見之殷代家族制度〉，載燕京大學《史學年報》十周年紀念號，1938 年。

7. 唐蘭〈未有謚法以前的易名制度〉，載《中央日報·讀書》第 1 號，1939年。

8. 吳澤〈殷代帝王名謚世次〉，載《中山文化季刊》1 卷 4 期，1944 年

9. 徐中舒〈殷代兄終弟及即選舉制說〉，載《文史雜志》5 卷 5、6 期合刊《中國社會史專號》，1945 年。

10. 屈萬里〈謚法濫觴於殷代論〉，載《中央研究院歷史語言研究所集刊》13本，1948 年。

11. 張政烺〈古代中國的十進制氏族組織〉，載《歷史教學》2 卷 3、4、6 期，1951 年 9、10、12 月。

12. 王玉哲〈試論商代「兄終弟及」的繼統法與殷商前期的社會性質〉，載《南開大學學報》（人文科學）1956 年 1 期。

13. 劉啓益〈略談卜辭中「武丁諸父之稱謂」及「殷代王位繼承法」——讀陳夢家先生《甲骨斷代學》四篇記〉，載《歷史研究》1956 年 4 期。

14. 趙錫元〈論商代的繼承制度〉，載《中國史研究》1980 年 4 期。

15. 楊昇南〈卜辭所見諸侯對商王室的臣屬關係〉，載《甲骨文與殷商史》第1 輯，上海古籍出版社，1983 年 3 月。

16. 黃奇逸〈甲金文中王號生稱與謚法問題的研究〉，載《中華文史論叢》第2 輯，上海古籍出版社，1983 年。

17. 朱鳳瀚：〈論商人諸宗族與商王朝的關係〉，載《全國商史學術討論會論文集》（《殷都學刊》增刊），1985 年 2 月。

18. 彭林〈殷代「兄終弟及」平議〉，載《北京師範大學學報》1986 年 4 期。

19. 晁福林〈殷墟卜辭中的商王名號與商代王權〉，載《歷史研究》1986 年 5期。

20. 晁福林〈關於殷墟卜辭中的「示」和「宗」的探討：兼論宗法制的若干問題〉，載《社會科學戰線》1989 年 3 期。

21. 吳浩坤〈商朝王位繼承制度論略〉，載《學術月刊》1989 年 12 期。

22. 李衡眉〈殷人昭穆制度試探〉，載《歷史教學》1991 年 9 期。

23. 鄭宏衛〈商代王位繼承之實質——立壯〉，載《殷都學刊》1991 年 4 期。

24. 高光晶〈商代的王位繼承的宗法制〉，載《湖南師範大學社會科學學報》，1992 年 1 期。

25. 鄭宏衛〈商代王位繼承制度概述〉，載《中國史研究動態》1992 年 3 期。

26. 常玉芝〈論商代王位繼承制〉，載《中國史研究》1992 年 4 期。

27. 李瑾〈華夏宗族中「昭穆」名稱溯源：夏夷融合之人類學透視〉，載《許昌師專學報》（社）1997 年 1 期。

28. 魏建震、魯秋慧〈王亥被殺事件反映出的母權與父權之爭〉，載《河北學刊》1997 年 2 期。

29. 曹定雲、劉一曼〈殷人卜葬與避「復日」〉，載王宇信、宋鎮豪、孟憲武主編《2004 年安陽殷商文明國際學術研討會論文集》294～298 頁，社會科學文獻出版社，2004 年 9 月。

30. 韓江蘇〈甲骨文中的「多子」、「多子族」、「王族」〉，載宋鎮豪、蕭先進主編《殷商文明暨紀念三星堆遺址發現七十周年國際學術研討會論文集》327～333 頁，社會科學文獻出版社，2003 年 8 月。

以上為論文，凡 30 種。

31. 丁山《甲骨文所見氏族及其制度》，科學出版社，1956 年 9 月。

32. 朱鳳瀚《商周家族形態研究》，天津古籍出版社，1990 年 8 月。

以上為論著，凡 2 種。

八、貞卜

1. 胡光煒《甲骨文例》，中山大學語言歷史學研究所，1928 年 7 月。

2. 李達良《龜板文例研究》，香港中文大學聯合書院中國語言文學系，1972 年 7 月。

3. 吉德偉（David N. Keightly）《商代史料——中國青銅時代的甲骨文》，美國加州大學，1978 年。

4. 嚴一萍《甲骨學》，臺灣藝文印書館，1978 年 2 月。

5. 陳煒湛《甲骨文簡論·甲骨的占卜與寫刻》，上海古籍出版社，1987 年 5 月。

6. 孟世凱《甲骨學小詞典》，上海辭書出版社，1987 年 12 月。

7. 王宇信《甲骨學通論‧甲骨的整治與占卜》，中國社會科學出版社，1989 年 6 月。

以上為論著，凡 7 種。

8. L. C. Hopkins, *Working the Oracle*, 載《新中國評論》5 月號，1919 年。

9. 容肇祖〈占卜之源流〉，載《中央研究院歷史語言研究所集刊》1 本 1 分，1928 年。

10. 石璋如〈骨卜與龜卜探源——黑陶與白陶的關係〉，載《大陸雜志》8 卷 6 期，1954 年 6 月。

11. 張政烺〈試釋周初青銅器銘文中的易卦〉，載《考古學報》1980 年 4 期。

12. 張亞初、劉雨〈從商周八卦數字符號談筮法的幾個問題〉，載《考古》1980 年 2 期。

13. 饒宗頤〈殷代易卦及有關占卜諸問題〉，載《文史》第 20 輯，中華書局，1983 年 9 月。

14. 張政烺〈殷墟甲骨文中所見的一種筮卦〉，載《文史》第 24 輯，中華書局，1985 年 4 月

15. 鄭若葵〈安陽苗圃北地新發現的殷代刻數石器及其相關問題〉，載《文物》1986 年 2 期。

16. 汪寧生〈彝族和納西族的羊骨卜——再論古代甲骨占卜習俗〉，載《文物與考古論集》，文物出版社，1986 年 12 月。

17. 宋鎮豪〈殷人「習卜」和有關占卜制度的研究〉，載《中國史研究》1987 年 4 期。

18. 蕭楠〈安陽殷墟發現「易卦」卜甲〉，載《考古》1989 年 1 期。

19. 曹定雲〈殷墟四磨盤「易卦」卜骨研究〉，載《考古》1989 年 7 期。

20. 宋鎮豪〈論古代甲骨的三卜制〉，載《殷墟博物院院刊》（創刊號），中國社會科學出版社，1989 年 8 月。

21. 劉建玉〈殷商龜卜考〉，載《周易研究》1990 年 1 期。

22. 李學勤〈甲骨占卜的比較研究〉，載氏著《比較考古學隨筆》，（香港）中華書局，1991 年 10 月。

23. 劉煥明〈商代甲骨占卜探討〉，載《文物春秋》1992 年 3 期。

24. 曹定雲〈新發現的殷周「易卦」及其意義〉，載《考古與文物》1994 年 1 期。

25. 晁福林〈商代易卦筮法初探〉，載《考古與文物》1995 年 5 期。

26. 曹兆蘭〈龜甲占卜的某些具體步驟及幾個相關問題〉，載《容庚先生百年誕辰紀念文集》，廣東人民出版社，1998 年 4 月。

27. 徐義華〈商代的占卜權〉，載《商承祚教授百年誕辰紀念文集》260～262頁，文物出版社，2003 年 9 月。

28. 曹兆蘭〈殷墟龜甲占卜的某些步驟試探〉，載《考古與文物》2004 年 3 期。

29. 李雪山〈貞人為封國首領來朝職掌占卜祭祀之官〉，載王宇信、宋鎮豪、孟憲武主編《2004 年安陽殷商文明國際學術研討會論文集》284～293 頁，社會科學文獻出版社，2004 年 9 月。

30. 羅文〈貞人：關於早期中國施灼占卜起源與發展的一些思考〉，載荊志淳、唐際根、高嶋謙一編《多維視域——商王朝與中國早期文明研究》85～113頁，科學出版社，2009 年 1 月。

以上為論文，凡 30 種。

31. 饒宗頤《殷代貞卜人物通考》，香港大學出版社，1959 年 11 月。

以上為論著，凡 1 種。

九、其他

1. 唐建垣〈跳神大儺與黃帝〉，載《中國文字》新 12 期，美國藝文印書館，1988 年 7 月。

2. 常正光〈殷代的方術與陰陽五行思想的基礎〉，載《殷墟博物院院刊》（創刊號）中國社會科學出版社，1989 年 8 月。

3. 班大為〈三代的天文觀察和五行交替理論的起源〉，載《殷墟博物院院刊》（創刊號），中國社會科學出版社，1989 年 8 月。

4. 高智群〈獻俘禮研究（上）〉，載《文史》第 35 輯，中華書局，1992 年 6月；又〈獻俘禮研究（下）〉，載《文史》第 36 輯，中華書局，1992 年 8月。

5. 沈建華〈從甲骨文圭字看殷代儀禮中五行觀念起源〉，載《文物》1993 年5 期。

6. 饒宗頤〈殷上甲微作禓（儺）考〉，載《傳統文化與現代化》1993 年 6 期。

7. 沈建華〈甲骨文中所見廿八宿星名初探〉，載《中國文化》10，1994 年 8月秋季號。

8. 饒宗頤〈殷代的日祭與日書蠡測：殷禮提綱之一〉，載《華學》第 1 輯，中山大學出版社，1995 年 8 月。

9. 連劭名〈商代的日書與卜日〉，載《江漢考古》1997 年 4 期。

10. 張永山〈商代軍禮初探〉，載中國社會科學院考古研究所編《二十一世紀的中國考古學——慶祝佟柱臣先生八十五華誕學術文集》468～478 頁，文物出版社，2006 年 2 月。

11. 高江濤〈殷人四方尊位探討〉，載王宇信、宋鎮豪、孟憲武主編《2004 年

安陽殷商文明國際學術研討會論文集》327～333 頁，社會科學文獻出版社，2004 年 9 月。

12. 蔡哲茂〈商代的凱旋儀式——迎俘告廟的典禮〉，載荊志淳、唐際根、高嶋謙一編《多維視域——商王朝與中國早期文明研究》235～245 頁，科學出版社，2009 年 1 月。

以上爲論文，凡 12 種。

附錄二：本書徵引簡稱一覽

（以徵引先後爲序）

1. 《後》＝《殷虛書契後編》（二卷），羅振玉撰集，1916 年 3 月。

2. 《京津》＝《戰後京津新獲甲骨集》（四卷），胡厚宣撰集，上海群聯出版社，1954 年 3 月。

3. 《屯南》＝《小屯南地甲骨》，中國社會科學院考古研究所撰集，中華書局，1983 年 10 月。

4. 《乙》＝《殷虛文字乙編》，董作賓撰集，商務印書館/臺灣中央研究院歷史語言研究所，1948 年 10 月～1953 年 12 月。

5. 《集成》＝《殷周金文集成》，中國社會科學院考古研究所撰集，中華書局，1984 年 8 月～1994 年 12 月。

6. 《合集》＝《甲骨文合集》，郭沫若主編，胡厚宣總編輯，中華書局，1979 年 10 月～1982 年 10 月。

7. 《西周》＝《西周甲文注》，陳全方、侯志義、陳敏著，學林出版社，2003 年 8 月。

8. 《續》＝《殷虛書契續編》，羅振玉撰集，1933 年 9 月。

9. 《京人》＝《京都大學人文科學研究所藏甲骨文字》，貝塚茂樹撰集，京都大學人文科學研究所，1959 年 3 月。

10. 《庫》＝《庫方二氏藏甲骨卜辭》，方法斂撰集，上海商務印書館，1935 年 12 月。

11. 《通》＝《卜辭通纂》，郭沫若撰集，日本東京文求堂，1933 年 5 月。

12. 《遺》＝《殷契遺珠》，金祖同撰集，上海中法文化出版委員會，1939 年 5 月。

13. 《續補》＝《甲骨續存補編・甲編》，胡厚宣撰集，王宏、胡振宇整理，天津古籍出版社，1996 年 6 月。

14. 《外》＝《殷虛文字外編》，董作賓撰集，臺北藝文印書館，1956 年 6 月。

15. 《巴黎》＝《巴黎所見甲骨錄》，饒宗頤撰集，香港，1956 年 12 月。

16. 《簠》＝《簠室殷契徵文》，王襄撰集，天津博物院，1925 年 9 月。

17. 《綴新》＝《甲骨綴合新編》，嚴一萍撰集，臺北藝文印書館，1975 年 6 月。

後　記

　　1998 年 2 月間，社科院歷史所的張永山先生給我寫了一封信，說殷墟甲骨文發現將近百年，李學勤先生動議組織編寫百年甲骨學研究的成果總結以作紀念，問我有興趣參加否。前輩提攜，我不免受寵若驚，樂意效勞。當時叢書列為十個選題，其中有《甲骨文與神話傳說》、《甲骨文與商代地理》，讓我選一個。我原擬撰寫《甲骨文與神話傳說》，卻因已有學者承擔任務而最終改為撰寫《甲骨文與商代禮制》。是年五、六月間，我呈上提綱，然後花了大約十個月的時間撰成初稿。於第二年春節前寄呈張先生。張先生於 1999 年 3 月 8 日來信說：「先生寫作極為認真，廣收博採，總結得相當全面，透徹而且耐讀。」「李先生說大作基本不動，個別地方作些技術加工……」沒想到叢書的出版一再耽擱，差不多過了十年，其間，張先生甚至把原稿及軟盤退還給我，似乎出版無望的樣子。一直到了 2007 年的某天，突然接到張先生的電話，張先生高興地告訴我：叢書的出版又現轉機了，趕快修訂，補充近十年的研究內容，可以作為發現甲骨文一百一十周年的紀念叢書。於是，這部小書又在 2007～2008 年間作了全面的修訂。萬萬沒有料到，張先生卻於 2010 年 10 月 28 日遽歸道山，竟來不及見到他晚年為之傾注了大量心血的叢書付梓了。痛哉惜哉！

　　今天，可以告慰永山先生的在天之靈了：承蒙花木蘭文化出版社厚愛，一訂再訂的拙著終得剞劂。

　　與此同時，謹向促成出版事宜的楊嘉樂先生、花木蘭文化出版社表達我深深的謝意！

譚步雲識於康園多心齋

2011-12-19